ESTEBAN GUARDIOLA

VIDA Y HECHOS DEL GENERAL SANTOS GUARDIOLA

ERANDIQUE
COLECCIÓN

VIDA Y HECHOS DEL GENERAL SANTOS GUARDIOLA
Esteban Guardiola

©Colección Erandique
Supervisión Editorial: Óscar Flores López
Diseño de portada: Andrea Rodríguez-Lilyana Gálvez
Administración: Tesla Rodas y Jessica Cordero
Director Ejecutivo: José Azcona Bocock

Segunda Edición de Colección Erandique
Tegucigalpa, Honduras—Agosto de 2024

General Santos Guardiola, presidente constitucional de Honduras del 17 de febrero de 1856 al 11 de enero de 1862.

Ana Arbizú, esposa de Santos Guardiola, sospechó que a su marido lo querían asesinar.

Dibujo de la época que ilustra el asesinato del general Santos Guardiola.

Grabado de la época de la casa de Guardiola. Publicada
en Frank Leslie´s Ilustrated Newspaper en 1856.

ÍNDICE

TEORÍAS DE LA CONSPIRACIÓN

El 11 de enero de 1862, el general Santos Guardiola se convirtió en el primer presidente en la historia de Honduras en ser asesinado mientras estaba en el poder.

Al día de hoy, el magnicidio continúa envuelto en el misterio, aunque existen varias conjeturas. Algunos sostienen que fue la jerarquía de la iglesia Católica, con quien Guardiola sostuvo varios encontronazos.

Otros señalan al presidente salvadoreño, Gerardo Barrios, enemigo ideológico de Guardiola (el primer era liberal; el segundo, conservador). Se asegura que Barrios estaba interesado en que llegara al poder su amigo Victoriano Castellanos y para eso había que eliminar a Guardiola.

¿Habrá sido una venganza de los esclavistas sureños estadounidenses, porque fue durante el gobierno de Guardiola que el filibustero William Walker murió fusilado?

Hay otra teoría: que los ingleses, molestos porque Guardiola negociaba con Estados Unidos para construir el ferrocarril interoceánico, planificaron el complot para borrarlo del mapa.

Los ingleses, luego de largas negociaciones, devolvieron a Honduras su soberanía sobre las Islas de la Bahía y La Mosquitia, a cambio de encargarse del megaproyecto que uniría al Atlántico con el Pacífico.

Santos Guardiola fue un personaje interesante, un soldado intrépido, valiente, que destacó en las batallas que en aquello época azotaban Centro América.

Cosa curiosa: cuando Guardiola llegó a la presidencia, no era un personaje muy popular. Sin embargo, su primera administración como gobernante, en la que destacan el impulso a la educación, el respeto a las leyes y a la opinión de todos los sectores, le hicieron ganarse la simpatía del pueblo hondureño.

De esa forma, ganó las elecciones con 20,531 votos (de 22,873 electores), e inauguró su segundo periodo el 7 de febrero de 1860.

Este libro está escrito por un sobrino suyo: el talentoso intelectual Esteban Guardiola Cubas, escritor, investigador y director del Archivo Nacional.

Es comprensible, entonces, la defensa que Esteban Guardiola de su pariente, el sesgo de los que escribe, la justificación de sus acciones. Sin embargo, es una obra que nos ayuda descubrir a este importante político con impacto en lo que fuera la Federación de Centro América.

"El Supremo Gobierno me ha honrado confiándome la defensa de las costas del Sur, y yo al aceptar no he pensado sino en nuestro valor: juradme pues que me acompañaréis siquiera hasta verme morir y tal juramento bastará para que vuestro antiguo compañero de armas, lleno de orgullo, perezca tranquilo en la defensa de los derechos y de las personas de los hondureños", escribió Guardiola en su proclama al pueblo hondureño luego de que fuerzas navales inglesas invadieran la isla del Tigre el 16 de octubre de 1849.

En sus manos, un libro poco conocido en la bibliografía hondureña. Una guía que sirve como primer paso para descubrir a un adversario del general Francisco Morazán (a quien combatió en las batallas del Espíritu Santo y San Pedro Perulapán), esposo amoroso y político preocupado por el desarrollo de su país.

De esta forma, Colección Erandique suma una nueva publicación a su catálogo. Esperamos que la disfrute.

Óscar Flores López
EDITOR COLECCIÓN ERANDIQUE

INTRODUCCIÓN

Vamos a narrar la vida de un hondureño ilustre, llamado Santos Guardiola. Se trata de un personaje notable por sus cualidades personales y por las obras que realizó en la esfera de la política y de las milicias nacionales. Ningún hombre tan calumniado por sus enemigos, de tal modo que de él puede decirse que su grandeza se puede medir por el número de aquéllos y por la magnitud de las acusaciones. Claro que no fue un hombre perfecto, ni podría asegurarse que no realizó acciones dignas de censura. Le tocó figurar desgraciadamente en una época aciaga en que la pasión política formaba en Honduras un "mar borrascoso".

Acababa de fracasar la Federación y los grupos partidaristas apellidados liberales y conservadores, inspirados por ambiciones insanas, se disputaban rabiosamente el mando de cada una de las fracciones en que se había despedazado la Patria grande para figurar en los campos de la política y para adquirir notoriedad.

A Guardiola le tocó figurar en la agrupación llamada conservadora o cachureca, que más tarde el Dr. Lorenzo Montúfar llamó antojadizamente servil, por lo que se observó en Guatemala, porque en Honduras, dado el carácter altivo de sus hijos, no pudieron recibir esa denominación. Claro es que si se toma la palabra servil en su verdadera acepción, ha habido y habrá hombres serviles en todas las agrupaciones partidaristas, cual quiera que sea su denominación.

Los implacables enemigos políticos de Guardiola se complacieron en formar en contra de él una "leyenda negra", según la cual era un hombre perverso de instintos feroces y sanguinarios, de tendencias abominables, crapuloso, terror de todo el mundo: era ladrón, incendiario, asesino, etc., y palidecían ante él todos los emperadores neurasténicos de la Roma decadente; por supuesto que no se fijaban que des honraban a Honduras con la pintura de un monstruo abominable, indigno de vivir en un pueblo medianamente culto.

Esa tarea denigrante fue obra de los mal llamados partidos políticos que en su insensatez han tratado de enlodarse mutuamente y desacreditar a los hombres que han pertenecido al bando contrario.

El mismo Montúfar, ya citado, da a entender claramente que, si Guardiola hubiera puesto su espada al servicio del llamado liberalismo, habría sido uno de los semidioses que hoy venera el liberalismo en altares y cuyo nombre hace figurar en el calendario cívico. En Honduras jamás han existido partidos políticos verdaderos. La noción de éstos la trajeron de España los que fueron a representar estas provincias en las cortes de Cádiz, en el año de 1812.

Esa noción fue completamente desfigurada al introducirse en las colonias de América. En Guatemala recibieron los nombres de cacos y gacistas, antes de la Independencia, y después de ella los llamados partidos estuvieron formados por los adictos de las ideas monárquicas y por los secuaces de las ideas emancipación.

Años después a las agrupaciones referidas se les principió a dar los nombres de liberales y conservadores. A los primeros las denominaciones de coquimbos, rojos y panteristas, etc., y a los segundos, cachurecos retrógrados, ultramontanos y serviles. Dentro de eras denominaciones cupieron también las de federales y separatistas. Un notable escritor aseveró que en Honduras no cabe la división de los ciudadanos en partidos políticos:

1º Por la falta de credos definidos.

2º Porque unos mismos hombres han figurado en todos los gobiernos, cualquiera que haya sido su filiación. Así vemos, en efecto, que el Licenciado Pedro Alvarado, que fue Ministro en el Gobierno del Gral. Cabañas, lo fue también en el de Guardiola; que el Vicario Miguel Delcid que excomulgó a este gobernante por haber concedido libertad de cultos a los habitantes de las Islas de la Bahía, pasó años más tarde a ser Ministro del Gobierno liberal del Lic. Céleo Arias, y se dio el caso anómalo de que en tiempo del expresado Vicario, el llamado Partido Liberal hizo causa común con los clericales o ultramontanos para hacer la guerra a Guardiola.

(Véase lo que al respecto dice el Dr. Ramón Rosa en su brillante artículo Constitución Social del País. Nuestras Ideas Políticas. Honduras Literaria. Tomo I. Pág. 542).

Con esto se prueban las palabras de la Gaceta que, con todos estos datos, no trato de criticar la administración del General Cabañas. Hago solamente apuntamiento para que juzguen los lectores el estado lastimoso en que permaneció Honduras muchos años, ya fuese gobernado por Ferrera y Chávez o por Lindo y Cabañas. Entran, además, los mismos hombres en los destinos y en los congresos. Veámoslo: Francisco Alvarado, León Alvarado, Francisco Cruz, Saturnino Bográn, José María Cisneros, Victoriano Castellanos, Ignacio Girón, José Agustín Madrid, José de Zelaya, Tiburcio Zelaya, Francisco Gómez, Pedro Carrasco, Casto Alvarado y otros que estuvieron con todos los gobiernos hasta su muerte.

La redacción de La Gaceta estuvo encomendada a don Francisco Cruz, largos años, pero escribían también Francisco y León Alvarado.

Recordamos que León Alvarado autorizó con su firma el decreto de la separación de Centroamérica.

(Véase el "Redactor Oficial", número 2 de 15 de octubre de 1840, páginas 1 y 2).

Que don Francisco fue el que firmó la nota desaprobando el asilo dado en San Salvador a los morazanistas el año de 1842.

("Redactor Oficial", número 10, página 245).

Sin embargo, ya en 1853 eran liberales, nacionalistas y partidarios del antiguo liberalismo.

Hacemos constar hechos en apoyo de la opinión de que en Honduras no han existido verdaderos partidos políticos sino conveniencias individuales, intereses transitorios de círculo, o antipatías por personalidades. El antiguo partido de la Federación se dividió y algunos formaron, como es natural, nuevas agrupaciones que se iban disolviendo según las circunstancias.

Y a fe que tenía razón. En la actualidad pasa lo mismo que, en aquellos tiempos, lo único que se persigue es el PODER Y LA RIQUEZA.

Algunos pensadores en vista de las convulsiones y períodos anárquicos porque han pasado los pueblos de Centro América, desde el 15 de septiembre de 1821, han sostenido que la causa principal de esos períodos caóticos porque se ha venido atravesando, son debidos a los grupos políticos que mal definidos y peor comprendidos se han organizado en estos pueblos con el nombre de partidos. Así el talentoso Dr. Marco Aurelio Soto, durante su gobierno trató de suprimir las denominaciones de liberales y conservadores, lo que trajo consigo el reinado de la paz, y con ella el desarrollo del progreso en múltiples manifestaciones.

Lo propio han pensado y puesto en práctica otros gobernantes con buen éxito. Pero como los aspirantes a adueñarse del poder, cegados por las ambiciones han apelado al recurso de las banderillas y engañando a los pueblos con falsas ideas de redención los han lanzado de nuevo a las "montoneras" y los campos fecundos han sido inundados de nuevo por torrentes de sangre fraterna de una manera estéril, porque las ideas avanzadas y sanas nunca han echado hondas raíces en la conciencia de estos pueblos y las luchas fraternas sólo han dejado un funesto saldo de destrucción, lágrimas, descrédito y vergüenza.

Ya no son las armas destructoras las llamadas a cultivar los ideales patrióticos, sino la obra de la educación que los hará florecer y fructificar por medio de esos apóstoles desinteresados que se llaman Maestros, y que están destinados a destruir el analfabetismo para que surjan los verdaderos ciudadanos; y, sin embargo, nada se ha hecho en ese sentido; la obra de la escuela ha sido postergada siempre, el tanto por ciento de los que no conocen el abecedario sigue siendo abrumador.

Nos llenamos la boca hablando de democracia y ésta no puede ponerse en práctica en pueblos que no saben leer ni escribir.

En Honduras no han existido ni pueden existir verdaderos partidos políticos porque nunca se ha tratado de formar conciencia nacional.

Los llamados partidos históricos justamente desacreditados tienden a desaparecer, porque en los tiempos modernos se ha cambiado la ideología, y hoy se propende a la formación de grupos de carácter científico.

En Honduras, repetimos una vez más, no ha habido ni puede haber agrupaciones políticas sistematizadas y conscientes, verdaderas agrupaciones que tengan por norma la salud de la patria y la totalidad de los hondureños profesan ideas amplias y avanzadas, se avergüenzan de que los llamen conservadores.

Y por lo mismo, en el país no ha habido credos políticos definidos ni convicciones arraigadas. Se explica la confusión que ha reinado en materia de ideas. Hay más, desde 1880, las Constituciones políticas del país, han venido consignando en sus preámbulos principios de libertad, igualdad y las garantías y derechos de los ciudadanos, y. por consiguiente, todos los hondureños sin distinción de ninguna clase, estamos obligados a practicar y defender, a costa de nuestra vida, esos principios y derechos.

No tenemos más que un solo credo político. No terminaremos sin agregar también una nota de carácter personalísimo. En 1891, siendo nosotros estudiantes de Derecho, hubo elecciones presidenciales en las que lucharon, como siempre, dos bandos. Un grupo de compañeros nuestros nos provocó para que definiéramos nuestra actitud, y como le manifestamos que mientras fuéramos estudiantes no tomaríamos parte en las luchas políticas, ellos nos trataron de oportunistas y nos dirigieron frases insultantes que provocaron nuestra indignación y despertaron un capricho juvenil.

Quiso la casualidad que en ese mismo día otro grupo de compañeros nos ofrecían la presidencia de un club y la dirección de un periódico que trabajarían en contra de las opiniones del grupo provocador, y nosotros tuvimos la debilidad de aceptar la oferta cuando aún no había pasado nuestro encono. Pocos días después, viendo que la lucha por la prensa había descendido a un terreno muy bajo, nos arrepentimos de nuestra determinación, pero ya era tarde, y esperamos que terminara la lucha para romper nuestro compromiso.

Desde entonces no hemos vuelto a tomar parte en esas reyertas que no tienen por mira el bien de la patria sino los intereses personalistas. Pueden registrarse libros de actas, hojas sueltas, ete., etc., y no se encontrará nuestro nombre. Hemos sido y seremos neutrales dando nuestro voto al ciudadano que creamos más digno, aunque dada nuestra intolerancia expresada por la frase "quien no es conmigo es contra mí". Es la peor resolución que puede tomarse pues el que la toma queda excluido de toda participación en los empleos públicos y tiene que resignarse a decir: "bien está San Pedro en Roma aunque no coma".

Si se pregunta a algún mal intencionado a qué grupo político pertenecemos, dirá, de seguro, que somos cachurecos porque fuimos sobrinos de Guardiola, sin acordarse que éste fue un verdadero liberal, de que si hubiéramos aceptado esa herencia nos quedaba el derecho de hacerlo a beneficio de inventario.

Nosotros siempre hemos profesado ideas avanzadas y nunca hemos dado muestras de ser retrógrados, sino lo contrario.

Liberal es el que posee un espíritu amplio, el que piensa alto y siente hondo, el que trabaja desinteresadamente por la cultura de su patria. Nos hemos dedicado por más de medio siglo a la educación de la juventud hondureña y no puede decir ésta que la hayamos inculcado ideas contrarias a la democracia y a los principios de Libertad, Igualdad y Fraternidad, y si se dirá que hemos trabajado por inculcarles sentimientos de amor patrio, por su moralidad y por su alejamiento de los vicios. Por consiguiente, si alguien quiere definir o calificar torcidamente nuestras ideas o tendencias no nos causaría ninguna preocupación.

Nos importa un bledo.

MARCHAMOS CON LA FRENTE LEVANTADA Y DE CARA AL SOL.

Retrato del Capitán General Santos Guardiola

Era de mediana estatura y de complexión robusta, color trigueño claro, cabeza proporcionada a la altura del cuerpo, su frente despejada, cabello suave y sedoso y fino, ligeramente caído sobre la frente, cejas abundantes, ojos castaño-oscuros, nariz recta, pómulos poco prominentes, boca pequeña, bigotes bien desarrollados. Vestía con sencillez, usando de preferencia driles de algodón y algunas veces llevaba, como abrigo, dormán; sólo en los actos oficiales usaba leva y guantes. Cuando montaba a caballo se ponía polainas y calzaba espuelas.

CAPÍTULO I: NACIMIENTO DE SANTOS GUARDIOLA

En las postrimerías de la época colonial española, cuando empezaban a clarear sobre el horizonte político los primeros albores de la Independencia; cuando don Gabino Gaínza estaba frente al Gobierno de la Capitanía General de Guatemala; cuando el Licenciado don Narciso Mallol era Gobernador de la Provincia de Honduras; y cuando reinaba la paz en el mundo, nació Santos Guardiola en Tegucigalpa, ciudad heroica, nido de nobles y patrióticos anhelos, en el Barrio Abajo, en una casa de bahareque situada en un lugar muy cercano al que hoy ocupa la Policía Nacional. Había al frente de dicha casa un árbol de paraíso, y hacia al norte unos solares baldíos, en los que crecía en abundancia y de una manera espontánea, la planta llamada tapa (datura stramoniun) de la familia de las solanáceas.

El historiador hondureño, don Rómulo E. Durón, consigna en la Biografía de Guardiola, como año de nacimiento de éste, 1815, partiendo de un dato que decía haberle suministrado el Gral. Miguel Oquelí Bustillo; pero nosotros afirmamos que fue en el año de 1816, porque así lo hemos encontrado en apuntes privados que llevaba nuestro inolvidable padre, y Gonzalo Guardiola, hijo de don Santos.

En aquellos tiempos era una ignominia ser hijo natural, y las madres de tales hijos eran vistas con menosprecio en nombre de la moral social. A los seres que no se les había pedido su consentimiento para existir en esa condición no se les debía menospreciar por ese motivo, ni a la madre se le podía castigar por haber tenido la debilidad de caer en los lazos del amor libre.

La Iglesia católica era implacable con los hijos naturales. No sólo les negaba el acceso a las órdenes sagradas, sino que no se consignaba el nombre, siquiera, de la madre en los libros bautismales, diciendo en el texto de las partidas esta frase: "DE PADRES DESCONOCIDOS", y ha sido con el tiempo que se ha venido desterrando esta práctica.

Nuestro popular Padre Reyes, participando de aquellas preocupaciones, dice en su Pastorela, "ARNALDO", que Santos Guardiola era un bastardo, hijo de extranjero. Empleaba la palabra bastardo por la denominación de hijo natural, queriendo con eso estigmatizar a este personaje; y, tratándose de don Esteban Guardiola, olvidaba que éste había hecho de Honduras su segunda patria y participaba de los grandes ideales de los hondureños. Con la legislación de 1880 que derogó las Siete Partidas y el Fuero Juzgo de España, desaparecieron las antiguallas de hijos sacrílegos, etc. y se fijaron de una manera clara y permanente los derechos de los hijos naturales.

RASGOS BIOGRÁFICOS DE LOS PADRES DE DON SANTOS

Don Esteban Guardiola, nació en Villa Seca, Provincia de Tarragona, Principado de Cataluña, en el año de 1779, siendo sus padres legítimos don Pedro Guardiola y doña Teresa Amorós, quienes procrearon varios hijos, entre ellos Bernarda, a quien don Esteban hizo una donación de sus derechos hereditarios por haber muerto sus padres, según consta en escritura pública firmada en Tegucigalpa, que se encuentra en el antiguo Juzgado de primera instancia, hoy primero de letras de lo civil de Tegucigalpa.

Seducido don Esteban por las riquezas fabulosas que existían en América, a la edad de 28 años y con afición a la minería vino a Honduras en compañía de don Ramón Xatruch, en el año de 1802.

Al llegar a este país recorrieron los principales asientos mineros, eligiendo don Esteban para su residencia, el antiguo mineral de San Antonio de Oriente.

Ambos amigos formaron una sociedad para la explotación minera que duró varios años.

Al morir don Ramón quedó don Esteban como albacea de sus menores hijos. Y en el año de 1820, casó con la viuda de su compañero, doña María Manuela Vijil, distinguida dama de ilustre abolengo, con la que procreó una hija llamada Francisca, esposa que fue de don Bernardo Inestroza, que nació el año de 1828, y murió el año de 1874, siendo sepultados sus restos en el Santuario de Ntra.Sra. de Suyapa, a poca distancia de esta capital.

Con la muerte de don Ramón se disolvió la compañía minera a que nos hemos referido y resultó que la ganancia neta obtenida ascendía a 87.000 pesos, de los cuales tocó la mitad al socio sobreviviente y la otra mitad a la viuda de Xatruch y a sus menores hijos Pedro y María Josefa, que fue esposa de don Felipe Jáuregui.

Antes de su matrimonio don Esteban tuvo varios hijos naturales. En San Antonio de Oriente procreó con doña Juana Evangelista Lagos, a Ceferino, Petrona, Plácida y Anastasio, nuestro inolvidable padre. Y aquí en Tegucigalpa, procreó con doña Bibiana Bustillo, a Santos y Mateo, este último murió en el sitio de León en 1845.

Fue un excelente padre, autorizó a los hijos naturales para llevar su apellido.

Procuró la educación de todos ellos, viviendo en San Antonio de Oriente, envió a Ceferino y a Anastasio como pensionistas a la casa de don Sotero Lazo con el objeto de que aumentaran sus conocimientos; y fue tan amigo de la enseñanza que dio a las municipalidades de San Antonio de Oriente y de Tegucigalpa, según consta en documentos fehacientes, una cantidad anual para el sostenimiento de las escuelas primarias; y, para encarecer más la protección que dio a sus hijos, debemos consignar aquí que los que procreó en San Antonio de Oriente, antes de retirarse de ese pueblo, les donó una casa que allí tenía, según consta en escritura pública otorgada en el Juzgado antes referido.

Don Esteban tenía ideas especiales acerca de la educación práctica; decía que cuando en el seno de una familia había hombres que se avergonzaban por ciertos actos del trabajo honrado, esa familia podía morir de hambre.

Así cuando sus hijos y pupilos vestían trajes de paño, los mandaban a la carnicería a traer el alimento de los perros; y se cuenta que uno de ellos tenía su novia en una de las casas por donde forzosamente había que pasar, al volver de la expresada carnicería pagaba cuatro centavos, a un muchacho para que pasara con la carne por aquel lugar, para llegar con ella muy campante a su casa de habitación.

Don Esteban era un hombre de ideales políticos avanzados, se había alistado en el partido autonomista catalán, y no es extraño que fuera uno de los partidarios de la Independencia de Centro América. Indignado por la censurable invasión a Honduras de Justo Milla para derrocar del poder a don Dionisio de Herrera, en el año de 1827, se alistó en las filas de Morazán y peleó al lado de este en la Hacienda de La Maradiaga. Ocupó puestos públicos importantes: en San

Antonio de Oriente, fue jefe de las Milicias y en Tegucigalpa, llegó a ser Alcalde Mayor de la Provincia.

No podemos precisar la fecha de su muerte. Según nuestro amigo, el distinguido historiador Dr. Rómulo D. Durón, ocurrió entre los meses de julio y diciembre de 1835, basándose en la afirmación de don Ramón Vijil de que el 21 de julio de ese mismo año, don Esteban se obligó a entregar a don Felipe Jáuregui 31.807 pesos, suma de las legítimas de los menores hijos de don Ramón Xatruch, María Josefa y Pedro, de los que don Esteban fue curador; y por otra parte en la existencia de una escritura pública firmada el 2 del citado mes de diciembre, en que aparece que don Esteban ya había muerto.

Hay una versión espeluznante acerca de la muerte de don Esteban.

Dicen que doña Ana de Arbizú refería que estando el Gral. Guardiola, su esposo, emigrado en Nicaragua, había ido a verlo a aquel lugar, y que al pasar por Dipilto, el General Guardiola le señaló una casa diciéndole: "Allí murió mi padre de hambre"; y se asegura que don José Ferrari que tenía una mina en las cercanías de aquel lugar, cuando supo el estado de don Esteban se apresuró a favorecerlo, pero ya era tarde.

Don Esteban fue un hombre emprendedor, no sólo se dedicó a la explotación de minas sino también a la agricultura, pues se sabe que adquirió en el departamento de Comayagua dos haciendas de ganado, una de las cuales la vendió a don Joaquín Rivera para pagar una deuda que tenía con el Gobierno Federal. Suponemos que quebró en sus negocios, y que a eso se debieron dos demandas que se encuentran en el Archivo Nacional: una entablada por dona Josefa Cocaña por los intereses de los menores de don Ramón Xatruch, de quienes ella era abuela, y otra demanda impuesta por don Felipe Jáuregui por las hijuelas de los mismos menores.

Todas estas circunstancias y exigencias de la familia deben haber desesperado a don Esteban, que determinó abandonar el país para irse a Nicaragua. Su testarudez de catalán y sus resentimientos de familia pueden haberlo llevado al horrible extremo de dejarse morir de hambre.

DOÑA BIBIANA BUSTILLO

Nació en esta ciudad el año de 1796 y fue hija natural de Antonia Bustillo. Era de raza mestiza, de regular estatura, de color trigueño, de abundante, larga y lacia cabellera negra. Era de buena inteligencia, enérgica y dinámica y a la vez de carácter bondadoso y servicial.

Consiguió establecer una buena disciplina en su casa y sus hijos fueron obedientes y respetuosos. Se cuenta que siendo Guardiola Presidente de la República, vino en cierta ocasión a Tegucigalpa y como fuera a saludarla hasta el día siguiente, doña Bibiana lo reprendió con acritud y lo obligó a arrodillarse para que le pidiera perdón por la falta cometida.

Guardiola acató el mandato de su madre.

De carácter acerado aparecía siempre impasible. Cuando supo el asesinato de su hilo Santos no derramó ni una lágrima.

Se puso a recorrer nerviosamente la sala de su casa, y de cuando en cuando levantaba los puños diciendo: "liberales bandidos", frase inspirada por su dolor de madre y su sectarismo político.

Doña Bibiana alcanzó una avanzada edad. En sus años posteriores fue atacada de un reumatismo rebelde y torturante que le impedía caminar. Murió en la casa que fue de doña María Bustamante v. de Velásquez, casa que le obsequiaron sus hijos Santos y Miguel Ángel.

Su muerte acaeció en septiembre de 1878.

EL GRAL. SANTOS GUARDIOLA TUVO LOS SIGUIENTES HERMANOS:

Anastasio, Ceferino, Plácida y Petrona, hijos naturales de Juana Evangelista Lagos, todos ellos llevaron el apellido Guardiola por haberlo dispuesto así el señor don Esteban.

Francisca, hija legitima de Ramón Xatruch y María Manuela Vijil, Cipriano, Paulino, (Mateo quien murió en el sitio de León).

(Miguel Ángel presbítero), Marta, Hilaria, Leonor y Antonina. Hijos naturales de Bibiana Bustillo.

CAPÍTULO II: NIÑEZ Y CULTIVO INTELECTUAL DE SANTOS GUARDIOLA

Según tradición familiar, Santos Guardiola pasó su infancia al lado de su madre que le prodigó toda clase de cuidados. Vivió feliz sin más preocupaciones que los castigos que le podía imponer su madre o su maestro por faltas que nunca podían ser graves; sus juegos eran los mismos que acostumbraban los minios de la época a los que se dedicaban en sus ratos de ocio.

Cuando tuvo seis años de edad concurrió a una de las escuelitas privadas que establecían gratuitamente en sus casas de habitación algunas damas instruidas y generosas que impartían la enseñanza primaria, consistente en leer, escribir, contar y la doctrina cristiana; de esas escuelas da una idea exacta la de la MAESTRA ESCOLÁSTICA, precioso cuadro de costumbres de que nos habla el inmortal escritor Dr. Ramón Rosa.

Después principió a asistir a la única escuela municipal de varones establecida en Tegucigalpa. En los ratos que le dejaba libres la escuela se dedicaba a cumplir pequeñas obligaciones y encargos que le daba su madre.

Un poco crecido ya se trasladó a San Antonio de Oriente al lado de su padre, quien dedicó una parte de su tiempo a la educación de sus hijos y así se explica como éstos alcanzaron suficiente preparación para la lucha por la vida. Santos Guardiola adquirió una buena forma de letra española muy parecida a la que adquirió mi padre y que se trazaba entonces con pluma de ave.

Búsquese en muchos documentos que existen en el Archivo Nacional la firma de don Santos, en letra clara y elegante y con una rúbrica que aunque formada por muchos rasgos no es el enrevesado y ridículo laberinto de líneas que usaron algunos de nuestros hombres célebres. Es, por lo tanto, una grosera afirmación la de los enemigos de nuestro biografiado de que éste era tan ignorante como Rafael Carrera, que no sabía ni firmar.

Don Esteban, tan amante de la enseñanza, nunca hubiera permitido que sus hijos fueran analfabetos. En cierta ocasión, persiguiendo el mejoramiento intelectual de sus hijos, envió a Tegucigalpa a Ceferino y a Anastasio, a casa de don Sotero Lazo, a quien pagaba una pensión mensual para que pudieran concurrir a la escuela. Don Santos, pues, adquirió los mismos conocimientos que pudieron obtener nuestros hombres notables en aquella época de atraso. Con los conocimientos adquiridos se dedicó al aprendizaje del arte tipográfico en el que realizó gran des adelantos y que tuvo que dejarlo por su afición a guerrear.

Ya en el poder, y llevando una vida más tranquila, tuvo oportunidad de dedicarse al placer de la lectura. En la pequeña biblioteca de su casa, formada especialmente por su esposa doña Ana Arbizú, se encontraban la vida de hombres ilustres, algunas obras buenas que producían deleite y suministraban provechosas enseñanzas; libros de Napoleón Bonaparte, la historia de los girondinos, las novelas de Dumas, padre e hijo, etc. Doña Ana que era mujer de temperamento romántico, leía con fruición esos libros, a tal grado que una amiga de ella le ponía en ridículo diciendo que al leer los episodios de la Revolución Francesa había llegado a creerse María Antonieta. Uno de los libros que gustaron más a don Santos fue el titulado "La Cabaña del Tío Tom", que hizo reproducir en folletín en el periódico oficial de su Gobierno.

MATRIMONIO DE GUARDIOLA

Cuenta la tradición que Guardiola fue varias veces al mineral de Yuscarán, algunas de ellas de paso para Texiguat.

En uno de esos viajes llegó a una casa de campo, de propiedad de don Calixto Arbizú, situada a poca distancia de aquella población. Arbizú vivía allí con su esposa doña Santos Flores, viuda de un funcionario español de apellido Tagle, sus hijas Trinidad, Mariana y Anita y de miembros de su servidumbre.

Como ya en Guardiola pesaba la leyenda negra inventada por sus implacables enemigos, se le tenía por un hombre temible. Como era natural, las mujeres de la casa, se fueron a refugiar en las piezas más retiradas; pero como Guardiola manifestara al señor Arbizú su deseo de conocerlas, éste las llamó a presencia del visitante, a donde llenas de timidez llegaron.

Todo fue verlas y Guardiola quedó prendado de Anita, quien teniendo como todas las mujeres la intuición del amor que despiertan en los hombres, simpatizó también con él. Ese sentimiento de amor fue acercando a esos dos seres hasta pactar su próximo enlace.

Otra tradición dice que Guardiola conoció a doña Ana en un baile.

El señor Arbizú abandonó la ciudad de Yuscarán para venir a presenciar el matrimonio de su hija Anita a Tegucigalpa. Pasando por el pueblo de Cantarranas, hoy San Juan de Flores, cayó gravemente enfermo, y manifestó a su familia que no quería morir sin dejar ya casada a su hija Anita. Guardiola acudió presuroso al llamamiento que se le hizo, sellando con lazo indisoluble aquel amor nacido espontáneamente en su alma.

A la muerte de Arbizú, Guardiola publicó una composición en verso que circuló profusamente en hoja impresa en Tegucigalpa.

Guardiola fue feliz al lado de su esposa, la amó apasionadamente y le prodigaba toda clase de ternuras que ella supo corresponder. El matrimonio de Guardiola se verificó el año de 1847, probablemente a fines de marzo o a principios de abril, siendo Ministro de Relaciones Exteriores del Dr. Juan Lindo.

Procreó con su esposa a los siguientes hijos: Gonzalo que nació el 10 de enero de 1848, siendo su padrino de bautismo don Bernardo Inestroza. Fue Director del Archivo Nacional de Honduras, escribió las preciosas Tradiciones Tegucigalpenses y murió el 22 de marzo de 1903.

Guadalupe, que nació el 8 de mayo de 1849, siendo sus padrinos de bautismo el Dr. Cornelio Lazo y Francisca Guardiola de Inestroza. Casó con el Lic. Trinidad Ferrari y murió en San Pedro Sula el 31 de mayo de 1944. Francisca que nació el 3 de agosto de 1850, siendo su padrino don Sotero Moncada; fue maestra de Instrucción Primaria y murió el 10 de abril de 1927; Galatea que nació el 31 de mayo de 1857, siendo sus padrinos don Trinidad Ferrari y doña Trinidad Ferrari; fue una elegante dama de salón, que se distinguió por su canto dulce y su ejecución en el piano; casó con el General polaco Carlos Rolof Niaphy y murió el 3 de junio de 1910, en La Habana; Genoveva que nació el 20 de julio de 1858, siendo sus padrinos don Esteban y María Ferrari; casó con don Tomás Estrada Palma, primer Presidente de la República de Cuba, y murió en New York el 20 de diciembre de 1926; Gumercinda que nació el 22 de enero de 1850, siendo su padrino don Bernardo Inestroza, murió al poco tiempo de haber nacido; Guillermina que nació el 18 de mayo

29

de 1861, siendo su madrina doña Trinidad Arbizú Ocampo y murió el 27 de febrero de 1944.

Doña Ana Arbizú de Guardiola murió en esta ciudad el 30 de noviembre, en el mismo año en que murió su hijo Gonzalo, a quien lloró inconsolablemente. Sólo se tiene noticia de tres hijos naturales: Hipólito Guardiola que murió fusilado en la montaña de Azacualpa, cerca de la ciudad cabecera de Olancho. Beatriz Pino y Rafaela.

Guardiola, a pesar de tener pocos fondos, trato de adquirir una casa en la ciudad de Tegucigalpa, perteneciente a una señora que vivía en Amapala, por cierta cantidad de dinero. Para esa transacción Guardiola dio poder a los señores Bernardo Inestroza y Miguel Lardizábal.

En esa escritura se hizo constar que el referido Guardiola daba esa casa en donación por las prendas relevantes que caracterizaban a dicha señora y sobre lodo a los importantes y esmerados servicios que había prestado a su marido.

Pues bien, una casa fue todo lo que quedó en herencia al morir asesinado en Comayagua el que fue modelo de esposo y padre.

La viuda se vio en la necesidad de responder con ese inmueble a la casa comercial Fortín por cantidades de dinero que le daba mediante el pago de réditos. Esos crecieron en forma tal que la familia se vio obligada a cederla al acreedor.

Francisca y Guillermina se fueron a vivir a una casita de bahareque de la calle de La Ronda, de esta ciudad, y la última murió en casa extraña.

QUÉ DIFERENCIA LA DE AQUELLOS TIEMPOS CON LOS ACTUALES; LOS CABAÑAS Y GUARDIOLAS NO REAPARECERÁN.

CAPÍTULO III: SU AFICIÓN A LA CARRERA MILITAR

Llamamos vocación a la inclinación natural e irresistible que sentimos por la realización de un ideal y a la facilidad que tenemos para alcanzar una preparación adecuada a los fines que perseguimos en la vida.

Don Santos Guardiola; desde su niñez, dio a comprender su afición a las milicias, revelándolo especialmente en los juegos recreativos a que se dedicaba. Se cuenta que en un reclutamiento hecho aquí en Tegucigalpa, corrió a alistarse en sus filas en calidad de corneta, pero que habiéndolo sabido su padre, don Esteban, pidió al jefe militar que le diera la baja por ser hijo de dominio y tener poca edad.

En 1832 figuró en el ejército que comandaba el Coronel Remigio Díaz, y en consecuencia, tomó parte activa en las acciones del Espino y Opoteca en donde fue vencido el coronel español Vicente Domínguez, quien más tarde fue fusilado en la ciudad de Comayagua. De regreso a esta ciudad, entonces capital del Estado, Guardiola ingresó a la Academia Militar que dirigió el coronel Narciso Benítez, en la administración de don José Antonio Márquez, en la que figuró como uno de los alumnos más adelantados.

En 1839 peleó en las célebres batallas del Espíritu Santo y San Pedro Perulapán, donde fue derrotado el caudillo hondureño, Francisco Ferrera, jefe de los ejércitos de la coalición concertada entre Honduras y Nicaragua. En ambas campañas figuró Guardiola en el Estado Mayor del Gral. Ferrera. En las acciones de armas en que tomó parte como jefe, a excepción del Sauce y la Virgen, en Nicaragua, nunca fue derrotado. Fue un héroe de cien combates en los que demostró su audacia y valor temerario, tuvo la visión clara de los caminos del éxito y sin ser técnico puso en práctica una estrategia admirable.

Las marchas forzadas, las sorpresas y las estratagemas le valieron muchas veces la victoria, sus soldados eran valerosos y sufridos, seleccionados entre los hijos del pueblo. Se les denominaba PERICOS por la divisa verde que llevaban en el sombrero. En las grandes caminatas llevaban alimentos en sus salveques, GRANOS

DE MAÍZ TOSTADO (punches). En el año de 1839 Guardiola que contaba con 23 años, encontró una ocasión propicia para satisfacer sus inclinaciones militares.

El General Francisco Morazán había sido electo Jefe de Estado de El Salvador, hecho que no podía ser visto con buenos ojos por los gobiernos de Nicaragua y Honduras, quienes celebraron un tratado de alianza ofensiva y defensiva contra la primera de esas repúblicas para obligarla a desconocer al Jefe Unionista ya electo. Ferrera gozaba de prestigios militares. Se organizó un ejército aliado a cuya cabeza se colocó al citado General Ferrera y en cuyas filas se alistó Santos Guardiola. Los aliados invadieron el territorio cuscatleco, siendo derrotados por el General Morazán en la célebre batalla del Espíritu Santo.

Restablecidos, de ese desastre, nicaragüenses y hondureños, ejecutaron una nueva invasión llegando esta vez al pueblo de San Pedro Perulapán, en donde fueron nuevamente vencidos tras una hábil sorpresa. Guardiola figuraba como miembro del Estado Mayor de Ferrera y se cuenta que estando beodo éste y acostado en una hamaca, vino a avisarle que se veía en las alturas el ejército enemigo; pero que Ferrera en lugar de hacer caso al aviso, echó mano a su espada tratando de cobarde a Guardiola, quien prudentemente se retiró de allí. En la primera de esas ocasiones de armas fue premiado por su valor con el grado de Capitán.

Vueltos a Honduras los restos del ejército vencido, Guardiola se entregó a sus trabajos particulares.

CAPÍTULO IV: PRIMERA CAMPAÑA DE GUARDIOLA

En esta primera campaña de Guardiola figuró como Jefe y pudo en consecuencia maniobrar de acuerdo con sus aptitudes militares.

Cuando el general Morazán salió de Centro América en viaje para la América del Sur, quedo gobernando en Guatemala don Mariano Rivera Paz y en El Salvador, accidentalmente, como Jefe Político de San Salvador Rafael F. Osejo, quien de acuerdo con la Municipalidad de San Salvador, llamó a ejercer la Jefatura del Estado al consejero Antonio Cañas.

Por ese tiempo llegaron a San Salvador en calidad de Agentes Diplomáticos de Guatemala el General Rafael Carrera y Joaquín Durán. Entre las muchas exigencias de los comisionados se cuenta la de Carrera para que el Gobierno de Cañas nombrara al jefe de caballería, Francisco Malespín, comandante General de las Armas. El General Malespín era enemigo acérrimo de Morazán. Por disturbios acaecidos en San Salvador contra el General Cañas, éste declinó el mando en Norberto Ramírez, quien había sido designado por la Asamblea para sustituirlo. Cuatro meses después, el 4 de septiembre de 1841, Ramírez presentó su renuncia a la Asamblea, quien se la admitió, nombrando Jefe de El Salvador al Lic. Juan Lindo. La oposición que se hizo al Lic. Lindo obligó a éste a dejar el poder, siendo electo para ocupar el puesto que desempeñara Antonio J. Cañas y para sustituir a Lindo al Lic. Juan José Guzmán.

Los morazanistas que habían quedado en El Salvador a la salida de su Jefe, descontentos del régimen político entonces reinante, con fe en el restablecimiento de la Federación, y por defensa propia, se levantaron con frecuencia en armas en diversos lugares acrecentando su actividad bélica, al saber la llegada del caudillo al país. Confirma este último aserto, entre otras comunicaciones, los escritos por el General Guardiola y el Presidente Ferrera. La primera dirigida de Goascorán al Comandante expedicionario el 28 de febrero de 1812, en la que se dice a este funcionario que habiendo tenido noticias ciertas de que en los pueblos del Sauce, Santa Rosa y demás del departamento de San Miguel, existen muchos partidarios del General Morazán; se dirigió al primero con una escolta de 16 hombres que fue recibido a tiros, pero que vencida toda resistencia capturaron allí a Martín Sierra, quien pagó con su vida el haber ayudado en un tiempo a Joaquín Rivera con armar a los curarenes, el atrevimiento de haber insultado a la escolta que lo prendió, la altanería que mostró al afirmar que seguirá siempre las miras del caudillo Unionista y el hecho de habérsele encontrado en su casa como 2 paradas y ocho arrobas de pólvora.   Y   la   segunda   dirigida   de Comayagua por el presidente de Honduras al Ministro General de El Salvador, con fecha 25 de febrero, en que le informa que el 16 del mismo, ha llegado el Magistrado Joaquín Rivas, de paso para Nicaragua, afirmando que Juan Ángel Arias ha mandado un propio a Baltazar Arias, residente en el Sauce, algunos recursos para que los sitúe a los curarenes que están en Polorós.

Morazán llegó de regreso de la América del Sur a El Salvador, al puerto de La Unión, el 14 de febrero de ese año, y después de dirigir una circular a los Gobiernos de Guatemala, El Salvador y Honduras ofreciendo su espada para ir a combatir a las tribus mosquitas que se habían apoderado de San Juan del Norte con auxilio de los ingleses, se   dirigió   a   San   Miguel   a   donde llegó el 19 de febrero y de allí el 20 escribió una nota al Gobierno de Nicaragua sobre el mismo asunto de su anterior circular; pero amenazado por tropas del General Malespín regresó a La Unión, saliendo para el puerto de Acajutla y llegando hasta Sonsonate, en donde, habiendo tenido noticias de que habían salido, a combatirlo fuerzas del General salvadoreño, se vió en la necesidad de reembarcarse en el citado puerto de Acajutla, llegando a la isla de Martín Pérez, en donde organizó sus fuerzas para dirigirse a Costa Rica.

La noticia de estos movimientos ejecutados por Morazán es indispensable para la narración de los hechos que nos proponemos dar a conocer porque sirve indudablemente de base.

La situación crítica del momento histórico obligó al Gobierno salvadoreño a pedir auxilio a los Estados Aliados, que correspondieron inmediatamente. En Guatemala se decretó un levantamiento de tropas y se ordenó al General Carrera que se situara en puntos fronterizos con El Salvador para cooperar en un momento oportuno. El Gobierno de Nicaragua envió fuerzas y el de Honduras dispuso organizar una expedición militar poniendo a la cabeza de ella al Comandante General J. Julián Tercero como primer Jefe y al

Coronel Santos Guardiola como segundo. Esa expedición debía ponerse en contacto con Malespín y cooperar con él. El General Guardiola dice de Goascorán, el 5 de marzo, de que por necesidad urgente que hay en el departamento de San Miguel, "he dispuesto que mi marcha sea lo más pronto posible para aquella ciudad, debiéndose entender que si yo hago esto es concepto de la compasión de que son dignos aquellos pueblos, y porque las comunicaciones de usted han sido en el concepto que me interne en dicho departamento, para que en combinación con el General Malespín atacara a Morazán; pero como éste ha desaparecido he creído conveniente que se me den nuevas órdenes para marchar hacia San Salvador. El Gral. Malespín me ha dirigido del pueblo de Moncagua la nota que acompaño, y por ella verá la urgencia con que me llama de San Vicente".

De la ciudad de San Miguel avisa el Comandante General J. Julián Tercero diciendo: que las disposiciones de aquella Comandancia estaban dadas haciendo que Guardiola marchase conmigo de segundo jefe, que según lo apurado de las circunstancias no le parece desistir hasta San Vicente, que después de las observaciones que ha venido haciendo que cuando la tropa camina bajo el mando de Guardiola, va con entusiasmo. Ambos jefes se juntaron en San Miguel y como por algunas circunstancias se retrasara la marcha a San Vicente, Tercero dispuso remitir a Comayagua al reo Juan Ángel Arias, bajo la custodia del Capitán Tórtola; pero éste violando su consigna, dió muerte al señor Arias en cercanías de Quelepa, bajo un palo de tempisque, y dispuso así mismo enviar hacia el interior al Coronel Guardiola con sus fuerzas, en donde había levantado en Chalatenango una facción acaudillada por el hacendado José María San Martín.

Guardiola batió a los facciosos, y he aquí el parte que dió al Gobierno de Honduras, desde Suchitoto: Señor General del Departamento del Salvador, del Comandante de la División del Norte, Suchitoto marzo 31 de 1842. Voy a dar a usted el parte circunstanciado de la acción que ha tenido lugar hoy en el pueblo de Chalatenango, la que no creía fuese tan crítica; salí de aquí hoy a las tres de la mañana con 150 hombres, y he llegado a dicho pueblo como a las ocho o a las nueve de la mañana, donde encontré al enemigo como en número de doscientos hombres, el que he atacado perfectamente y se ha retirado a la altura del cerro de la Chácara del Padre Vides; y por el calor desesperado le he perseguido con toda la fuerza la que me dispersaron por ser un punto inexpugnable, tanto que he salido yo golpeado y toda mi tropa. En seguida. de esto corrí a ocupar la plaza del antedicho pueblo, donde como a las once me han atacado por todas direcciones con el mayor atrevimiento que usted no puede figurarse. Sin embargo del revés que acababa de recibir mi tropa ha resistido con el denuedo acostumbrado que caracteriza a los soldados salvadoreños; tanto que los enemigos han experimentado una completa derrota dejando muerto en las calles a Juan Maldonado y tres oficiales más que no pudimos conocer y quince soldados. Se tomaron veinticinco carabinas, otras tantas cananas y diez caballos.

De nuestra parte hubo cuatro muertos y diez heridos recibiendo yo un golpe de bala en la nalga izquierda.

Los oficiales y tropa que me acompañaron, se han portado como unos campeones, y en particular el Capitán José Antonio Flamenco, Sub-Teniente Rafael Bermejo, Jerónimo Padilla y Petronilo Castro. Se cree que José María San Martín ha salido herido y otros tantos oficiales que lo acompañaban.

Los enemigos han peleado con tanta intrepidez que han muerto a bayonetazos, porque no se podían contener de otra manera, pues no presumo la causa por qué se han portado con tanta decisión; pero los combatientes les han hecho expiar su crimen.

He regresado a esta villa con el fin de organizar la fuerza, para en seguida acabar de limpiar todo este departamento.

Le digo a Ud. para que si mis oficiales y tropa merecen algún mérito, sea apreciado por el General en Jefe, a quien tengo el placer de servir, y de quien espero las consideraciones de aprecio, quedando de Ud. su afectísimo q. b. s. m. —Santos Guardiola.

Con motivo de esta expedición se levantó a Guardiola una grosera calumnia, asegurando que había dado orden verbal a Nicolás Tórtola para dar muerte a Céleo Arias (padre). Quien levantó esa calumnia fué un tal José Antonio Cevallos, autor de una publicación intitulada "Recuerdos Salvadoreños", y la reprodujo más tarde José Antonio Grimaldi en una biografía que escribió sobre Céleo Arias. Este señor Cevallos era amigo incondicional del Gral. Ge rardo Barrios y odiaba ferozmente a Guardiola por el hecho solo de haber invadido algunas veces a El Salvador, por orden de su Gobierno.

El pretendido historiador que una de sus principales cualidades, como tal, es la imparcialidad que debía limitarse, en consecuencia, a narrar hechos verdaderos, se erige en juez implacable y verdugo sin entrañas al insultar y calumniar a Guardiola, tratándolo de crapuloso y endilgándole otros muchos dicterios, algunos de los cuales dan a conocer su crasa ignorancia, como el llamar a su víctima INDIO MESTIZO. Se olvidó de las reglas que dicta la Lógica sobre el testimonio humano; dió crédito a tradiciones infamantes y falsas y no probó con documentos incontrovertibles que Guardiola haya dado órdenes verbales secretas al referido Tórtola.

El notable historiador hondureño Lic. don Rómulo E. Durón desmiente las falsas aseveraciones de Cevallos en la forma siguiente:

"Removidos los obstáculos que detuvieron la marcha de Tercero en San Miguel siguió por el interior y puso de la capital el siguiente comunicado:

San Salvador, Marzo 19.

Al Presidente de Honduras.

El 18 de este mes ocupé la plaza de esta ciudad de orden del Gobierno de este Estado, creyendo que Morazán llegaría a Sonsonate y que seguramente se debía dirigir a esta capital; pero en esta misma fecha se sabe que Morazán ha desaparecido. A mi juicio, parece que éste sólo trata de llamar la atención a los Estados para ocasionarles gastos y otros gravámenes. El Gral. Malespín se halla en la cercanía de aquel punto con mil hombres. Esta plaza se halla bien fortificada y tiene suficiente tropa. Dicen que Carrera viene con muchos miles de hombres.

Julián Tercero".

Llenada la misión de este militar houdureño regresó al país a continuar el desempeño del puesto que ejercía.

GUARDIOLA JEFE EXPEDICIONARIO DEL SUR

Guardiola, por su parte, después de la acción de Chalatenango, volvió a desempeñar en la frontera del sur con El Salvador, el puesto de Comandante expedicionario que se le había confiado, ocupando de tiempo en tiempo los lugares más estratégicos, pues aunque se supo la salida de Morazán para Costa Rica, el Presi- dente Ferrera había ordenado que las fuerzas no se retiraran de los lugares que habían venido ocupando.

Cuando se supo que Morazán había salido de Playa Blanca, en dirección sur, se creyó que el Caudillo Unionista iba a atacar el territorio de Nicaragua y, en consecuencia, el Gobierno de ésta retiró las tropas que había enviado a la frontera de El Salvador y pidió auxilio de armas al de Honduras. Malespín manifestó al Jefe de Estado de Nicaragua, que en caso de una invasión, él volaría con su ejército a rechazar al invasor que pretendiera adueñarse del territorio que estaba bajo su mando.

Pocas noticias se tuvieron en seguida de la situación de Centro América como no fueran las referentes a los acontecimientos verificados en Costa Rica, donde el Gral. Morazán en sus esfuerzos por restablecer la Unión de Centro América encontró un fin trágico.

En medio de ese silencio aparece el Coronel Santos Guardiola, dirigiendo al Gobierno de Comayagua, en el mes de octubre, un comunicado en que dice:

"Sr. Mtro. de Guerra y Marina, del Supremo Gobierno del Estado. Del Comandante expedicionario de la frontera del sur.

El día de hoy ha sido confirmada, sin tener campo ya a la duda, la noticia que con fecha de ayer he comunicado a ese Ministerio, sobre que los costarricenses habían destruido a Morazán y a toda su horda fiera.

Hoy, pues, ya puede decirse, sin engaño de falsa ilusión: ¡VIVA LA PATRIA! ¡VIVA LA LIBERTAD DE CENTRO AMERICA!

El adjunto boletín impreso, número 12 de Nicaragua, es el que acredita aquella nueva. Por el único ejemplar que vino a esta Comandancia de La Unión, y apenas hice sacar un tanto para publicarlo a estos habitantes para dirigirlo hoy mismo a mi Gobierno.

Sírvase Ud. pues, Señor Ministro, ponerlo en manos del Sr. General Presidente para su conocimiento, participación de tan dulce gloria, y demás consiguientes disposiciones.

El júbilo es tanto, a la vez, que mi inaptitud es mayor que nunca para expresarme en obsequio de tan grandioso acontecimiento, porque me cabe la satisfacción de felicitar a Honduras todo, especialmente a mi Gobierno, repitiéndome al mismo tiempo de Ud. obsecuente Serv.

D. U. L., Nacaome, octubre 10 de 1842. —Santos Guardiola".

La comunicación anterior fué contestada en los siguientes términos:

"Gob. Supremo del Estado. —Comayagua, 14 de octubre de 1842.

Contéstese de recibo de la anterior comunicación y del nú- mero del Boletín nicaragüense que acompaña; dígasele que en el mismo día que se ha recibido su satisfactoria comunicación cita- da, ha llegado también el parte del Comandante General de Costa Rica, de que se le acompaña algún número de ejemplares y otros documentos que se publicarán oportunamente.

Es ya infalible el restablecimiento de la paz en los Estados de Centro América, de que se congratula el Gobierno con los valientes militares de Honduras, que ha sabido sostener con constancia la causa que acaba de triunfar; pero que, sin embargo, conviene que permanezcan en aquel punto hasta segunda orden.

Ferrera".

A nosotros, admiradores sinceros del General Morazán y fervorosos devotos de la unidad de Centro América, nos lastima esa manifestación del Coronel Guardiola; pero, queriendo comprobar nuestra imparcialidad, no hemos querido omitirla. Lo que ocurrió a Guardiola fué muy natural, muy humano. Los hombres. se ha dicho, que son productos del medio y que sus influencias son incontrarrestables.

Tratándose de Guardiola, deben tomarse en cuenta, no sólo lo que hemos manifestado, sino también el natural cansancio y sacrificios producidos por una larga campaña para justificar la satisfacción que les produjera el desaparecimiento de un hombre injustamente execrado por la malévola política de aquellos tiempos aciagos.

CAPÍTULO V: DEL AMOR AL ODIO

Vencidas en El Salvador, por el General Morazán, las huestes del Gral, Francisco Ferrera, en 1839, éste huyó a Honduras en donde conservaba sus prestigios políticos. Desde que llegó a este lugar principió a ejercer cargos de diferente índole política, principiando por el cargo de intendente de Comayagua. Ferrera fué electo Vicejefe del Estado y en tal concepto ejerció el Poder, del mes de septiembre de 1833 a enero de 1834.

En diciembre de 1840 fué declarado electo Presidente y tomó posesión el primero de enero de 1841. Al terminar su período presidencial don Coronado Chávez, fué nuevamente electo Presidente el General Ferrera, pero renunció, según mensaje del 12 de enero de 1847. Fué electo en su lugar el Doctor Juan Lindo quien tomó posesión de la presidencia el 12 de febrero de 1847, y ejercieron el Poder Ejecutivo los señores Casto Alvarado, Francisco Ferrera y don Santos Guardiola que formaron el Consejo de Ministros.

En el año de 1844 hubo un acontecimiento notable: la insurrección de los indios Texiguats apoyada resueltamente por el General nicaragüense Casto Fonseca y dirigida de modo directo por los llamados coquimbos: Joaquín Rivera, Máximo Orellana Miguel Alvarez. El objeto de esta insurrección era arrojar del poder al Gral. Ferrera, que hubiera caído indefectiblemente si no hubiera sido el valor y audacia de Santos Guardiola, cuya espada brilló con toda intensidad en aquella sangrienta lucha.

El General Ferrera fué un enemigo implacable del General Morazán y por consiguiente del régimen político llamado Federación por cuyo desaparecimiento luchó con toda su tenacidad.

El General Guardiola fué amigo aparcntc dc Ferrera con quien suscribió en Comayagua una proclama el 2 de junio de 1847, contra los Estados Unidos de Norte América que intentaban apoderarse de varios territorios mexicanos y amigo de Felipe Jáuregui, diplomático guatemalteco, hombre de talento, pero am- bicioso e intrigante. Ferrera fué acusado por éste por varias dema- sías; pero habiendo pasado la acusación al estudio de algunos di- putados, Ferrera dió una contestación cáustica a su acusador a quien trataba a su vez, de "Ladrón ratero".

Aquí se presenta un fenómeno sociológico y político digno de atención. Guardiola, que había tomado parte en la política. hondureña había oido hablar por todas partes y a todas horas del talento, valor y habilidad de Ferrera para dirigir el país, fué víctima de una sugestión al creer que era verdad cuanto se decía. del expresado Ferrera, a quien acompañaba en todas partes y seguía en todas sus acciones. Esto dió ocasión para que a Guar- diola se le diera el cognomento de Conservador a pesar de tener un espíritu amplio, tolerante en política y amigo del progreso de Honduras, al contrario de Ferrera, de espíritu estrecho, retrógra- do, tirano y amigo del fanatismo clerical.

Al hacerse cargo el Dr. Lindo de la presidencia de la República, tenía como amigos a Ferrera, Chávez, Guardiola y Jáuregui, con quienes llegó hasta firmar un Convenio de Armonía; pero sospechando que sus aparentes amigos lo traicionaban con sus maquinaciones y actos de ambición, se trazó un plan para deshacerse de ellos y quedar completamente libre. A Ferrera y a Chávez los enemistó con Guardiola, quien en cumplimiento de una disposición contenida en el acta de pronunciamiento de Guardiola en Tegucigalpa el 21 de noviembre de 1848, Ferrera y Chávez fueron perseguidos por Guardiola y expulsados a El Salvador, en donde no se sabe el sitio en que fué sepultado el primero.

Guardiola en su manifiesto datado en la Villa de la Paz el 27 de febrero de 1849, con motivo de la reunión de Municipalidades del país en aquella ciudad, explica las causas de su des. acuerdo con Ferrera y pone a éste en desnudo al referirse a sus actos reprobados.

Los párrafos aludidos rezan así: "Mientras Ferrera fué hombre libre, serví bajo sus órdenes, le quise, le fui fiel, mas cuando se convirtió en tirano le abandoné, le aborrecí y le hice emigrar".

"Esta es la verdad, una razón que justifica mis procedimientos; porque estimando tanto a este hombre, no pude en seguida aborrecerlo sin un motivo poderoso; y por lo mismo, que en él aprecié al liberal, detesté después en él mismo, al tirano, al asesino de los pueblos".

Y luego agrega en otro pasaje del documento aludiendo, al referido Gral. Ferrera: "No sé si me equivoqué; pero me parece que bastan aquellos decretos de muerte que nos obligaban a los militares a matar irremisiblemente a nuestros conciudadanos. Y aquellos decretos que amenazaban nuestras cabezas, y que no nos dejaban medio ni pretexto alguno de eludir su fiereza, para conocer que hemos ganado quitándonos de sus autores".

FALSO CONCEPTO QUE SE TENÍA DE LA FEDERACIÓN EN TIEMPOS EN QUE GOBERNABA EL GRAL. ARCE COMO PRESIDENTE DE CENTROAMÉRICA

La supina ignorancia que reinaba en aquella época fué la causa para que no se supiera comprender el verdadero sentido de las instituciones. La idea de Federación fué un concepto verdaderamente obscuro, así como el General Manuel José Arce, Presidente de Centro-América, creyó que los Estados carecían de autonomía y que sus Jefes estaban sometidos absolutamente al Gobierno General, así en Honduras se tenía el mismo concepto erróneo y se creía que el Gobierno que representaba la Federación y que residía en Guatemala, tenía en sus manos un poder omnímodo que no dejaba a los Estados gobernarse por sí mismos. Creían que el Gobierno Central ejercía una preponderancia absoluta sobre los Jefes de estado y por esa razón, Ferrera y sus Adláteres llamaban Centralismo al sistema de Gobierno Federal, y lo combatían a todo trance hasta romper el pacto que unía a las diversas secciones en que estaba dividida la Nación.

Causas del odio que el Gral. Francisco Ferrera tenta contra el Gral. Francisco Morazán

Guardiola creció en el seno de una agrupación política llamada conservadora o cachureca, oyendo ponderar los méritos y talentos espontáneos de Ferrera, de quien se dice que odiaba personalmente al Gral. Morazán por haberle negado éste una concesión de maderas.

La enemistad entre Ferrera y Morazán era puramente personal, y tenía por causas intereses materiales. Guardiola al contrario, si tenía un mal concepto del Jefe de la Federación y sus partidarios, era por la continua difamación que oía y escuchaba diariamente de parte de los hombres del Gobierno y sus secuaces. No lo odiaba por intereses privados y de aquí su diferenciación con Ferrera que aborrecía al Caudillo Unionista por motivo de intereses venales y así se explica como al apresar Guardiola a uno de los miembros importantes de la familia de Morazán, lo remitió reo a Comayagua para que allá fuera juzgado, y que al pedir Francisco Morazán hijo, en el Gobierno del referido Guardiola, el pago de una cantidad que se le adeudaba por el Estado, le fué resuelta de conformidad tal petición. Aquí en Honduras, en tiempo de Ferrera, se había formado a Morazán una atmósfera tan pesada que se asegura que al saber su muerte hubo repiques de campanas y otras manifestaciones públicas de alegría, en las que tomaron parte personas notables que no se creyera.

TEXIGUAT

DATOS GEOGRÁFICOS E HISTÓRICOS

Con el nombre de Texiguat se conoce actualmente un Distrito, un Municipio y un pueblo, cabecera de los dos anteriores. Todos ellos están situados en territorio del Departamento de El Paraíso, formado el 28 de mayo de 1869 por la segregación de una parte del Departamento de Olancho y otra del de Tegucigalpa, hoy Morazán, en donde estaban antes comprendidos. Casi nada se sabe acerca del origen de Texiguat y por consiguiente de sus pobladores y fundadores, y nosotros deseando saber cuál fué el primitivo idioma de les viejos texiguats, consultamos este punto con el competente investigador histórico salvadoreño don Jorge Lardé y Larín, quien benévolamente nos dijo en resumen, en carta del 22 de septiembre de 1944, que la palabra Texiguat, compuesta de las raíces texi, que significa etimológicamente "Río que tiene caracoles", lo que la hace aparecer como de origen pipil-náhuat, pero que si es cierto este hecho también no lo es menos que toda la toponimia de la zona circunvecina a dicha población es de origen T, aulepa-Ulúa Ulba o ulúa, y no sería extraño que la población de Texiguat situada, en la región sureste de Honduras, al norte de Orocuina, y al sur del núcleo principal de pueblos T, aulepa Ulúas, constituidos por las poblaciones de Yuscarán, Oropolí, Liure, Morocelí y Danlí que hablaban el mismo idioma.

Como en nuestra consulta le manifestáramos la sospecha que teníamos de que los Texíguats pertenecían a la familia etnico-lingüística de los Mangues o Chorotegas, el señor Lardé y Larín nos dice que sería de nuestra opinión si no fuera por las razones en que basa su anterior aserto y que históricamente la más antigua referencia que tiene sobre el pueblo hondureño de Texiguat, procede de Pedro Baltazar Ortiz de Letona, quien en sus "Noticias Estadísticas del

Reyno de Guatemala", refiere que el expresado pueblo de Texiguat formaba parte del partido de Choluteca.

El pueblo de Texiguat está situado en una gran hondonada y en una pequeña y estrecha vega del río de su nombre al lado derecho, aguas abajo. Está rodeado por abruptos, elevados y pedregosos cerros, separados en dos bandas por la corriente del río, denominándose Santa Lucía la altura que está inmediatamente al oriente del pueblo. Tiene como principales edificios una casa de escuela y una iglesia.

En sus cercanías hay algunos lugares poco importantes como El Zapotal y Nacascolo, y a no muy larga distancia pueblos como Morolica y Liure, que distan cuatro leguas cada uno del expresado pueblo.

Texiguat ha sido formado en su mayor parte por individuos de la raza indígena, que se han distinguido por su valentía y arrojo y por consiguiente por su belicosidad. A esas circunstancias se debió que fueran escogidos por nuestro invicto Gral. Francisco Morazán, quien sacó de allí gran parte de su aguerrido ejército, ayudado eficazmente por el cura Francisco A. Márquez. Con motivo de este importante hecho los Texiguats se han seguido utilizando por los jefes o caudillos de un partido político, quienes han venido sacando de allí centenares de prosélitos, como un tributo de sangre, sin que hayan hecho nada de su parte en favor del pueblo, apenas una simple casa de escuela, mientras que el General Manuel Bonilla, en su primera administración, mandó construir un puente de madera sobre pilastras de cal y canto en uno de los pasos del río y que desgraciadamente éste destruyó en gran parte en una de sus grandes avenidas.

Los Texiguats, primitivamente, vivían en el aislamiento. En 1673 el Alcalde Mayor del Real de Minas de Tegucigalpa, don Diego de Aguileta y Peralta, recibió orden del Gobierno Superior para reducir a poblado los indios de Texíguat, sacándolos de los montes para lo cual les quemó los ranchos y viviendas para que así vivieran doctrinados en las creencias católicas. Y para hacer más eficaz el cumplimiento de la expresada orden, Aguileta ordenó a su vez, al Capitán don Diego Gaitán de Padilla, para que contribuyera a la realización del fin propuesto.

En 1844, con motivo de la guerra civil, quedó otra vez despoblado este lugar y algunos de sus moradores no regresaron sino hasta después que terminó la insurrección. En la actualidad cuenta con

5,384 habitantes, hombres y mujeres, según el censo últimamente levantado el 24 de junio de 1945.

Los Texiguats fueron en otro tiempo idólatras y supersticiosos, pues su ignorancia y ferocidad los llevó a cometer crueldades como la muerte que dieron a Pedro Hernández, Gobernador del propio Texíguat, a quien atormentaron en 1672 por creerlo brujo. Con ese motivo Jorge Hernández vino al Real de Minas de Tegucigalpa para poner en conocimiento de los hechos al referido Alcalde Mayor don Diego de Aguileta, quien nombró al Alférez Juan de Ugarte para que trasladárase a dicho lugar y averiguara la verdad de lo ocurrido. Este, acompañado de tres testigos, se dirigió a aquel lugar que encontró solo por haberse escondido las autoridades locales autoras del crimen. Ugarte dictó entonces providencia para que comparecieran a rendir sus declaraciones las autoridades, que habían huido, y como no entendiera el idioma de los naturales nombró un intérprete. Y de las investigaciones resultó ser cierto los hechos denunciados. Pues apareció que Hernández hizo alarde de sus poderes sobrenaturales y que entonces los indios lo atormentaron y concluyeron por ahorcarlo, quemando después su cadáver y arrojando las cenizas al río.

Con el tiempo se modificaron las creencias religiosas de los Texiguats, convirtiéndose al catolicismo bajo la influencia de curas párrocos que en calidad de Misioneros fueron enviados allá para efectuar la catequesis, no quedando libres los sacerdotes de algunos tratamientos irrespetuosos, como le ocurrió al señor Cura Francisco A. Márquez, con ocasión de una conmoción popular motivada por la prisión de don Marcelo Ordóñez. La Municipalidad de Texiguat, en acta del 17 de noviembre de 1888, se pronunció contra las autoridades superiores del Estado, desconociéndolas y disponiendo segregarse de Honduras   y anexarse al Estado de El Salvador, mientras duraban las circunstancias anormales porque atravesaban estos pueblos, protestando, entre otros motivos, que la Asamblea Constituyente y Legitima, en su origen, dictaba decretos sin sanción del Consejo Representativo y que la misma declaró disuelto el Pacto Federal, quedando los pueblos en plena libertad para constituirse nuevamente de la manera que mejor les conviniera; que esta medida, sobre ser atentatoria a toda la República, la precipitaba a la anarquía y ponía en peligro la Independencia Nacional, y que las Municipalidades de Tegucigalpa, Choluteca y Goascorán, se habían separado también del

Gobierno del Estado, uniéndose a los Gobiernos de El Salvador y Nicaragua. Y en otra ocasión la Municipalidad de Texiguat trató de anexarse al Gobierno de Nicaragua.

El referido pueblo de Texiguat dió pruebas muchas veces de no querer someterse al Gobierno Central y se negaba especialmente a pagar las contribuciones que se decretaban por la Asamblea Ordinaria para el sostenimiento de las rentas del Estado.

NARRACIÓN HISTÓRICA DEL PUEBLO DE TEXÍGUAT

El Poder Ejecutivo se dió cuenta de los propósitos de los Texiguats, y el 7 del mismo mes el Jefe Político de Choluteca dijo oficialmente que según partes le habían dado la noticia de que los Texíguats se preparaban para hacer la revolución al Estado, y como es presumible que éstos han obrado en connivencia con los enemigos residentes en Nicaragua, a lo que agregaba otras noticias de interés relacionadas con la insurrección.

El 9 de febrero del mismo año el Poder Ejecutivo nombró al Teniente-Coronel Santos Guardiola, Comandante Interino de Choluteca y Jefe de la División que lo acompañaría para que pudiera observar más de cerca los movimientos del enemigo. El 15 del referido mes, la Municipalidad de Texíguat celebró una junta extraordinaria de la que se levantó una acta en que consta que 20 pueblos se le habían unido para tratar con el detenimiento necesario sobre la situación actual de Honduras, y el acta levantada con ese motivo, después de una larga serie de consideraciones, que contienen graves cargos contra el Gobierno del General Ferrera y contra las Cámaras Legislativas que aniquilaban a los pueblos, con contribuciones, no vistas ni oídas en tiempos del Gobierno español, acordaron lo siguiente:

1° -Desconocer la Administración del General Ferrera como violenta, tiránica, traidora e infractora de la Constitución y depresiva a los derechos de los hondureños y esencialmente opuesta a la prosperidad del Estado.

2° -Convocar una Asamblea Constituyente compuesta por lo menos de 35 Diputados que tomarían en consideración los males que afligen a Honduras y los que amenazan a la República para que juzgue severamente al indicado Ferrera.

3º -Depositar entre tanto se reúne el Cuerpo Constituyente el Poder Ejecutivo en tres personas de probidad y honradez.

4º -Sostener la libertad, soberanía e independencia del Estado y cooperar con los demás a la unión y al bienestar de la República.

5º -Sostener igualmente la integridad del territorio de Centro-América contra cualquier individuo o poder extraño que intente ocupar parte o el todo de él, bajo cualquier pretexto, disfraz o motivo.

6º - Respetar y reconocer la independencia y soberanía de los demás Estados de la Unión.

7º -Procurar de todas maneras la amistad y alianza y no intervenir en sus negocios domésticos, dispuestos por la persecución y tiranía de Ferrera, a cooperar con nosotros en bien del Estado, pues no debe haber entre hijos de una misma familia persecuciones y divisiones funestas a la libertad y al bien de los asociados.

8º -Admitir en nuestra unión a los hijos de los otros Estados que quieran ayudarnos con sus luces y con sus brazos al fin que nos proponemos, pues que como centroamericanos somos mutuamente obligados a auxiliarnos.

9º -Remitir a las personas de más confianza, bajo toda reserva, copia de esta acta para que en vista de ella no se nieguen a nuestras súplicas y cooperar eficazmente en favor de Honduras a quien tendrán por verdadero amigo y aliado.

Esta acta fue trascrita a varias Municipalidades de la República, especialmente a las de Tegucigalpa, Juticalpa, Comayagüela, La Plazuela y Yuscarán, excitándolas para tomar parte en la contienda.

El 25 de febrero el Coronel Guardiola, de Choluteca en contestación, a una nota del Gobierno manifestó a éste que ha cumplido la orden de armar 50 hombres escogidos para agregarlos a la escolta que llevó a Choluteca y que había recogido bestias, lanzas, etc., agregando que había puesto en defensa a los pueblos del Departamento amenazados por los Texiguats. Al mismo tiempo que se hacían estos preparativos para la guerra, el Presidente Ferrera dio instrucciones a Guardiola para tratar de disuavadir buenamente a los Texiguats de sus propósitos de hacer la guerra al Gobierno, y a ese efecto, Guardiola dirigió una nota a la Municipalidad de Texiguat, tratando de que depusieran las armas y abandonaran todo propósito hostil contra las autoridades superiores. La referida nota decía textualmente:

"Choluteca, marzo 1° de 1844. —A la Municipalidad y Común del pueblo de Texiguat. Atento el Supremo Gobierno del Estado a los repetidos partes que se le han comunicado por diferentes autoridades del mismo, sobre los movimientos y aprestos con que Uds. procuran sostener la necia resolución de desobedecer a las Supremas Autoridades, leyes y providencias dictadas por ellas, me ha prevenido diga a Uds. mismos, que cansado ya de sufrir insultos de ese vecindario, ha dispuesto excitarlos por última vez a fin de que la Municipalidad del año pasado, y la del presente comparezcan a la capital a responder a los cargos que deben hacérseles: que de no verificarlo, se les hace responsables desde la fecha en que dictó su acuerdo, a cuantos gastos deben originarse en el levantamiento de tropas para hacerles volver a la obediencia: que aun en el caso que los municipales no tengan bienes se tomarán los comunes de ese vecindario y las municipalidades citadas tendrán que responder al pueblo; y que la resolución que tomen sobre el particular se espera hasta el 15 del presente, desde cuya fecha en adelante se les tratará como a rebeldes y enemigos del Estado. Por lo expuesto reconocerán Uds. la conducta arreglada y generosa del Supremo Gobierno, pues no obstante las muestras repetidas que han dado de desobediencia e insurrección, pone aun los medios que pueden evitar pasos que irremisiblemente van a hacerlos escarmentar. La sugestión de cuatro perversos desafortunados, que se han propuesto medrar a costa de vuestra sangre y sacrificios, no va a salvaros del castigo que la ley prepara a los rebeldes. La misma mano que les ha asegurado la paz y se ha extendido sobre Uds. Con rasgos positivos de humanidad e indulgencia, va a levantarse furiosa para castigar vuestra ingratitud y orgullo, porque ¿qué derecho tienen Uds. para ultrajar las leyes que ha emitido la soberanía de un Estado entero, ni para insultar y desobedecer a un Gobierno que los ha tratado bajo las mayores consideraciones?.... ninguno; y ya verán Uds. el resultado que va a producirles su rebeldía. Entre tanto tengo el placer de decir a Uds. lo que el Gobierno me ha prevenido y de ofrecerles mi amistad.

(f) Santos Guardiola".

Transcurridos los 15 días del plazo fijado en la nota anterior, continuaron en su silencio los rebeldes y como se obstinaran en sus propósitos, siguieron los preparativos de guerra por parte del Gobierno para someterlos a la obediencia. Y con ese motivo se dieron órdenes al Comandante de Goascorán para que se pusiera a las órdenes del Comandante Guardiola y ejecutara los movimientos que él dispusiera; al propio tiempo el Comandante Guardiola, cumpliendo órdenes recibidas, se situó en el pueblo de Liure el 14 de marzo de 1844, con ochenta hombres. Fue bien recibido por los habitantes de este lugar, quienes manifestaron su adhesión al Gobierno, ofrecieron que no se asociarían a los Texiguats para llevar a cabo sus siniestros propósitos.

Como el Gobierno no había podido descubrir el número de armas con que contaba el enemigo, ordenó reiteradamente a Guardiola que enviara espías para averiguarlo, lo que inmediatamente puso en práctica y con la prontitud que el caso requería, porque los otros pueblos imitarían en su desobediencia a los Texiguats. Al propio tiempo se mandó a levantar en los distritos de Choluteca, Nacaome y Goascorán 25 hombres de caballería para que infundieran respeto a los enemigos interiores y externos.

Estando en Liure recibió orden del Gobierno de llamar al Capitán Regino Ordóñez para que le ordenara lo conveniente. Este sujeto había sido agraciado por Ferrera con un grado militar, creyendo que sería muy útil en la campaña; pero éste, en lugar de ayudar al Gobierno, se colocó al lado de los Texiguats, fingiendo haber sido aprisionado por éstos. El 17 de marzo llegó a Morolica con 100 hombres, sin novedad, siendo muy bien recibido por sus habitantes en quienes encontró muy buenas disposiciones en favor del Gobierno. De este mismo lugar ordenó al Comandante del piquete de Yuscarán para que viniera a reunirse con él y poder intimar a los Texiguats y al mismo tiempo mandó espías al pueblo de Texiguat, que regresaron manifestándole que se encontraba solo.

Guardiola ordenó al Comandante de Tegucigalpa para que a la mayor brevedad le mandara 25 hombres por el rumbo de Yauyupe para que lo protegieran en caso necesario.

Antes de salir de Moralica Guardiola se dirigió al Ministro de la Guerra, manifestándole que habían sido cumplidas todas las órdenes, que le acompañaba dos comunicaciones que acababan de llegar de Texiguat y según el contenido de ellas no había otro medio que el de hacer uso de las armas, lo cual iba a verificar al día siguiente sin falta alguna, agregando que los pueblos de aquel distrito no eran más que fríos espectadores en la lucha presente, que todos huían despavoridos al Estado de Nicaragua, y que de los Liures se podía decir con seguridad que obraban de buena fe en favor del Gobierno; y, sin embargo, de esto, no le habían dado más que cinco soldados.

El 24 de marzo Guardiola ocupó el pueblo de Texiguat, no habiendo más que una pequeña escaramuza, lo encontró solo y en las inmediaciones de él, en los parajes llamados "El Recodo" y "Polinche" se hallaban los facciosos, los que a la vista de 30 hombres huyeron despavoridos a las montañas y serranías donde era difícil batirlos por la dificultad de poderlos flanquear. Tres días dice Guardiola que permaneció en Texiguat, porque supo que el plan de los facciosos era que se internaran con la fuerza para de allí atacarlo, pero no lo verificaron por su cobardía.

El mismo General Guardiola dijo en nota al Gobierno con fecha marzo 26: que en el pueblo de Liure pensaba reunir las fuerzas para lo cual había dictado las medidas convenientes, pero antes había depuesto recorrer los pueblos vecinos por donde podría estar acantonado el enemigo; que no era posible permanecer en las Cofradías, tanto por la falta de recursos como porque no eran puntos a propósito para formar Cuartel General, y porque quedaría aislado con la fuerza, y agregaba, que el plan que se proponía era ver la manera de tener un encuentro en el que saliendo victoriosas las fuerzas del Gobierno, entonces con más facilidad y confianza se podrían perseguir y destruir completamente.

Continuando la lucha, el General Guardiola, el día 28 de marzo, a las cinco de la mañana emprendió con 80 soldados la marcha con el objeto de perseguir a los facciosos a dondequiera que se hallasen, y a las 6 del mismo día fue sorprendido por ellos por vanguardia, retaguardia y centro haciéndole un fuego vivísimo. En tal situación juzgó imprudente sostenerse en el camino y dispuso retroceder bajo el mayor orden hasta colocarse en una loma llamada Santa Lucía, a inmediaciones del pueblo de Texiguat, como en efecto lo verificó sin quebranto alguno de los valientes que lo seguían. Allí pudo disponer mejor la acción con la velocidad que demandaba el caso y comenzó a darles a los rebeldes el golpe digno de su perversidad.

El enemigo huyó vergonzosamente y fue perseguido por él y demás tropas hasta la Cofradía de Candelaria, que dista cinco leguas del pueblo y se halla situado en lo más elevado del cerro, cuyo tránsito está lleno de obstáculos y malezas impenetrables. Guardiola después de haber batido al enemigo llegó a Liure, encontrándose allí con el Jefe Político de Choluteca don Lupáreo Romero, con quien dispuso su regreso a aquella ciudad para reorganizar la fuerza y reunir el número suficiente de tropa y de esta misma dirigió al Gobierno un informe de la campaña realizada después de la acción de Santa Lucía como sigue: "Choluteca, abril 21 de 1844. —A Ministro de Guerra. Tengo el honor de dar a Ud, el parte circunstanciado de mis operaciones sobre la facción de Texiguat, señalándole principalmente la jornada que el día de ayer 20 del presente que distingue la división de mi mando. Al amanecer de dicho día, situado en la hacienda llamada Nuestro Armo, en donde permanecí desde el día 14, se presentó el enemigo coronando todas las alturas que rodean dicha hacienda En tal estado emprendí mi marcha sobre él cuando éste rompió un fuego vivísimo a la vanguardia de mi División que en seguida se hizo general en toda la línea; entonces me vi precisado a contestarlo por todas las direcciones, pues que de esta manera fui atacado por el enemigo que se me presentó en número de más de cuatrocientos hombres bien armados y municionados, la mayor parte de ellos, sostuvieron un fuego de tres horas por lo menos. Circulado como he dicho por éste, tuve que romper línea colocando yo a la vanguardia las guerrillas que me embarazaban el paso así sobre la cuesta de La Asunción, caminando en la ofensiva más de una legua hasta ascender a la cumbre del cerro nominado, y, al efectuar esto recibí, un golpe de piedra en la cabeza y otro en el codo izquierdo que me dejaron en tal disposición sobre el caballo, que poco sostenido, por mi invalidez se precipitó para sobre el enemigo y esto lo hizo huir despavorido. Luego que todo el ejército pudo colocarse en la parte superior del cerro, se hizo de nuevo otro mayor esfuerzo hasta derrotar completamente al enemigo y perseguirlo por cuantas direcciones fue posible, causándole, según un cálculo prudente, de 16 a 18 muertos y avanzándole 7 carabinas. Y no tuvo mi División más desgracia que la de haber salido heridos un sargento 19 y tres soldados levemente y uno de gravedad y cuatro golpeados a pedradas. Considerando, señor Ministro, que las fuerzas de mi mando no son suficientes para deshacer una facción, que tanto se ha aumentado ya por haberse unido a ella todo el pueblo de Liure, de Soledad y el de Morolica, he dispuesto regresar a esta Villa, así para socorrer con los auxilios medicinales a los heridos, como para esperar el que regularmente debe dárseme de esa capital y otros pueblos, si el Gobierno juzga conveniente para engrosar mi División, hasta completar 400 hombres con que creo dar deshecha aquella facción, pues con otro menor es bastante expuesto en razón de lo difícil del terreno".

Al llegar a Choluteca, Guardiola dispuso la reorganización de la tropa que iba a obrar por segunda vez contra los Texiguats, lo más tarde, el 8 de abril, por lo menos con 200 hombres, pues había tenido noticia desde el día tres del mismo mes que aquéllos se encontraban reunidos en El Zapotal, dispuestos a resistir mientras unos habían huido para El Salvador y otros para Nicaragua.

Guardiola expidió con ese motivo la siguiente proclama a los soldados: "SOLDADOS: Hace mucho tiempo que los antiguos enemigos de las instituciones libres dieron al pueblo de Texiguat una nombradía, que si bien la merecieron en otra época, fue porque su débil masa la fortalecían los valientes que ahora componen el nuevo pueblo de Liure. Por esta ilusoria idea que les infundieron visionarios que han encendido la tea de la rebelión, aquellos permanecen orgullosos, cometiendo la doble falta de insultar bruscamente al Supremo Gobierno, y amparados en el bárbaro principio de desobedecer en todas sus partes las leyes emitidas por la Soberanía del Estado. El Supremo Gobierno, pues, cansado ya de sufrir tales ultrajes de parte de aquel pueblo caprichoso e imbécil y usando del poder que le dan las leyes, ha querido mutilar esta parte, corrompida de la gran sociedad hondureña, para que todos gocen, con plenitud los placeres y derechos que brinda la regularidad y el orden, como fuente de bienes y grandeza positiva. Por mi medio les he hecho excitaciones cordiales con la dulzura, propias de un padre amoroso para hacerlos entrar al orden, las cuales han despreciado, por lo que se ha hecho, ya uso de las armas. Vosotros sois testigos de su rebeldía, pues 80 de los que ahora me acompañan opusieron el 28 del mes próximo pasado, con firme denuedo, su resistencia a los tiros que con notable cobardía nos dirigieron los facciosos que fueron vencidos completamente.

Compañeros: Hoy marchamos segunda vez sobre aquel pueblo a continuar la empresa que el Supremo Gobierno tiene encomendada a vosotros; nada debéis temer cuando la gloria os espera en el campo mismo donde acabáis de dar pruebas irrefragables de valor y patriotismo, aterrando con él la injusta fama que han tenido aquellos padrastros de los pueblos de este departamento. La obra es grande a la salud de la Patria; continuadla con firmeza hasta dar a nuestras armas el lustre que siempre ha merecido, no olvidándoos jamás de los deberes de la humanidad, extendiendo un abrazo fraternal sobre los vencidos que no son más que hombres de la desgracia; ejerced pues en todas vuestras maniobras las virtudes que caracterizan a todos los que como vosotros son valientes y filantrópicos.

Disponeos a marchar y a morir por conservar el honor del Estado, con el resuelto designio de castigar a los que han cometido el crimen de atentar contra los derechos de los pueblos soberanos. Estos son los sentimientos de vuestro Comandante amigo y compatriota. Choluteca, 11 de abril de 1844.

Santos Guardiola".

El plan de Ferrera fue el de privar a los Texíguats de toda clase de recursos y sostener la guerra con el producto de los bienes de las cofradías, y, al efecto, ordenó a Guardiola que organizara vaquerías para enviar el ganado a la Intendencia de Choluteca, en donde eran vendidas en pública subasta, lo que dio origen a la grosera calumnia de que las fuerzas del Gobierno andaban robando. Guardiola supo que los rebeldes se encontraban a dos o tres leguas de Texiguat, dispuestos a atacar las tropas del Gobierno; que el faccioso Regino Ordóñez había dirigido una nota a los pueblos de Duyure, San Marcos y El Corpus y que lo aguardaban en sus guaridas, que se hallaban tan diseminados y débiles que no tenían valor más que de acercarse a Apacilagua y Orocuina, distantes dos leguas de Liure; que al mineral de Yuscarán ingresó una partida de Texíguats compuesta de 10 hombres; que Tegucigalpa necesitaba una fuerza respetable para evitar un trastorno; que habían pasado 100 Texiguats hacia León para pedir armas a Fonseca, noticias que trató de aprovechar.

El Poder Ejecutivo tomando en cuenta la rebelión de Yuscarán, en favor de los Texíguats, expidió el decreto que en sus principales artículos decía: Que todo individuo o corporación que de esta fecha en adelante se pronunciare bajo la obediencia de la facción de Texiguat, que se adhiriese a sus designios, que le preste auxilio, que hable en favor de su causa y de alguna manera coopere a llevarla adelante, será pasado por las armas. Todo comisionado, espía o individuo de dicha facción que transitare por cualquier pueblo del Estado, sin un objeto lícito y bien conocido, sufrirá la misma pena.

El 28 de mayo el Presidente General Francisco Ferrera, se separó del ejercicio del Poder Ejecutivo para atender mejor y con más eficacia las operaciones de la guerra contra los Texiguats, quienes se obstinaban en desobedecer a las autoridades superiores y cometer los más horrorosos atentados en los pueblos circunvecinos. A este efecto se trasladó a Tegucigalpa en donde dictó las disposiciones necesarias y organizó fuerzas.

El 3 de junio el Consejo de Ministros, atendiendo a la pobreza del erario público, decretó un empréstito de 30.000 pesos que debían cubrir todos los propietarios hondureños que tuvieran un capital que no bajara de 1.000 pesos.

El 4 de junio el Coronel Guardiola, de Choluteca, dió al Ministro de Guerra y Marina esta relación: "El 1º del corriente se me dió parte positivo de que los facciosos osadamente habían pisado el territorio de este departamento e introducídose al pueblo de Orocuina. Este ultraje, la idea de evitar un pronunciamiento, y lo triste que de nuestra posición se formarán los otros pueblos al ver que el enemigo se nos paseara por delante impunemente, me obligó a salir de esta plaza con 200 hombres con el objeto de castigar la criminalidad de los perversos; llegué a Orocuina y no encontré allí más que la huella de aquéllos; y habiendo reconocido la animosidad de la tropa, levanté el campo, me dirigí a Liure en donde creí encontrarlos; en efecto, al amanecer del tres se me presentaron en número de ciento cincuenta bien armados y municionados en dicho pueblo, cuyo número y disposición lo supe por el informe que me dió un espía el día anterior y que tenían prisionero ellos.

Avistádose el enemigo dispuse la acción acompañado del segundo Jefe y Comandante del Cuerpo, Teniente-Coronel señor José María Matute, se rompió el fuego por la vanguardia que la comandaba el intrépido Capitán Secundino Salinas, quien hizo con treinta hombres una carga a la bayoneta, y esto bastó para que el enemigo desocupase el pueblo y huyera por todas las direcciones, dando las muestras más positivas de verdadera cobardía, y habiendo dejado cuatro muertos, una carabina, dos paradas y seis cargas de bastimento.

Desgraciadamente, Señor Ministro, sufrí yo la única pero notable pérdida del oficial valiente Francisco Gutiérrez, cuya muerte fue sentida generalmente por toda la división. Si en los ataques anteriores ha dado la fuerza de mi división muestras de grande valor y patriotismo, en este se llenó mi alma del regocijo más puro al ver desde el segundo jefe señor Teniente-Coronel Ignacio Ortez, hasta el último soldado en la mejor disposición y colmados de entusiasmo en favor del Supremo Gobierno: imponderables son los deseos que mostraron de pelear y el sentimiento de no haber encontrado con quien, por haberse fugado el enemigo a los primeros tiros.

La acción de que hago mérito, fue dada por los cobardes y perversos Francisco Sancho y Lorenzo Pérez, quienes, según dicho de un indígena que se avanzó, comandaban la sección u horda de liures, y Ordóñez y Andrés López la de los Texiguats, los cuales no entraron en acción; pero se debe entender que aún unidos no podrán jamás resistir el imperio de las armas del Gobierno, porque si esta parte que batimos, que se ha considerado siempre por la más ilustrada y valiente, huyó de la manera más vergonzosa al presentarnos en batalla, los otros que son más incultos y cobardes, no harán más que difundir el desaliento por todas partes.

Todos los motivos antedichos me forzaron a salirme de las instrucciones y órdenes que el Supremo Gobierno me ha dado; pero aseguro a Ud., Señor Ministro, que una sola línea no hemos retrogradado en contra los planes que se tienen trazados, sino antes bien se ha aterrorizado el enemigo y alentados los pueblos que lo consideraban como invencible y capaz de imponer al Estado entero.

Las instrucciones que le acompaño fueron tomadas a los enemigos, y el Supremo Gobierno calculará quienes sean los autores de la facción de Texiguat.

Se me ha asegurado por los espías, que el Comandante Casto Fonseca ha auxiliado con armas y parque a los indios, y me parece positivo, porque en los ataques pasados no tenían más que ciento veinte y cinco y ahora doscientas cincuenta, y los soldados municionados a dos paradas. Y lo pongo todo en conocimiento de Ud. para que se sirva elevarlo al del Supremo Gobierno, y aceptar las muestras distinguidas de mi aprecio y consideraciones.

(f) Santos Guardiola".

Después del combate de Liure volvió Guardiola a su Cuartel General de Choluteca, de donde el 27 de junio se dirigió otra vez al pueblo de Liure que ocupó el 28 a las 6 de la mañana, mandando a construir una muralla o trinchera de más de 500 varas de circuito. El 29 a las 2 de la mañana tuvo parte de que los motineros se dirigían a Choluteca, al momento mandó a destruir las fortificaciones y se puso en marcha en pos de ellos.

Llegó a la Villa de Choluteca el 30 de Junio a las 11 del día, y ya el enemigo se había marchado para el pueblo de El Corpus.

En confirmación de los hechos últimamente referidos y de los pormenores de la acción de armas de El Corpus, véase el informe dirigido por el Comandante de Operaciones del departamento de Choluteca, Coronel Guardiola, al Jefe del Estado Mayor del Estado de Honduras, Brigadier Trinidad Muñoz, fechado en el pueblo de El Corpus el 10 de julio. Este documento es como sigue:

"Con inexplicable placer pongo en su conocimiento los por menores de la famosa victoria que las armas de mi mando alcanzaron contra los facciosos de Texiguat. Con el objeto de obrar en combinación con el señor General del Ejército, desocupé la Villa de Choluteca el 27 del próximo pasado; y el 28 a las 6 de la mañana ocupé el pueblo de Liure, en donde al momento, mandé construir una muralla de más de 500 varas de circuito. El 29 a las 2 de la mañana tuve parte que los motineros se habían dirigido para Choluteca. Al momento mandé arruinar las fortificaciones y me puse en marcha forzada, en seguimiento de ellos; llegué a dicha Villa como a las 11 del día 30, más los perversos aunque habían entrado a la plaza con grandes escaramuzas resultó que se mataron de unos a otros, saqueando al mismo tiempo vasos sagrados y Crucifijos que tanto respetan los pueblos, ya se habían regresado con dirección a El Corpus. En el momento puse espías para saber su paradero; y satisfecho de que se hallaban en el referido pueblo en número de 600 hombres armados y municionados, con miras de atacarme de sorpresa, resolví darles un golpe decisivo, a pesar del punto escarpado en que estaban situados. La tropa aunque rendida de la marcha anterior, pero resuelta a continuar con bravura hasta lograr el escarmiento de los ladrones, me inspiró toda su marcialidad: como a la una de la mañana salí de Choluteca y dispuse dar la batalla por dos flancos para arrollar a los facciosos: a las seis de este día ya empezaban mis tropas a batir las primeras fortificaciones del enemigo. Cualquiera división que no hubiese sido la mía, se hubiera asombrado al aspecto de las masas que se presentaban en desfiladeros tan ventajosos para ellos. Torrentes de balas llovían sobre mis soldados, que cual leones, nada les hacía retroceder un palmo. Una hora habría durado la riña, cuando los enemigos ya se hallaban asustados y se confundían con mi tropa, ésta los desconocía y los pasaba a bayoneta y espada. Suerte tan funesta para los motineros se prolongó por más de dos horas, y en ellas fueron destruidos completamente, dejando en sus trincheras más de cien muertos que de los que se pudieron reconocer remito una lista, ciento cinco fusiles la mayor parte de éstos nuevos y con bayoneta, sesenta lanzas, mil tiros, 300 piedras de chispa, todos los instrumentos de banda, una bandera negra y en el centro pintada una cruz y una calavera; toda la correspondencia secreta y de oficio de que se impondrá el Gobierno. Mis pérdidas fueron pocas, pues murieron el Sargento 2° Félix López, y los soldados Juan Galindo, Mariano Cruz, Juan J. Álvarez, Miguel Ortiz, Nicolás Cerna e Hilario Turcios, y once heridos en cuenta los oficiales señores Teniente Manuel Cáceres, Subtenientes Juan Norberto Alvarado, Francisco Avilez y Pedro Guardado. Es digna de la gratitud del Supremo Poder Ejecutivo del Estado la bizarría con que ha peleado la oficialidad y tropa de la división de mi mando y el deseo que abriga de continuar persiguiendo restos de la facción, y aun me parece que pronto se conseguirá tan interesante objeto. Con el fin de que Ud. se digne ponerlo en conocimiento del General en jefe y éste de los señores Ministros encargados de la Presidencia, es que se lo comunico, quedándome el placer de ofrecer a Ud. por primera vez mi afecto y consideraciones como su más atento servidor".

Como un acto de justicia e interpretando los sentimientos de admiración y gratitud del pueblo hondureño, para el Teniente Coronel Guardiola y la heroica División que peleó brillantemente a sus órdenes en el referido mineral de El Corpus, el Poder Ejecutivo dictó el Decreto que a la letra dice:

"Comayagua, julio 8 de 1814. Señor General Presidente encargado de las operaciones sobre la facción de Texiguat. –El Gobierno en consideración a los relevantes servicios del Teniente Coronel. Comandante de la división estacionaria en Choluteca, señor Santos Guardiola, así como al denuedo con que ha peleado la división referida, por su constancia y sufrimiento en la campaña y especialmente por la heroica acción y triunfo adquirido en el mineral de El Corpus, el día primero del corriente, ha tenido a bien acordar.

1° -Concederle el grado de Coronel efectivo al Teniente Coronel señor Santos Guardiola.

2° -Que el expresado Comandante Guardiola informe al Gobierno sobre los Jefes y oficiales que se han distinguido en esta acción gloriosa, para acordar el premio que merezcan.

3° -Que así mismo remita las listas de las compañías que formaban la división de su mando para que se diriia por la Tesorería un sobre-sueldo íntegro de dos días, que recibirán los soldados, cabos y sargentos sin la menor dilación, juntamente con el título de División Vanguardia del Ejército conservador y defensor de la Soberanía e Independencia del Estado y sus leyes.

Lo mismo que comunico a Ud. de órden suprema para su inteligencia y efectos consiguientes.

Sírvase acusarme recibo y admitir por su respetuoso servidor a Francisco Inestrosa".

El 11 de julio de 1841, el mismo Poder Ejecutivo reunido en Consejo, dictó otro decreto por el que concedía un indulto a todos los rebelados que componían la facción de Texiguat, desde la clase de Sargento hasta la de soldado, excepto los que hubieran cometido crímenes particulares.

Guardiola, al regresar a Choluteca, manifestó al Gobierno que el deseo vehemente de ver a su madre, la pérdida de sus cortos intereses en Yuscarán y el quebrantamiento de su salud, lo obligaban a retirarse del servicio, ofreciendo que a la primera insinuación del Gobierno volvería a ponerse al frente del enemigo. A esta solicitud de Guardiola el Gobierno respondió: "La apreciable comunicación de Ud. de 13 del corriente es contraída a manifestar los motivos que tiene para no seguir prestando sus servicios en la división de su mando y el deseo que le anima de separarse de ella para ir a restablecer su salud quebrantada y resarcirse de alguna manera de los perjuicios que la facción de Texiguat le ha originado en sus intereses, como así mismo a procurar el alivio de las aflicciones de su señora madre. Con ella di cuenta al Ejecutivo Supremo que, impuesto de lo referido y de lo demás que contiene su citada, me previno decirle en contestación, que no está en los intereses de la causa pública, en la dignidad del Gobierno y en el honor de Ud. retirarse del servicio de las armas tan interesante aun después de los gloriosos triunfos que ha adquirido; que tal retiro se interpretaría siniestramente por los enemigos y se le calificaría de ingratitud por los hombres sensatos; y que por estos motivos no se puede acceder a su solicitud por más justa que la considera mediante las razones expuestas, así satisfago".

Antes de pasar adelante vamos a referirnos a una grave imputación que han hecho a Guardiola sus implacables enemigos, sin otro motivo que el de querer eclipsar sus glorias militares y el deseo de no haber puesto su espada al servicio de los intereses del partido coquimbo. Lo llamaban incendiario y le han atribuido el haber mandado a quemar el pueblo de Texiguat. Montúfar dice únicamente que Guardiola mandó a quemar unas casas en el valle de El Zapotal, partiendo de datos falsos que le dieron de aquí, de Honduras, pues no hay documentos comprobatorios de tal hecho ni existe tal valle, pues el lugar llamado El Zapotal está situado en la gran pendiente que va del Ato de Animas al pueblo. Los Texíguats llamaban valles a las aldeas. Según carta del General Isidoro Saget, sincero admirador de Guardiola, Ferrera había dado orden de dar fuego a los ranchos del enemigo y es seguro que si Guardiola ejecuto algunos de esos hechos fue por la obediencia ciega que los militares tenían a las órdenes de sus superiores. En cierta ocasión en que este Jefe dejó de informar por tres días acerca de los sucesos de la guerra el General Ferrera le dio una terrible reprimenda, obligándole a no volver a incurrir en esa falta en lo sucesivo. El procedimiento de quemar los ranchos no era nuevo, pues en 1678, época colonial, el Alcalde Mayor de Choluteca don Diego de Aguileta y Peralta, obedeciendo órdenes superiores y de conformidad con las ordenanzas españolas, ordenó que los indios de Texíguats se redujeran a poblado y que se quemaran los ranchos de los que no quisieran obedecer.

La fecha del incendio del pueblo de Texiguat fue el 25 de marzo de 1844 y es creíble que lo hayan verificado los mismos Texíguats, puesto que ellos habían abandonado sus hogares yéndose a establecer en el punto llamado Nacascolo, y es de presumir que ellos lo hayan ejecutado por desacreditar las tropas del Gobierno y para impedir que éstas encontraran allí alojamiento, pues algunos destacamentos de las tropas del Gobierno ocuparon dicho pueblo como base para sus operaciones. Hace pocos años que estuvimos en Texiguat, y uno de sus habitantes nos mostró un hacinamiento de fragmentos de teja como resultado del mencionado incendio, pero se supone también que fue obra de los mismos indios, porque siendo niños todavía presenciamos el hecho de que habiendo llegado a San Antonio de Oriente una tropa de Curarenes, se impuso a don Laureano Zepeda una contribución forzosa que no habiendo podido suministrar por su pobreza, unos cuantos individuos de tropa subieron al techo de la casa y quebraron en menudos fragmentos las teja: que lo cubrían. Se ve que pudo ser una costumbre inveterada de los indígenas de aquellos tiempos.

En el Redactor Oficial N° 79 de abril 15 de 1844, se encuentran unas cartas de las autoridades indígenas llenas de conceptos contradictorios y firmadas en Texiguat, el 30 de marzo de mismo año, firmadas por los señores Valentín Hernández, Pablo Pérez, Dámaso Hernández, Nicolás Solórzano, Pedro Ramírez y Atiliano Hernández, dirigidas a las Municipalidades de Comayagüela y Juticalpa: en la primera se dice textualmente: "El 24 del que contamos entró el citado Comandante Guardiola, aproximándose con demasiado rigor y tomamos retiro a un cuerpo extraño. El día siguiente apareció una comisión, la cual ha tenido el gran delito de incendiar cinco casas de los valles". En la segunda se manifiesta textualmente lo siguiente: "Pues el 24 del que contamos se aproximó el Comandante de Operaciones Santos Guardiola, ocupando este pueblo". "En seguida el 25 de las 8 o 9 acometió el negro atentado y delito criminal de incendiar cinco casas de un valle cercano de este pueblo, El Zapotal".

Como se verá en estas cartas hay una visible contradicción: unas veces se trata de cinco casas en los valles, otra de cinco casas en el pueblo y otra de cinco casas en El Zapotal, que fue sin duda la noticia que después se suministró a Montúfar, hay pues, incoherencia y se ve claramente que el propósito de los Texíguats era de desacreditar las tropas del Gobierno que no tuvo dificultad en publicar en el periódico oficial las referidas notas para conocimiento de los hondureños. Pero supongamos, sin concederlo, que las tropas de Guardiola incendiaron cinco casas en el pueblo, es una exageración decir que ese hecho se cometió en la totalidad de ese mismo pueblo.

La historia imparcial será la llamada a escudriñar la verdad en medio del fárrago de mentiras con que se trata de ocultar la verdad. Para patentizar más la exageración de las afirmaciones de los Texíguats, se encuentra en el Archivo Nacional escrita en papel amarillo una exposición en que la Municipalidad del pueblo tantas veces referido, dice a la Cámara Legislativa, con motivo de haber pedido a ésta recursos para la reedificación del pueblo, y contestando ésta que no podía suministrarles por falta de fondos del Erario Público, la Municipalidad respectiva dice a la Cámara que los fondos que necesita son pocos por ser pocas las reparaciones que hay que hacer.

Que dirían los forjadores de esta leyenda negra ante los incendios y destrucciones de ciudades populosas del Continente Europeo, causados en nombre de la Civilización y la Democracia.

El Gobierno de Honduras, deseando dar término a la lucha con los Texíguats, dirigió el 17 de julio de 1844 al Ministro General del Gobierno de Nicaragua la nota que dice: "Estando informado este

Gobierno de que en los puntos de Somotillo, Sacatón y otros de ese Estado se hallan los restos de la tropa de facciosos que fue derrotada en El Corpus por la División del Comandante Guardiola, cuyos restos armados amenazan ato la tranquilidad de este Estado, siendo un deber de este mismo Gobierno dar seguridad como pacificar a sus súbditos revelados. Persuadido como está de los principios de justicia que guían a ese Supremo Director y de las sanas intenciones que abrigan hacia la conservación de la paz en todos los Estados confederados de la Unión Centroamericana, encarece y suplica al señor Director sea muy servido librar sus órdenes a efecto de que los preindicados facciosos evacuen el territorio de ese Estado para que regresen a éste donde serán acogidos benignamente por su Gobierno, según el texto del indulto últimamente decretado, cuyo cumplimiento podrá ese mismo señor Director asegurar a los rebeldes bajo la palabra de honor y buena fe del Gobierno de este Estado. Si desgraciadamente no diese ella el suceso que es de esperarse, interpela este Gobierno al de Nicaragua para que en obsequio de los intereses de Honduras, le permita el pase de una columna volante que persiga a los facciosos hasta reducirlos bajo la solemne protesta de que no sólo no atentarán contra la tranquilidad pública de ese Estado, sino que aún no se exigirá ninguna clase de auxilios al pueblo o pueblos donde transite tan interesante comisión, y aun para dar más garantías y alejar todo motivo de sospecha, no será el Comandante Guardiola ni ninguno de sus jefes u oficiales, el que debe ir a evacuar tan importante servicio, sino el señor Teniente-Coronel Eusebio Toro, que marcha con su batallón y ninguna injerencia ha tenido hasta ahora en la actual rebelión".

Esta nota no dió el resultado que se esperaba de parte de los Texíguats, y el Gobierno de Honduras se vió en la necesidad de enviar a aquella región, a la cabeza de un ejército, al General Isidoro Saget, militar francés, para que terminara la pacificación. Este jefe estuvo relacionado con el General Guardiola, en quien reconoció grandes cualidades.

GUARDIOLA Y MUÑOZ

En 1842, después de la muerte de Morazán, se organizó en la ciudad de Chinandega una Junta Unionista, formada por delegados de Honduras, Nicaragua y El Salvador, con el fin de reorganizar el

Gobierno Confederal de Centro América. Guatemala y Costa Rica se negaron a formar parte de ella.

El 11 de abril la Junta celebró una Convención que formuló un pacto estableciendo por él un Gobierno provisional y nombrando para presidirlo a Antonio José Cañas, quien debía de residir en San Vicente (El Salvador). Tal pacto se renovó el 27 de julio de 1844 y se nombró Supremo Delegado al General Fruto Chamorro.

Cuando en mayo del mismo año el General Francisco Malespín hizo la guerra al Gobierno de Guatemala por haber favorecido los planes revolucionarios y la invasión de Manuel José Arce contra El Salvador, Malespín obró en nombre de la Confederación Centroamericana y por consiguiente el Supremo Delegado Chamorro pidió auxilio a Nicaragua contra Guatemala. El Salvador se encontraba en una situación difícil por el asilo que concedió a los morazanistas, llamados entonces coquimbos, los cuales, después del auxilio que el Gobierno de El Salvador dió al de Honduras para combatir la facción de Texiguat, enviando al Brigadier Escolástico Marín al mando de 400 hombres, y de haber fracasado la sublevación promovida en San Miguel por el General José Trinidad Cabañas y los coroneles Gerardo Barrios y Domingo Asturias, quienes tuvieron que salir para Nicaragua y refugiarse en la ciudad de Granada de donde pasaron a León, en donde fueron decididamente protegidos por el Gran Mariscal Casto Fonseca, quien desempeñaba el cargo de Comandante General y que, por consiguiente, era árbitro de la suerte de Nicaragua. La acogida que él Gran Mariscal dió a los coquimbos llegó hasta el hecho de facilitarles elementos bélicos que sirvieron para armar a los Texíguats y promover la invasión a Honduras, por el lado de Danlí, por Joaquín Rivera. León se había convertido en el Cuartel General de los enemigos de Honduras.

El General Ferrera tenía conocimiento de la conducta del Gran Mariscal, noticia que fue confirmada por la correspondencia que tomó el General Guardiola al enemigo en la acción de armas de El Corpus.

Coincidían estos sucesos con la orden dada por el General Fruto Chamorro para que Nicaragua enviase 1.000 hombres en auxilio del Gobierno Confederal para hacer frente a Guatemala. El General Ferrera sospechó con justicia que ese ejército serviría para hacer triunfar a los Texíguats y, por consiguiente, cuando recibió orden de don Fruto Chamorro de dejar pasar el ejército nicaragüense por el territorio de Honduras, el General Ferrera se opuso, poniendo por condición que la referida fuerza debía pasar en secciones de 200 hombres cada una, de tal manera que tan luego se aproximara la primera sección del Estado de Nicaragua no podría moverse otra sección sin que hubiere pasado la frontera de El Salvador.

El Delegado don Fruto Chamorro, ante la actitud de Ferrera, ordenó directamente el paso del ejército de Nicaragua, el que llegó hasta apoderarse de la ciudad de Choluteca al mando del General Turás Valladares, militar fanfarrón que ofreció a su Gobierno el triunfo de la campaña sobre Honduras. El General Ferrera, que había previsto la invasión del ejército de Nicaragua, se alistó convenientemente, organizando el ejército que debía oponerse a las fuerzas nicaragüenses, y nombró como General en Jefe a don Trinidad Muñoz y como segundo al General Santos Guardiola.

Muñoz era nicaragüense y se asegura que había estudiado milicias en México. Era un hombre de carácter duro, ensimismado o ególatra. Se creía un Napoleón Bonaparte en las Pirámides.

Después de haber sido intimado el Jefe del ejército nicaragüense para que evacuase la ciudad de Choluteca, que había ocupado el 17 del mes de agosto de 1841, Muñoz atacó y venció el 19 del mismo mes al referido ejército que era tres veces mayor que el hondureño.

Se asegura que este triunfo se obtuvo debido a la audacia y valor temerario del General Guardiola. Así lo proclamó el ejército hondureño, y desde este momento Muñoz concibió un odio mortal contra Guardiola, a quien no quiso mencionar en el informe que dio de la batalla. Pasado este acontecimiento, Muñoz se dirigió a la ciudad de Nacaome y dejó a Guardiola en el pueblo de El Corpus, expuesto a ser atacado por el enemigo. Allí permaneció Guardiola poco tiempo, pues conociendo su aislamiento, los exiguos recursos de que podía disponer y el número alarmante de enfermos que allí había, dispuso venir a Nacaome para unirse al General en Jefe; pero el General Muñoz montó en cólera y le mandó intimar que regresara inmediatamente al lugar que le había designado para su permanencia. Guardiola que había llegado a la margen derecha del río Nacaome, quiso entrevistarse con el expresado Jefe, quien se negó rotundamente a oírlo y destacó parte de la fuerza armada para atacarlo y obligarlo a obedecer.

El citado Guardiola, queriendo evitar un escándalo, tomó el camino de Tegucigalpa, y desde uno de los lugares del tránsito avisó lo que ocurría al Gobierno. Este aprobó la decisión de Guardiola, lo que disgustó profundamente a Muñoz que puso su renuncia del puesto que ocupaba y que le fue admitida sin ninguna dificultad, retirándose a la República de El Salvador. Esta mala voluntad que tenía por el Jefe hondureño la hizo extensiva a todos los que no querían someterse a sus decisiones y mandatos. Así sucedió con el Intendente de Choluteca, don Lupáreo Romero, por haberse negado a entregarle una cantidad de dinero sin que mediaran las órdenes superiores; el Intendente tuvo que abandonar la ciudad y estar fuera de ella hasta que el Ministro de Hacienda lo restituyó al lugar donde ejercía sus funciones.

Guardiola no volvió a ver a Muñoz, hasta que ambos concurrieron al sitio de León, a pelear bajo las órdenes de Francisco Malespín. Después volvieron a estar el uno frente al otro en Nicaragua, cuando los legitimistas de Granada dieron un auxilio a Guardiola de 300 emigrados hondureños para que expedicionara por Nueva Segovia y se internara a Honduras para inquietar a Cabañas.

Al tenerse noticia en León del auxilio dado al General Guardiola, Castellón hizo salir a Muñoz con fuerzas suficientes para impedir los propósitos del Gobierno de Granada.

Ambos jefes contendientes se encontraron en el pueblo de Sauce y después de seis horas de combate fue derrotado Guardiola, perdiendo la vida Muñoz, sin haber experimentado la satisfacción del triunfo. *MUÑOZ, AUNQUE PROTERVO, FUE UNO DE LOS HOMBRES MÁS NOTABLES DE NICARAGUA.*

GUARDIOLA Y MALESPÍN

El historiador nicaragüense, José Dolores Gámez, hace una pintura detestable del General Malespín, que nosotros creemos exagerada e hija del más cruel apasionamiento político.

El General Malespín principió a figurar cuando el General Rafael Carrera influyó en el ánimo del Presidente de El Salvador, Antonio J. Cañas, para que nombrara al referido jefe salvadoreño Comandante General de las armas de la Capital y en seguida de todo el país.

Malespín se dedicó a combatir y a perseguir a los partidarios del General Morazán, y luchó contra ellos sin tregua ni descanso.

El General Guardiola fue enviado a El Salvador, para ponerse a las órdenes de Malespín y ayudarle eficazmente en la lucha. Cuando los Generales Cabañas y Barrios tuvieron que salir para Nicaragua, por haber fracasado en San Miguel el levantamiento armado contra las autoridades superiores, Malespín intimó a Nicaragua la entrega de dichos caudillos, pero como éste se negara a hacerlo, pensó en conseguirlos por la fuerza, aliándose con el Gobierno de Honduras y organizando, un fuerte ejército. Ejércitos Unidos Protectores de la Paz. Penetró en la expresada República; saliendo de Nacaome, y llegando a la ciudad de León el 26 de noviembre de 1844. Además de los jefes de los Ejércitos Unidos lo acompañaban Nicolás Espinoza, Isidoro Saget y Manuel Quijano.

Se hicieron varios intentos de arreglo para solucionar el conflicto; pero todos fueron infructuosos. El asedio de León duró 59 días, pues principió el 26 de noviembre de 1844 y terminó el 24 de enero de 1845.

Durante el expresado sitio el General Guardiola obtuvo algunos triunfos, pero experimentó el dolor de perder a su hermano Mateo que lo había acompañado en la campaña.

Se cuenta que Guardiola, disfrazado de hortelano, penetró en la ciudad vendiendo coles (repollos) y que así pudo cerciorarse del estado en que se encontraba la defensa de la ciudad, dándose al siguiente día el ataque final.

En ese dilatado y sangriento sitio fueron fusiladas muchas personas notables, entre las que se encontraba el celebérrimo Mariscal Casto Fonseca, que tanto había ayudado a los coquimbos en su lucha contra el Presidente Ferrera. El Gobierno de los nicaragüenses quedó en manos de los granadinos, quienes lo organizaron en la Villa de San Fernando de Masaya.

El General Malespín, estando todavía en León, fue sorprendido con la noticia de su caída de la Presidencia del El Salvador, a donde regresó precipitadamente. El ejército hondureño vino disgustado con Malespín porque no había pagado últimamente los sueldos, ni había entregado la parte del botín que correspondía a Honduras por el triunfo obtenido.

El Gobierno de este país pidió informe al General Guardiola sobre estos asuntos y éste confirmó ser ciertos los motivos de la queja.

A pesar de todo, Malespín había regresado a El Salvador con el propósito de recuperar el poder perdido. Guzmán desconoció la autoridad de Malespín y se preparó para la guerra. Malespín se situó en el departamento de San Miguel, dando orden de que la vanguardia de su ejército mandado por el General Ramón Belloso penetrase hacia el interior del Estado. En esta expedición lo acompañó el General Guardiola por orden de su Gobierno. Al saber Malespín que el General Guzmán se acercaba a San Miguel, abandonó el territorio de la República y se dirigió a Honduras, situándose en el puerto de San Lorenzo, poniéndose él y los militares que lo acompañaban bajo la protección del Gobierno.

Don Coronado Chávez, que ocupaba la presidencia de Honduras dictó un decreto con fecha 28 de marzo de 1845, concediendo la protección solicitada con la condición de no hostilizara El Salvador por la causa que los había separado de allí.

Malespín continuó con sus intentos de revolucionar a El Salvador; pero el Gobierno de esa República, para evitarla, provocó una reunión en Jocoro, con representantes de El Salvador y Honduras, con el objeto de que se entendieses con un enviado de Marlespín; pero habiendo fracasado el arreglo que habla ha propuesta las cosas quedaron en el mismo estado de antes.

Después de este acontecimiento, los Gobiernos de El Salvador y Honduras se aprestaron para la guerra. Antes de llegar a las manos, el Gobierno de este último país, dirigió al primero a una nota con fecha 12 de marzo de 1845, pidiendo una explicación franca y categórico sobre los siguientes puntos:

1° -Si Honduras respetaba el derecho de El Salvador de prohibir a los demás toda intervención en los asuntos interiores.

2° -Si El Salvador podía lograr que Malespín se retirase de San Salvador negándole Honduras toda clase de auxilios, y, por último, si en caso de no hacer concentrarse a Malespín, el Gobierno de Honduras consentiría en que las fuerzas de El Salvador lo persiguiesen en dicho punto, allanando su territorio.

Como la contestación de Honduras no fuese satisfactoria a esta especie de ultimátum, el Presidente Guzmán mandó organizar un ejército con el título de "Protector de la Constitución" sin perjuicio de intentar antes otros convenios de paz, como el de Chinameca, y puso al frente del ejército al General Cabañas, cuyo lento proceder dió origen a una queja de Guzmán y unas cartas que le dirigió su cuñado Gerardo Barrios, diciendo que por su tardanza se lo llevaría el diablo.

A pesar de todo, el General Cabañas lanzó un manifiesto y llegó con su ejército a San Antonio del Sauce (departamento de San Miguel) y a fines de mayo invadió el territorio de Honduras dirigiéndose a Comayagua. Al propio tiempo el Gral. Indalecio

Cordero se internó por el departamento de Chalatenango por disposición de Guzmán, siendo vencido en Sensenti, por Francisco Ferrera. Acerca de las peripecias de esta guerra, ya hemos hablado en números anteriores y sólo nos resta reproducir la nota oficial que con respecto a esa misma campaña envió el representante de Honduras en Guatemala, don Felipe Jáuregui al Ministerio de Relaciones de ese país. Dice así:

Guatemala, junio 16 de 1845.

Señor Ministro de Relaciones de este Estado.

En el tratado de 4 de abril último, entre este Supremo Gobierno y el de El Salvador, se estipula que los Estados contratantes harán causa común cuando uno de ellos sea por otro invadido, comenzando el que no lo es por interponer su mediación con el invasor.

Como el objeto de Guatemala en la presente guerra de El Salvador y Honduras no ha sido otro que el de cortarla estableciendo entre ellos la paz, es evidente qua su compromiso sólo tendría lugar en el caso de que su nuevo aliado fuese injustamente invadido y desechada por su enemigo la mediación de Guatemala, y no en aquel en que por justa represalia sufriese la invasión.

No sólo dicho objeto indica que el citado convenio debe entenderse así, sino la marcha general y recta que sigue este mismo Gobierno, porque si hiciera suya la causa de su referido aliado aun siendo éste injusto agresor, se apartaría evidentemente de los principios de justicia que hasta hoy le sirven de guía.

Sin embargo, como cualquier confusión de palabras puede en política causar grandes trastornos, es necesario que los compromisos de los cuerpos sociales estén expresos de una manera indudable. Sería, pues, muy conveniente que ese Supremo Gobierno se sirviese declarar, que el suyo con el de El Salvador, es en el citado caso de que el territorio del último sea injustamente invadido y despreciada la mediación de Guatemala; y no en aquel que, por consecuencia de una invasión suya, verificada, después de admitida dicha mediación, sus tropas sean perseguidas en su mismo territorio, para que no pueda turbar de nuevo el reposo del ajeno.

Como tal declaratoria es indispensable para cerrar el convenio que hay pendiente con Honduras, yo suplico a V. S, Sr. Ministro, se sirva dar cuenta con esta nota al Excelentísimo Señor presidente y comunicarme lo que el haga del expresado convenio, para el fin referido. Al mismo tiempo tengo el placer de ofrecerme de V. S. muy atento servidor. -F. Jáuregui.

Después de la acción de Comayagua, el Gobierno de Honduras, en represalia, dispuso que el General Manuel Quijano, partiendo de Gracias, se internara en El Salvador por Chalatenango, y otro por el lado de Choluteca al mando de Guardiola, quien, saliendo de Goascorán, invadió El Salvador por el puerto de La Unión, el 5 de julio de 1845, siendo falso lo que afirma Montúfar, de que Guardiola huyó de ese lugar, pues más bien avanzó hacia San Miguel, a donde llegó el 7 de agosto de 1845.

Barrios y Cabañas salieron antes de la ciudad de San Miguel; pero habían preparado a los pueblos vecinos para molestar al ejército hondureño, como efectivamente lo hicieron los pasaquinas y ulazapas, y a los migueleños para que le hicieran el vacío, pues los habitantes de varios sectores se ausentaron y los que quedaron se negaron a vender los víveres necesarios para poder permanecer en aquel lugar. Guardiola dió un bando para ver si podía remediar la situación, pero no fue atendido, estaba completamente aislado pues no le llegaban noticias ni de su propio Gobierno. El 11 de agosto hizo un movimiento hacia Lolotique en donde se encontraba el General Nicolás Angulo. Llegó a La Garita con 300 hombres, lugar que se encuentra a dos leguas de aquel pueblo; pero viendo, no obstante su movimiento, no se dispuso el enemigo a atacarlo, resolvió retirarse para no obrar sobre un punto tan ventajoso como aquel.

El mismo día dispuso dirigirse a San Vicente, pernoctando en La Garita, pero al continuar la marcha al siguiente día recibió una comunicación en Moncagua, del Gobierno de El Salvador, en que éste le anunciaba que estaba pronto a terminar, por medio de tratados, la cuestión que había dado lugar a la guerra y que, por consiguiente, era necesario que desocupara el territorio salvadoreño y se constituyese en sus antiguas posiciones. Guardiola contestó que obraría conforme a los deseos de aquel Gobierno, y la nota la remitió apertoria (abierta) al General Nicolás Angulo.

El día 12 del citado agosto regresó a San Miguel y comenzó a tomar disposiciones para levantar el campo, pero cuando esto lo verificaba supo que Carballo lo venía persiguiendo y que las fuerzas de éste habían dormido en Quelepa. Mientras tanto la División vanguardia salvadoreña se había movido de San Vicente a Lolotique con 900 hombres al mando del General Angulo.

El 14 tuvo noticia Guardiola que Carballo se dirigía a la Hacienda del Obrajuelo, en donde se juntó con Angulo. A las 12 del día 15 se dirigía Guardiola a la mencionada Hacienda. Se habla de algunas provocaciones de los jefes salvadoreños para que Guardiola saliera de la ciudad a batirlos y de que un oficial Manuel Estévez había llegado a la misma el 13, penetrando en sus calles al toque de corneta, pero no parece que efectivamente hubo tales provocaciones; lo de Estévez es una pura farsa, el buen sentido se resiste a creer que Estévez haya podido burlar la vigilancia de los retenes de San Miguel, y que Guardiola, que *no se dejaba sentar mosca,* no mandara a capturarlos.

El Dr. Rafael Reyes, dice falsamente, que la intención de Guardiola, al dirigirse al Obrajuelo, fue la de sorprender y atacar a los salvadoreños; pero Guardiola manifiesta que temiendo un acto de felonía no quiso dejar a retaguardia fuerzas enemigas.

La descripción geográfica de la misma planicie de San Miguel, la hace de un modo pintoresco y exacto nuestro compatriota el destacado Profesor Gustavo A. Castañeda S. y por lo mismo nos remitiremos a ella; otro tanto podemos decir de la admirable descripción que el mismo Prof. hace del célebre combate que se verificó en aquel lugar tomando en cuenta sus conocimientos militares, y acerca del número de fuerzas que llevara Guardiola al Obrajuelo, se carece por completo de datos precisos y exactos.

Montúfar asegura (enemigo irreconciliable de Guardiola) que se presentó con 900 hombres. El Dr. David J. Guzmán habla de 1.000; Zamora Castellanos dice de 1.200; pero según habla Castañeda los pericos nunca pasaran de 600.

En cuanto al número de combatientes salvadoreños, hay también muchas divergencias según las pasiones e intereses políticos de los narradores. A las tropas de Angulo, que era General en jefe, se unieron las que comandaban José Antonio Carballo y Domingo Asturias, de manera que según el razonamiento lógico y cálculos del expresado Castañeda S., pelearon arriba de 1.800 hombres salvadoreños, RAZONABLEMENTE DOS POR CADA HONDUREÑO.

Existiendo la posibilidad de que se les pudieran agregar 800 hombres de tropas al mando del Vicepresidente, Juaquín Eufrasio Guzmán que había vivaqueado en la Hacienda de Umaña.

El 14 de agosto, Nicolás Angulo se dirigió al Obrajuelo, habiéndose juntado, antes en Chinameca, Carballo y Asturias. Esta noticia llegó a Guardiola equivocadamente, pues se decía que era sólo Carballo el que se había dirigido al Obrajuelo en la fecha citada, y por eso Guardiola según su informe oficial había peleado con Carballo y no con Angulo.

Según el mismo General Guardiola, en su informe al Gobierno de Honduras, dice que hostilizado por las fuerzas salvadoreñas, salió para el Obrajuelo con 200 hombres, a las doce del día 15 de agosto, acompañado del Teniente Coronel, Jefe del Estado Mayor, Juan López, del Coronel Vicente Vaquero, que había derrotado a una fuerte avanzada del enemigo y del Coronel Francisco Barrios, peleando todos con intrepidez y denuedo, menos Barrios, pariente de don Gerardo, que traicionó a la fuerza hondureña como fue comprobado por su inactividad y su correspondencia tomada.

Viendo este hecho abominable y que sus fuerzas habían peleado dos horas y que la noche se acercaba, resolvió retirarse, "siendo tal la incapacidad del enemigo que no lo ha perseguido ni un solo palmo".

Si las fuerzas de Guardiola hubieran sido realmente deshechas o aniquiladas, de donde dió al Gobierno un informe oficial, en el que decía entre otras cosas, para desmentir la campaña de falsedades propagadas por sus enemigos, que había llegado a aquel lugar "con su ejército tan organizado como estaba cuando partió para San Miguel, y que en comprobación apelaba al testimonio de los habitantes de Goascorán que habían presenciado su regreso, lo que se traducía en esta frase: 'Si no creeis en la verdad de mis palabras, apelo al testimonio de todo un pueblo'".

En la nota que dirigió al General Ferrera sobre el combate del Obrajuelo se lee lo siguiente: "También desearía que el Gobierno y sus principales agentes trabajasen a fin de hacer desaparecer esa credulidad a que son tan propensos nuestros pueblos, en infundirles carácter y decisión para que no se amilanen ni aun en la época de la adversidad; todos estaban creyendo en la derrota consabida; no obstante de que ésta era imaginaria se habían amedrentado aun los hombres a quienes juzgaban con una mera resolución varonil; ¿qué no hubiese sucedido si lo que se susurraba hubiese sido verdad? Que los referidos gobiernos trabajasen en cimentar nuestra opinión que es lo que nos conviene.

Habiendo sabido Guardiola que el General Antonio Carballo se dirigía para la Unión, con el propósito de invadir a Honduras, salió para aquel puerto acompañado de 300 hombres, el 26 de agosto de 1845, en donde atacó y venció el 27 a la fuerza salvadoreña comandada por el General Carballo, dando cuenta al Gobierno de ese suceso en la forma que sigue:

"Señor Ministro de la Guerra del Supremo Gobierno del Estado, Comandancia en Jefe del Ejército Libertador de Honduras.

Goascorán, agosto de 1845.

Consecuente con lo que dije a Ud. en nota del 25 del que expira, e instruido de que el General Carballo había ocupado con su fuerza el puerto de La Unión, partí de aquí el 26 del mismo, llevando una columna de 300 hombres, y el 27 a las tres y cuarto de la tarde, me aproximé a dicho lugar y ratificada la noticia de hallarse ocupada dicho puerto por la fuerza susodicha, dispuse la manera de atacarla. Luego fueron puestas en ejecución mis órdenes y a paso de trote se realizó mi entrada.

Ataqué al enemigo por sus dos flancos y al centro, quien no habiendo podido resistir el ímpetu de mis tropas con muy pocos tiros, cargó a la bayoneta y fue arrollado totalmente, muriendo en la acción el referido General José Antonio Carballo.

Parece increíble, pero alcancé este triunfo sin más desgracias que la de haber salido levemente herido de una pierna el intrépido Coronel Comandante de Caballería señor Vicente Vaquero, a quien nuevamente recomiendo por su, valor y honradez, saliendo igualmente heridos dos individuos de tropa.

Si entre los triunfos que nuestras armas han alcanzado, ha habido unos a cual más interesantes, ninguno mayor que éste por haber perdido aquel Gobierno al General Carballo en quien fundara sus esperanzas de dominación.

En prueba de ello y según la orden del 18 del presente, iba a ser invadido el territorio de este Estado a quien no consideraba sino como el último y más indefenso.

Lo digo a Ud. para su conocimiento y que se sirva elevarlo al del Señor Presidente, esperando que admita el afecto con que me suscribo de Ud.

Santos Guardiola".

El Dr. Montúfar y sus satélites en sus fobias contra Guardiola han censurado la conducta de éste, diciendo que con el ataque a La Unión había infringido el armisticio de Sumpul, sin considerar la enorme distancia que hay de ese punto a Comayagua, para trasmitir con rapidez la noticia que debía llegar a Guardiola por conducto oficial, y que en aquellos tiempos no había correo organizado, ni telégrafo, ni ningún otro medio de trasmitir noticias con brevedad.

La mejor prueba de lo que decimos es la nota que dirigió El General Angulo a Guardiola, le 19 de septiembre de 1845 en que le comunica haberse celebrado el armisticio. Pisa nota que contiene algunos otros conceptos enojosos es como sigue:

"Cuartel General de San Vicente, a 19 de septiembre de 1845. Comandancia General de la Invicta División Libertadora.

D. U. L. - Cuartel General, Goascorán, septiembre 8 de 1845.

Señor General Nicolás Angulo, Jefe del Estado Mayor General, del Ejército de El Salvador. Ayer recibí la oficial de Ud. fecha 1º de los corrientes y la copia del armisticio a que se refiere.

Contesto, pues, a lo esencial de su citada.

Ud. Me interpela a que le exprese si estoy o no por cumplir con lo estipulado en aquel ajustamiento, sin tener un solo motivo en que fundar esta duda.

Remitiendo la injuria que me infiere al juzgarme capaz de alterar los preliminares de un convenio que pude conciliar las desavenencias a que Honduras fuera provocada, le digo que por mi parte será cumplimentado el armisticio mientras que no sea infringido por la suya.

Fui efectivamente al Puerto de la Unión y batí al General José A. Carballo, (que en paz descanse).

Pero, ¿cuándo fuí? Después de haber sabido que éste venía a invadir el Estado según la orden general que dictara el 18 del próximo anterior; después que me insultaron en varios puntos de esta línea las partidas de ladrones que su Gobierno armaba en los distritos del Sauce y San Alejo para que asesinen y roben a cualquier hondureño; en fin, después que Ud. se había dirigido con las fuerzas de su mando sobre las que permanecían en el departamento de Gracias, a las órdenes del General Quijano.

Sí, ya le he dicho que fui al puerto y, ahora añado, que di la acción el 27 del mes antedicho, solo resta que Ud. Corresponde a mi ingenuidad, confesando que el día que me moví sobre la Unión, (es decir el 26 del mismo), Ud. invadía con sus tropas a Olosingo, cuyo pueblo pertenece a este Estado.

Mas, dejaré de hablar sobre cosas que ya pasaron por referirme a lo venidero. No dude que soy amante de la paz y que, en consecuencia, respetaré el armisticio que celebró con el General Quijano, pero es necesario que identifiquemos nuestras conductas y que manden se reconcentren las partidas armadas que existen en los distritos antes dichos, pues el 31 del próximo pasado se introdujeron al pueblo de Aramecina donde cometieron los mayores excesos, y el 5 del actual, batieron las avanzadas que cubren el lado de Santa Clara.

Si Ud. obrase de buena fe, como lo espero, cuente con la deferencia de su atento servidor.

Santos Guardiola".

Como una consecuencia del armisticio de Sumpul, Guardiola salió de La Unión con el Ejército Libertador y se concentró en la ciudad de Nacaome.

Con respecto a Malespín, lo dejamos en el puerto de San Lorenzo, bajo la protección del Gobierno de Honduras, pero a pesar de que el Presidente Chávez en su decreto 23 de marzo de 1845, prohibía a este jefe y sus acompañantes molestar en ninguna forma al Gobierno salvadoreño, de acuerdo con el General Ferrera, siguieron maquinando contra la paz de la República vecina.

Salió Malespín para Nacaome, en donde el Comandante Vicente Goyenaga le proporcionó elementos de guerra, lo que igualmente hizo el de Tegucigalpa, Bernardo Lara.

Con estos recursos y la gente que pudo reunir en Sensenti y Guarita atacó a Chalatenango.

Estos preparativos se interrumpieron a causa de las enfermedades que Malespín contrajo en la penosa campaña de Nicaragua. A fines de mayo; el Gobierno de Honduras, por indicación de Ferrera, dispuso que Malespín marchara a la cabeza de 900 hombres hasta Gualcinse y, al efecto, el 27 de mayo dirigió un derrotero a los alcaldes constitucionales del tránsito. Pero a última hora Malespín no operó; lo hizo como Jefe su segundo, el General Manuel Quijano.

El caudillo salvadoreño siguió asechando la oportunidad de atacar al Gobierno de El Salvador, hasta que el Obispo Jorge Viteri y Ungo, que lo había excomulgado al principio y después lo había declarado defensor de la religión, al llegar expulsado a los pueblos fronterizos de Honduras, lo excitó para hacer la guerra a Guzmán ofreciéndole su decidido apoyo. Lo mismo hizo el Dr. Juan Lindo.

Malespín logró reunir treinta hombres y con ellos pasó el río Sumpul, con dirección a Chalatenango. Los facciosos fueron repelidos por el Alcalde de Dulce Nombre de la Palma, en donde el General Angulo los derrotó completamente el 5 de noviembre de 1846.

El 25 de noviembre, llegó a San Fernando acompañado de tres oficiales y un soldado pero por haber ejecutado un acto violento murió trágicamente.

CAPÍTULO VI: GUERRA DE HONDURAS CON NICARAGUA

Con motivo de la invasión del General Manuel José Arco a la República de El Salvador, apoyado por el Gobierno de Guatemala, el Supremo Delegado don Fruto Chamorro, de conformidad con el artículo de la Convención de Chinandega pidió a Nicaragua un ejército de 1.000 hombres que debían pasar necesariamente por Honduras; ese ejército se organizó con soldados leoneses, a cuyo frente se puso a don Simón González. El General Ferrera había emitido un acuerdo el 30 de julio de 1814, del Supremo Delegado, la concesión del pase de tropas de Nicaragua por el departamento de Choluteca. Pero temeroso en seguida de que se tratara de tenderle una celada, uniéndose la fuerza de Nicaragua con la facción de Texiguat, lo que se decía era favorable por a él Presidente Confederal Fruto Chamorro, se vió Ferrera en el caso de emitir otro acuerdo el 18 de julio de 1844 en que se derogaba el anterior, en consecuencia se prohibía la introducción de dichas tropas a Honduras.

Esto lo hizo el Gobierno de Comayagua, fundándose en las siguientes consideraciones; "Teniendo a la vista documentos irrefragables tomados en la victoriosa jornada de El Corpus, los cuales comprueban a la evidencia los designios del Comandante General de Nicaragua de revolucionar a este Estado y sojuzgarlo, encontrando en dichos documentos desarrollada la combinación de la facción de Texiguat con la que el expresado Comandante levanta para hostilizar a Honduras so pretexto de auxiliar a El Salvador; evidenciada plenamente la complicidad del Gobierno de Nicaragua en fomentar la facción de Texiguat, con la protección que da a sus restos armados residentes en Somotillo, Zacatón y otros puntos de aquel Estado; debiendo de conformidad con el derecho de las naciones reclamar formalmente el Gobierno de Honduras al de Nicaragua, los gastos de la guerra a que le ha provocado con la suministración de armas y pertrechos de guerra a los rebelados de Texiguat; recordando los padecimientos que ha sufrido el departamento de Choluteca el los pases que han hecho en otras épocas las tropas de Nicaragua, aun con el carácter de amigas, de donde se deduce lo que hoy pudieran sufrir aquellos habitantes siendo el jefe del ejército nicaragüense enemigo de la paz de Honduras, y autorizado por la Cámara Legislativa y por la Constitución para conservar la paz y mantener ilesos los derechos del Estado, ha tenido a bien emitir el siguiente Decreto:

Artículo 1° -Se deroga el Acuerdo del Gobierno en que deja al arbitrio del Supremo Delegado del conseción del pase a las tropas de Nicaragua por el departamento de Choluteca.

Art. 2° -Por consecuencia, se niega la introducción de dichas tropas a Honduras bajo cualquier pretexto.

Art. 3° -El General en Jefe de la División de operaciones, colocará la vanguardia que se halla a las órdenes del Coronel Santos Guardiola en Choluteca, y la engrosará hasta el número de mil hombres; disponiendo del centro y reserva que lo juzgue conveniente.

Art. 4° -El Ministro de Relaciones hará la relación precisa de los gastos que ha causado la guerra, surgida, auxiliada por el Comandante General Fonseca, al Supremo Gobierno de Nicaragua, acompañándole copias auténticas de los documentos que comprueban los actos hostiles del expresado Comandante y la convivencia del Supremo Director del Estado.

Art. 5°-El Ministerio de Hacienda mandará formar la liquidación de los gastos causados a la hacienda pública de este Estado por el Comandante Casto Fonseca para los efectos que convengan.

Dieciocho días después de emitido el anterior decreto rectificó Ferrera su resolución, disponiendo mediante otro decreto del 3 de agosto de 1844, conceder el pase de las fuerzas auxiliares con las siguientes condiciones:

1° -Que el referido ejército se dividiría en secciones de doscientos hombres cada una bajo el mando de jefes respetables, y que no podría moverse otra sección mientras no se dé aviso de que ha salido la primera de Honduras; señalando en el mismo decreto las sanciones respectivas para el caso de infracción. Este decreto no se llevó a efecto pues impacientado por la tardanza, el Supremo Delegado dispuso dirigirse al Gobierno de Honduras ordenándole que consintiera el paso libre de las fuerzas nicaragüenses y dió al propio tiempo órdenes al jefe de la fuerza nicaragüense para que continuara la marcha, y al jefe de las fuerzas de Honduras para que no les impidiera el pase; pero el General Ferrera que tenía noticias ciertas de la invasión a Honduras del ejército de Nicaragua, ordenó que el General Muñoz con el General Guardiola, como segundo, se pusiera al frente del ejército hondureño para impedir el avance de los nicaragüense que venían en número muy superior a la de los hondureños. Ordenó también que se cubriera la frontera de este Estado en el distrito de Texiguat y que se fortificaran los puntos de Yuscarán, San Antonio y Danlí.

Como medida precautoria y de seguridad, se ordenó que las fuerzas disponibles marcharan a engrosar las de vanguardia, inclusive las del General en Jefe. Tomadas estas determinaciones aconsejadas por la estrategia militar, la Secretaría de Relaciones Exteriores del Poder Ejecutivo dirigió de Comayagua a los Gobiernos de Centroamérica la siguiente circular cuyas partes principales son las siguientes:

Agosto 12 de 1844.

Señor Ministro:

Al dirigirse el Gobierno de Honduras, por esta vez a los demás de Centro América, no es sino con el triste objeto de manifestar a la faz de la República, que la conducta del de Nicaragua es atentatoria a los principios del orden, a los derechos de este Estado y a la independencia de los demás. Desde que apareció la facción de Texiguat la voz pública comenzó a declarar: que los restos de la facción morazánica asilados en el mismo Nicaragua eran sus autores y que habían convertido en instrumento suyo al paisano Casto Fonseca, súbitamente Comandante General de aquel Estado, para poder llevar a cabo el plan revolucionario de aquéllos. La pobre biografía de Fonseca publicada por hijos de Nicaragua hacía al Gobierno de Honduras temer la protección de dicho funcionario en favor de los facciosos; pero aún suspendió su juicio y nunca creía que el Gobierno de aquel Estado estuviese comprometido en un plan tan injurioso para los mismos que lo concibieron. Si los texíguats no proclamaron principio alguno de política, si nada habían pedido para poder apoyar su causa es una negativa, si a la cabeza de dicha facción, se encontraban los hombres más torpes y viciosos que puede suponerse y si en su marcha no se vería más que robos y asesinatos. Sería creíble que un Gobierno, que un hombre sensato, fuera cómplice en un plan tan perverso como inconsiderado y antisocial?

Esta consideración pugnaba con el concepto que tenía mi Gobierno del de Nicaragua, y le hizo estimar como calumnioso a este semejante aserto. Sin embargo, con posterioridad se fueron presentando datos, que al fin probaron la complicidad de Fonseca en la revolución de Honduras; datos que se han dado a la luz pública, no por defender al autor del crimen, sino para retraerlo de persistir en él, y para justificar la causa de este Estado, si al fin chocaba con los que rigen el de Nicaragua.

Al través de estas circunstancias, se verificó la agresión que una partida de soldados de Fonseca, hizo al territorio de Honduras, donde ejecutó robos y asesinatos. Mi Gobierno reclamo con moderación dicho atentado; mas algunos insultos y un miserable enredo para acreditar que los asesinados eran enemigos del mismo Fonseca, fue la satisfacción que se dió a este Gobierno, y que consta en el ECO DE LA LEY, periódico del de Nicaragua.

Entre tanto, la consabida facción, asolaba los lugares a que podía llegar: el robo, el asesinato y toda clase de delitos, eran los únicos frutos de sus tareas; las imprentas de Nicaragua vomitaban ideas de destrucción contra Honduras y alentaban sin cesar a los facciosos; éstos cada día aumentaban su armamento, lo que era prueba de la protección de Fonseca.

Al Gobierno de Honduras le era muy fácil derrocar la administración de su aliado (ahora enemigo) armando al inmenso partido que la detesta, y que constantemente pide auxilios; pero mi Gobierno que obra por principios y no por rastreras razones de interés personal, no ha querido darlos.

Por otra parte, las protestas del Gobierno de Nicaragua sobre su sincera amistad, y su decisión para no patrocinar a los texíguats, hacían balancear aquellas pruebas en el ánimo de mi Gobierno.

Mas, al fin concluyó este estado oscilatorio. La correspondencia tomada a la facción de Texiguat en la acción de El Corpus puso de manifiesto la complicidad del Gobierno de Nicaragua y de su Comandante General, en las revueltas de aquellos rebeldes. Documentos que existen bajo las mismas firmas de los promotores del desorden, y que han sido ya reconocidas por el agente de aquel Gobierno, prueban: 1° -Que los morazanistas, dirigen su marcha; 2° -Que el Director de aquel Estado, era anuente a que los texíguats entrasen a armarse a su territorio: 3°   -Que Fonseca les dió armas y demás elementos de guerra; 4°-Que él mismo era el Jefe de los facciosos, a quienes por comisión y en nombre suyo mandaban Simón González; 5° -Que el supuesto auxilio que mandaban al Salvador era para obrar unido a dicha facción contra Honduras; y 6°-Que la administración de Nicaragua, se había propuesto derrocar a la de este

Estado para entregarla a los coquimbos, enemigos del sistema confederal que la mueven a su antojo.

A vista de semejantes pruebas, que acreditan hasta donde la malignidad del hombre puede llegar, mi Gobierno no puede ser indiferente, he hizo al que ha traicionado el Pacto de Chinandega y los compromisos más solemnes, la reclamación atenta pero justa, que el caso exigía, y que se ha puesto ya en conocimiento de los demás Gobiernos de la Unión y del Supremo Delegado con la remisión del número 5 del BOLETÍN EXTRAORDINARIO en que consta; mas, el de Nicaragua, añadiendo crimen a sus crímenes, dirigió a este Ministerio la Carta Oficial que en copia me hago el honor de acompañar, en la que se observa que se desentiende de aquel reclamo, y que para evadirse de él, hace una porción de cargos imaginarios.

A ningún nicaragüense se ha asesinado ni robado; y las únicas víctimas de esta clase que hubo en nuestro territorio, son las que hizo Fonseca, violando el derecho de gentes, y por cuyo atentado se hizo la debida reclamación.

Es falso también que Honduras haya querido cortar toda especie de relación entre los dos Estados. Con qué objeto pudo nombrar dos comisionados en el de Nicaragua? Es verdad que los agentes nombrados no aceptaron el encargo; pero esto es aún más misterioso y su renuncia no es una prueba de que mi Gobierno hubiese querido corta las relaciones, sino lo contrario.

Mas esta conducta del Gobierno de Nicaragua, al mismo tiempo que sus tropas estacionan en la frontera de este Estado, equivale a una declaratoria de guerra. Mi Gobierno la siente, pero no la teme.

En medio de lamentar los avances del Gobierno de Nicaragua y su Comandante General, Honduras tiene el placer de conservar la relaciones y simpatías que lo unen con el pueblo de aquel Estado. La multitud de nicaragüenses que anda errante por la república, los fusilados, apaleados y proscriptos por Fonseca sin forma de juicio y sin conocimiento de las autoridades del país, hacen conocer que no hay en aquel Estado infeliz, afecciones por el déspota y que no hay más ley que la barbaridad característica del opresor.

Los hechos, pues, acreditados en el Boletín que se está publicando, condenan a la administración de Nicaragua y obligan a mi Gobierno a mirar en ella a un enemigo. Entre tanto, él protesta a todo Centroamérica no haber dado motivo de tal conducta de parte de su aliado y que no será responsable, ni de la sangre que se derrame, ni de la disolución de la autoridad Confederal que los enemigos desean derribar; ni de los demás resultados de una guerra fratricida combinada por bajas pasiones e intentada con un verdadero barbarismo. -C. Chávez".

En vista de esta circular o de circunstancias especiales del momento, el Secretario de Estado en el Despacho de Relaciones Exteriores de El Salvador, General Espinoza, dirigió una comunicación al Secretario General del Supremo Delegado de la Confederación, en que le manifiesta que se sabe de una manera positiva que los aprestos de guerra que se hacían en Nicaragua sólo tenían por objeto reunir un numeroso ejército que, unido a la facción de Texiguat, destruyera la administración del General Ferrera y de El Salvador, para organizar la República conforme a planes preconcebidos, y de ninguna manera la de prestar auxilios a este último, a quien causaba graves perjuicios con ofrecimientos falsos y demoras. A las consideraciones anteriores, el secretario Espinoza agregaba: El Presidente de El Salvador, circunspecto Y prudente, no había querido dar crédito a estas especies y. antes bien, se había dirigido al Supremo Director de Nicaragua, dándole cuenta de los tratados que los comisionados de Guatemala habían obligado a admitir a los de la Confederación; pero que ahora por los repetidos partes recibidos del Estado de Nicaragua, como de los verdaderos patriotas salvadoreños del departamento de San Miguel, de los propósitos aviesos de aquel Gobierno, y con vista de los documentos publicados en "EL DESCUBRIDOR", periódico hondureño que prueban hasta la evidencia que el referido Gobierno de Nicaragua, influido y dirigido por los expresados coquimbos. Atendiendo a los anteriores conceptos el Presidente del Estado del Salvador, declara y protesta ante el Supremo Delegado de la Confederación, que no verá con fría indiferencia que se haga la guerra al Estado confederado de Honduras por el de Nicaragua y que, por el contrario, le ayudará a repeler la injusta agresión que se le hace por las fuerzas de aquel Estado y que no admitirá en éste, bajo ningún concepto, las fuerzas auxiliares de Nicaragua que se han pedido por el Supremo Delegado de la Confederación. Y termina diciendo: que el General Presidente le ha ordenado comunicar esta protesta y declaratoria al Supremo Delegado.

El 3 de agosto, el General José Trinidad Muñoz, dice de Güinope al Gobierno: "Estoy enterado de las novedades de la fuerza de Choluteca.

De ninguna manera estoy porque se abandone el Cerro de Hule sino más bien porque se concentre allí el mayor número de fuerzas.

No creo que las fuerzas de Nicaragua invadan, más, me parece que su movimiento es falso con sólo el objeto de llamar mi atención hacia aquel punto, mientras los indios hacen una expedición por mi izquierda para penetrar por Yuscarán y San Antonio a Tegucigalpa, Para no caer en este lazo tomo las providencias necesarias. -José Trinidad Muñoz".

Con fecha 6 de agosto de 1844, el Ministro de Guerra se dirigió al Comandante Guardiola, manifestándole que el Gobierno estaba entendido de los motivos que lo obligaron a desocupar la plaza de Choluteca y a retirarse con la fuerza de su mando al pueblo de Pespire, tanto por no considerar la División con capacidad de resistir a las fuerzas invasoras de Nicaragua y a los facciosos de Texiguat, al propio tiempo, tanto porque con este paso no empaña el brillo de las armas del Gobierno, y que en vista de tales motivos, éste da su aprobación a los movimientos militares ejecutados, añadiendo que cree conveniente que en Pespire establezca sus fortificaciones para cualquier caso desgraciado en Choluteca; que para volver a este último punto debe primero asegurarse del número de fuerza que viene de Nicaragua sobre el Estado y principalmente del punto donde se halla situado el General Muñoz, quien ha dado conocimiento al Gobierno de su marcha a la frontera del Estado de Nicaragua por Texiguat, de suerte que si él estuviese situado en El Corpus, de otro punto fronterizo puede Ud. marchar con seguridad a ocupar a Choluteca, sea cual fuere el número de tropa de Nicaragua; mas, en caso contrario, es preciso que Ud. por medio de espías repetidos se asegure de que su División hace ventajas con mucho a la que venga de Nicaragua. También quiere que Ud. dirija sus comunicaciones al General Muñoz y aun al Ministro de la Guerra que se halla en Tegucigalpa, quien dice haber mandado a engrosar las filas de Ud. con parte de tropas de aquel departamento.

El General Muñoz, con fecha 18 de agosto, intimó al Jefe del y Estado Mayor General del Ejército de Operaciones Auxiliares de Nicaragua J. Tomás Valladares, que desocupara la plaza de Choluteca, y éste en respuesta le dijo: "Contestando la orden de evacuar a

Choluteca y colocarme en el punto que me convenga de Nicaragua, le digo que no por intimación, sino por otras causas, sigo en el propósito de retirarme a la frontera para dar desde allí cuenta a mi Gobierno de los desagradables incidentes que motivan mi contramarcha, que emprendí en efecto, ayer mismo, y que no me fue dable ejecutarla por el mal tiempo. Acaso no podré realizarla hoy por no haber aquí ninguna autoridad o persona que me preste los auxilios que necesito. Pero si viene Ud. a atacarme mientras me muevo, hallará Ud. soldados decididos a repeler la más injusta de las agresiones, y le hago responsable de todos los males y desastres de la guerra y de la sangre que a torrentes va a derramarse.

Piense Ud. bien, señor General, que la lucha que se inicie es con Nicaragua que no ha dado mérito de su parte, y que una vez principiada, el éxito no puede ser dudoso. Me repito, etc.- J. Valladares.

Al día siguiente el ejército del Gobierno de Honduras atacó al de Nicaragua que se encontraba todavía en Choluteca, obteniendo una brillante victoria sobre éste. Los detalles de esta acción de armas están consignados en el informe que envió a Comayagua el General Trinidad Muñoz, y se encuentra en el capítulo titulado "Guardiola y Muñoz".

Con este triunfo alcanzado sobre el ejército de Nicaragua quedó declarada de hecho la guerra y por consiguiente aquella República levantó un ejército de más de 1.000 hombres al mando del General Cabañas y Joaquín Rivera, quienes atacaron a Nacaome el 24 de octubre de 1844.

En esta ciudad se encontraba el grueso del ejército hondureño al mando del General Francisco Ferrera, Santos Guardiola y Juan Morales. Se trabó la lucha en la que salió derrotado el ejército nicaragüense con grandes pérdidas, siendo perseguidos los vencidos que huyeron a Nicaragua.

El 29 de octubre, el Consejo Hondureño de Ministros, con motivo de este triunfo, concedió el grado de Brigadier al General Santos Guardiola.

Antes del triunfo de Nacaome, celebraron una conferencia en el Sauce, el 6 de octubre de 1844, los generales Ferrera y Malespín y en ella pactaron la unión de los Estados de El Salvador y Honduras.

Los motivos que tuvo Malespín para verificar este pacto fueron el levantamiento de los coquimbos en San Miguel y la noticia de que el auxilio que mandaba Nicaragua a El Salvador no tenía otro objeto que el de derrocarlo del poder. De parte de Ferrera ya sabemos la negativa que dió al pase de ese mismo auxilio por el territorio de Honduras.

El resultado de esta conferencia fue la organización de un ejército compuestos de contingentes bélicos de ambos estados.

El 29 de octubre, Ferrera expidió un decreto relacionado con los artículos 9 y 10 del convenio del Sauce, en el cual se dispone quienes tendrán el mando supremo de los ejércitos aliados.

GUARDIOLA Y LINDO

El 11 de enero de 1847 el Congreso Legislativo por no haber resultado mayoría de votos, eligió por tercera vez al General Francisco Ferrera, Presidente de la República, pero éste por motivos especiales, renunció el nombramiento y recomendó al referido Congreso la elección de Juan Nepomuceno Fernández Lindo, que se efectuó el 13 de enero de 1847, tomando posesión el 12 de febrero del mismo año.

Lindo, algún tiempo, aparentó gobernar el país en armonía con el General Francisco Ferrera, don Coronado Chávez, el General Guardiola y el Lic. Felipe Jáuregui, que eran entonces los personajes más salientes y prestigiados de la política hondureña. Como prueba de este aserto están los hechos siguientes: el nombramiento de Ministro de Relaciones Exteriores, en 1847, recaído en el General Guardiola, que autorizó con su firma importantísimos decretos y que refrendó la Constitución de 1848; y que ejerció hasta el 17 de febrero del mismo año, en que fue nombrado José Francisco Zelaya, Ministro General del Gobierno.

La proclama que dió Lindo el 1° de junio de 1847 con motivo del intento de los EE. UU. de Norte América de apoderarse de algunos territorios mexicanos y que, según algunos, equivalía a una declaratoria de guerra. Esa proclama fue secundada por otra dirigida en el mismo sentido por los Generales Francisco Ferrera y Santos Guardiola, y el nombramiento de estos mismos personajes para ir a Guatemala como comisionados del Gobierno en unión de los que nombró, y de El Salvador, a arreglar la reincorporación de aquella República a los demás estados de Centroamérica, de que era parte, para formar unidos un Gobierno Nacional. Guardiola y Ferrera no aceptaron dicho nombramiento. El Dr. Lindo que, por algún tiempo, fue tenido como conservador y separatista, hizo un cambio de frente y se ve que había logrado que el General Ferrera, se inclinara en el sentido de trabajar por la Unión, aunque haya aparecido que fue uno de los que más trabajó por la ruptura del Pacto Federal, porque sus hechos dan a entender que su enemistad era personal con el General Morazán, pues poco después de tomar posesión por la primera vez de la Presidencia de Honduras, concurrió gustoso a la Convención de Chinandega.

Los prestigios, maquinaciones y celos que Lindo tenía por los personajes ya citados, hicieron que llegara a considerarlos como un obstáculo para su Gobierno; concibió entonces un plan diabólico para deshacerse de Ferrera y Chávez por medio del General Guardiola, de quitarse en seguida de éste, retirándole todas las facultades y autoridad que ejercía como militar y, por último, alejar al Lic. Felipe Jáuregui, enviándolo como Ministro Plenipotenciario a San José de Costa Rica, para buscar en seguida un motivo por el cual no pudiera regresar a este país. Todos estos propósitos logró realizarlos.

El 21 de noviembre de 1848 el General Guardiola, que estaba en Tegucigalpa, se levantó en armas con otros militares, desconociendo de la Asamblea del Estado sus actos arbitrarios y sus disposiciones ilegales en perjuicio del pueblo y de los intereses del país. El acta del pronunciamiento contenía nueve puntos, figurando entre ellos, el castigo del General Francisco Ferrera y del ex-Presidente Coronado Chávez y de sus agentes que habían delinquido con sus trabajos sediciosos y tendencias atrabiliarias, y la reunión de una gran Asamblea compuesta de delegados que, aunque nombrados por las municipalidades, fuesen representantes de todos los pueblos y facultados a obrar según a éstos conviniese para que conocieran de las acusaciones que contenía la expresada acta. Guardiola marchó a Comayagua, de donde regresó trayendo el armamento para Tegucigalpa, y Ferrera y Chávez huyeron para la República de El Salvador.

Por esos días el Dr. Lindo había depositado el mando en el Vicepresidente Felipe Bustillo, pero al saber lo ocurrido asumió el poder en la ciudad de Gracias, en donde dictó un decreto declarando que la revolución acaudillada por el General Guardiola no era más que el derecho de petición, y ofreció reunir un Congreso que dejaría satisfechas las aspiraciones de los revolucionarios. En consecuencia de lo dispuesto en el acta del levantamiento de Tegucigalpa, se reunió en la ciudad de La Paz la gran Asamblea de delegados municipales para conocer de los motivos de la revolución y dar su veredicto, del que conocería la Asamblea que se reuniría en la ciudad de Cedros.

El primero de estos cuerpos aprobó todos los actos llevados a cabo por la insurrección militar, y el General Guardiola dió un manifiesto, "Al augusto tribunal del pueblo hondureño", explicando detalladamente el contenido del documento que habla servido de base a los autores del desconocimiento de la autoridad de la Asamblea y en el que daba los pormenores del carácter, de tendencias y actos despóticos del General Francisco Ferrera.

La Asamblea Nacional se reunió en Cedros el 10 de junio de 1849 y sus actos se redujeron a sancionar lo dispuesto por la Asamblea reunida en La Paz. En el año de 1849 pesaban grandes amenazas sobre Honduras.

El Cónsul de su Majestad Británica en Centroamérica, Federico Chatfield, hombre autoritario, exigía al Gobierno de Honduras algunas reclamaciones por imaginarios perjuicios causados a súbditos británicos. El Dr. Lindo que conocía algunas de las amenazas del referido Cónsul, puso a la isla del Tigre bajo la protección de Estados Unidos de Norte América por 18 meses y dictó otras medidas que creyó convenientes.

Míster Chatfield, con el propósito de hacer efectivas sus pretensiones, se presentó en el puerto de Amapala a bordo de la fragata Gorgon y ocupó la isla del Tigre al propio tiempo que por el lado del Atlántico el capitán del barco Plumper se apoderó de la fortaleza de Trujillo con el pretexto de que el Comandante de aquel puerto se negaba a pagar varios reclamos; pero, debido a la intervención de Mr. Squier, Ministro de EE. UU. en Honduras, devolvió los territorios ocupados.

Con motivo de los referidos acontecimientos, el Dr. Lindo se vió precisado a mandar al General Guardiola como jefe expedicionario del sur. Este lanzó una proclama y dirigió una nota enérgica y patriótica a don Carlos Dárdano, a quien se había encomendado por Chatfield el gobierno de la isla ocupada e hizo al propio tiempo enérgicos reclamos al Cónsul usurpador.

Terminada la campaña por la devolución del territorio, el General Guardiola hizo su regreso a Tegucigalpa.

El Dr. Lindo, que ya no necesitaba los servicios de Guardiola, creyó llegado el momento de deshacerse de él y puso en juego todas las artimañas. Esto lo confirma una reunión de notables verificada en la ciudad de Tegucigalpa, en que el General. Guardiola expresó su situación diciendo: que el Presidente Lindo le había retirado toda clase de facultades y despojado en absoluto del poder militar, hasta el grado de que va no se consideraba como empleado del Gobierno: que le extrañaba ese proceder porque ál no había tenido ningún resquemor con Lindo y únicamente recordaba haber indicado a éste la inconveniencia de dictar la ley del capitalismo.

En ese estado de cosas y cansados los pueblos de las arbitrariedades y despotismo de Lindo, que había llegado a establecer la pena de palos, se levantaron en Tegucigalpa los militares, autoridades departamentales y demás personas respetables, en el acta del pronunciamiento de fecha 10 de febrero de 1850. En el acta del pronunciamiento se consignaron varios números entre los que figuraban el desconocimiento de la autoridad de Lindo; que se asegure su persona para que responda de los cargos, que conforme a las leyes, le resulten por la conducta observada en su administración, y la autorización al General Guardiola para que diera los pasos conducentes a la consecución de los fines perseguidos.

Los demás números se referían a actos ilegales del Gobierno, y a la protección de El Salvador y Nicaragua, en que se pedía la revolución.

Lindo estaba en esa fecha en Langue, pueblo de la región sur de Honduras, y al saber lo ocurrido en Tegucigalpa se llenó de pánico y salió huyendo para El Salvador hasta llegar al pueblo del Sauce, sin pensar sin duda, que dejaba en acefalía al Gobierno de la República. En ese lugar se serenó un poco al saber que lo auxiliaba el Gobierno de El Salvador, enviándole un ejército, lo mismo que el de Nicaragua. Guardiola salió para Comayagua, y de allí se dirigió para los departamentos de occidente, en donde venció al General Eusebio Toro en las cercanías de la ciudad de Gracias, el 22 de febrero de 1850, y trató de obtener la adhesión de varias ciudades y pueblos y regreso a Tegucigalpa.

El Doctor Lindo, por su parte, hizo circular la noticia de que contaba con el apoyo efectivo del ejército salvadoreño que comandaban los Generales Trinidad Cabañas y Gerardo Barrios; esa noticia produjo el efecto esperado por el Doctor Lindo, pues los pueblos alistados en las filas de la revolución, manifestaron que esto lo hacían por el temor que les inspiraba el General Guardiola.

El mismo Gobernante propaló la especie de que el General Guardiola se había levantado por la negativa de la aprobación del tratado celebrado por Jáuregui con el Cónsul Chatfield, lo que era enteramente falso. Tan grosera impostura ha sido consignada como cierta por algunos historiadores nacionales que han seguido servilmente las afirmaciones del Doctor Lorenzo Montúfar.

Lindo quiso astutamente retirar del loco revolucionario alguno de los militares más prestigiados, y, al efecto, por medio de su Secretario, se dirigió al General don Juan López, quien le dio la enérgica y expresiva respuesta que consignamos a continuación:

"Comandancia General del Departamento de Tegucigalpa. Señor Secretario General del Estado. - Gobierno del Sr. Lindo.

Es en mi poder su atenta comunicación datada en Goascorán, a 22 del corriente, contraída a manifestar que el Licenciado señor don Felipe Jáuregui ha hecho sentir a los hondureños toda clase de males, traicionando al Estado con bajeza por saciar su codicia con el oro inglés, tomando por instrumento al General Guardiola.

Que el Gobierno ha procurado impedir la revolución de varios modos, cuyo propósito no ha podido conseguir, porque el oro británico puede mucho con el citado Jauregui, y es ésta la razón por que el General Guardiola confiando en sus laureles, y seduciendo a algunos de sus compatriotas, dio al fin el grito contra la Constitución, ocultándoles la perfidia y maldad de Jáuregui, agregando que en tan triste estado de cosas, el Gobierno ha puesto en acción los muchísimos elementos con que cuenta en este Estado, El Salvador y Nicaragua, y concluye criticando vuelva sobre mis pasos para evitar los males que anunciaron a mi patria reconociendo la autoridad legítima, que es magnánima y sabrá actuar veto sobre un momento de error.

Es mi deber manifestar, señor Secretario, que el Licenciado Jáuregui no ha tenido ni pudo tener participio alguno en esta ciudad el 12 que rige. El Gobierno del señor Lindo debe tener de ellos una íntima y profunda convicción, y en cuanto a mí, empeño mi palabra de honor, y declaro estar enteramente ignorante de la injerencia que dicho señor haya podido tener en este acontecimiento. Los tratados que indica usted ha celebrado el mismo Jáuregui con el Cónsul Chatfield, nada tiene que ver con el Gobierno de Honduras porque de ninguna manera se le puede hacer responsable por los actos voluntarios del señor Jáuregui, y más cuando los convenios que se le atribuyen como ciertos, el propio Gobierno sabría reprobarlos, no estando basados en la justicia, en la prosperidad y el honor del Estado y en la felicidad de sus habitantes. Ninguna mira personal abrigamos sobre el oro británico que haya podido influir en la resolución que hemos adoptado. Nuestro único incentivo, el sólo estimulo que ha podido inflamarnos es la felicidad y engrandecimiento de nuestra patria, y el entorpecimiento de algunas medidas gubernativas, de las cuales iban a emanar aciagas consecuencias para Honduras y en particular para esta ciudad. He aquí lo que motivó el acta del 12 del corriente, de la que ya debe tener conocimiento el Gobierno de quien usted depende.

Firmes siempre en sacrificar nuestras vidas y nuestros intereses por la tranquilidad y prosperidad de este infortunado país, nadie con más ardor que nosotros, ansía por evitar los horrores y desastres que nos amenazan; pero los medios a que alude el señor Lindo no son los más adecuados para la consecución de este importante objeto, puesto que se procura verificar con menoscabo del honor, de la dignidad y del buen nombre de la multitud de personas comprometidos en el pronunciamiento. Sin embargo, para que no ponga en duda los esfuerzos por la conservación de la paz, ahora mismo y por medio de un exprofeso, dirijo su precitada comunicación al Benemérito Gral. Guardiola para que se sirva resolver lo que más convenga a los intereses del Estado.

Continuación de la carta de López:

No omitiendo manifestarte: que jamás podrá conseguirse la terminación de este asunto por los medios que quiere la administración del señor Lindo, porque antes de permitir que nuestras frentes se mancillen, cubriéndose de deshonra y vilipendio, sabríamos morir por una causa que creemos justa y que espontáneamente han abrazado todos los pueblos de este departamento y muchos de los demás, o conseguir el objeto que nos hemos propuesto, para lo cual contamos con muchos y muchísimos recursos que tal vez del todo no estén al alcance del señor Lindo.

Después de esta manifestación franca y leal, concluiré rogando se servían elevarla al conocimiento del señor Lindo, dignándose aceptar al mismo tiempo las demostraciones más sincera de mi profundo respeto.

J. López".

…Continuación del capítulo de Lindo y Guardiola:

Por lo difícil que en aquella época eran las comunicaciones con Costa Rica, Guardiola no podía conocer el texto del tratado celebrado por Jáuregui, y por estar alejado de la capital en asuntos militares, no conocía las intenciones de Lindo en relación con dicho tratado. Jáuregui traía el original en su valija al venir a dar cuenta de su misión y someter al Gobierno tal documento para que le diera o negara su aprobación. La ignorancia del General Guardiola acerca de este asunto está confirmada por la declaración que las autoridades nicaragüenses tomaron a Jáuregui, cuando detenido en el puerto de Corinto fue llevado prisionero y recluido en el convento de La Merced de León, en donde el Prefecto de ese departamento, don Mateo Mayorga, de orden de su Gobierno, interrogó a Jáuregui sobre los siguientes puntos:

1°- Qué participio o conexiones tenía con la sublevación militar que ha ocurrido en Honduras contra el Gobierno; y si lo sabía, diga por qué conductos y manifieste las cartas u otros documentos a qué se refiere?

2° -Qué presente el tratado o copia del que haya celebrado con el Cónsul Chatfield, relativamente a Honduras y a los demás Estados.

3° -En caso de negarse a la manifestación del tratado, diga qué estipuló con el expresado Cónsul con relación a la isla del Tigre y territorio Mosquito.

4° -Que exprese la causa por qué el Gobierno de Honduras le ha declarado traidor y puesto fuera de la protección de la ley.

Sebastián Salinas, Ministro de Relaciones.

En la misma fecha se dio cumplimiento a la orden del gobernador nicaragüense y a la de Mayorga, acompañada de los testigos Manuel García y Joaquín Montalván, se recibió juramento en forma al Licenciado Jáuregui, quien ofreció decir verdad en lo que sabía y fuese interrogado.

Su declaración fue la siguiente a la primera pregunta.

"Que no tiene conexión ni participio alguno en la revolución actual de Honduras, que de ésta supo hasta que ingresó a Chinandega de regreso del Estado de Costa Rica; que durante su permanencia en aquel país, no tuvo noticia de que se proyectase dicha revolución; que, por el contrario, creía no podría ocurrir, en virtud de un documento que el señor Presidente Licenciado don Juan Lindo, el señor General Santos Guardiola y el que declara, celebraron de caminar siempre de acuerdo en la marcha política del Estado de Honduras y en favor del mismo; que en Costa Rica careció de comunicaciones tanto del Gobierno de Honduras como del General Guardiola y de los vecinos del mismo Estado.

Que sólo en el mes de diciembre recibió cartas; una particular en que le decían, entre otras cosas, que manifestó no recordar, que si no hacían grandes esfuerzos para recobrar la Isla del Tigre perderían la esperanza de volverla a adquirir. Expresó también que no se acordaba de si recibió cartas oficiales y mucho menos de su contenido; que el señor Guardiola le escribió y que recibió esta carta en el referido mes de diciembre; que no recuerda su contenido; pero que le parece que trataba sobre elección de diputados; que así mismo recibió otra del mismo General a su llegada a esta capital, cuya carta junto con otras mando por medio del Mayor Ballestero al señor General en Jefe, en cuya última carta que es fecha 7 del corriente, le manifiesta el General Guardiola que pensaba retirarse por no chocar con el Presidente Lindo; que las demás cartas recibidas en esta ciudad, se dirigen a inquirir su paradero, porque hacía tiempo lo ignoraban, lo que manifiesta que no habían tenido comunicación con él; que todas las cartas que recibió en diciembre se hallan en su equipaje, el que suplicó al señor Ballestero dijese al señor General en Jefe que lo mandara a regresar, y que tan luego venga éste presentará al Supremo Gobierno las mencionadas comunicaciones y todos los papeles que contenga con respecto a su comisión de que iba a dar cuenta.

A lo segundo dijo: que tanto el , tratado original como la copia que tiene en el protocolo, los tiene en el equipaje, y que tan luego le venga, los presentará; pero que antes quiere indicar, que el tratado sólo se refiere a la manera de satisfacer la deuda de Honduras a súbditos británicos sin tocar en lo más mínimo con los demás Estados; que es igual al que celebró el Gobierno de El Salvador con el mismo Cónsul con respecto a la única obligación que contrae el Estado, que es la de liquidar y pagar a plazos las cantidades que se le cobran; pero que también contiene reconocimiento formal que hace la Inglaterra por medio de su encargado de negocios de la integridad territorial, soberanía e independencia de Honduras, cuya especie librará al Estado en lo sucesivo de sufrir usurpaciones como las que ha sufrido.

A lo tercero dijo: que ya tiene contestado, en su mayor parte, este tercer punto, y que sólo tiene que añadir, que respecto a la Isla del Tigre se obliga a Chatfield a devolverla integra; y que con relación al territorio Mosquito, no contiene el tratado especie alguna, ni se habló una sola palabra con este objeto.

Al 4° y último punto dijo: que es una equivocación la que hizo el señor Licenciado Lindo con semejante declaratoria sin documento o prueba alguna, como lo indica el mismo decreto en la expresión de sabedor; que el que habla no ha instado al General Guardiola, ni ha tenido posibilidad de instigarlo por la falta de relaciones que ha dicho, y porque la citada carta del 7 manifiesta que hasta aquella fecha no había provecto de revolución ni sobre ella habían tratado con el que declara, como se deduce de la simple lectura de dicha carta; que, con respecto a ponerlo fuera de la ley el mismo decreto, no puede decir más, sino que la Constitución de aquel Estado prohíbe terminantemente se puede condenar a muerte, ni poner fuera de la protección de las leyes, por grave y atroz que sea el crimen, según expresa la misma Constitución. Que, además, manifiesta: que aún no ha concluido con la comisión que le dio aquel Gobierno; quien hasta la fecha no se ha retirado conforme al derecho diplomático. Leída que le fue esta declaración dijo estar bien escrita: que en ella se afirma y ratifica, agregando, que el que declara, según noticias recibidas aquí, sabe que el que han electo Presidente en Tegucigalpa, es el primer enemigo que encontró en Honduras, y con quien hasta el día está en choque el que habla, por lo que es fácil conocer, que no ha tenido parte alguna en la citada revolución de Honduras, y firma conmigo y los de mi asistencia, Mateo Mayorga.– Felipe Jáuregui.- Manuel García.- Joaquín Montalván".

Las declaraciones anteriores tienen caracteres de veracidad y franqueza, pues en primer lugar Jáuregui no pudo prever que sería apresado a su paso por Corinto, y en segundo lugar porque no tuvo tiempo de ocultar los documentos que traía de regreso a Honduras, a donde venía a dar cuenta de su misión diplomática, fuera de que su equipaje fue registrado minuciosamente y con las formalidades del caso, en Chinandega, y remitido a León, en donde los papeles que contenían algunas de sus valijas fueron puestos de manifiesto al diplomático prisionero, quien los reconoció como de su pertenencia; en cuanto al tratado celebrado con Chatfield, parece que no se conformó con las instrucciones que había recibido y aun contrarió las tendencias de Lindo en relación con la Unión de Centroamérica.

A pesar de todo, Lindo continuó desarrollando su malévolo plan, y el 15 de febrero de 1850, en Langue, expidió un decreto declarando traidores al Licenciado Felipe Jáuregui y al General Santos Guardiola, poniéndoles fuera de la protección de la ley, sin tomar en cuenta que Guardiola había hecho uso, al rebelarse, del principio de legítima insurrección y que había dejado de ser empleado del Gobierno al retirarle de hecho toda autoridad.

En cuanto a Jáuregui, que no había sometido a su conocimiento el tratado celebrado con Chatfield, en San José de Costa Rica, y por consecuencia, no se sabía si merecía o no la aprobación del Poder Ejecutivo.

El General Guardiola, de regreso de occidente, arribó a Tegucigalpa, en donde supo que había llegado a la frontera salvadoreña el ejército auxiliar que venía' a sostener a Lindo, al mando de Cabañas y Gerardo Barrios. Con este motivo salió con sus tropas para el sur; pero convencido de lo inútil de su esfuerzo, pues sabía que el Gobierno de Nicaragua también sostendría al gobernante hondureño, se entendió con el representante del Gobierno de El Salvador, don Victoriano Castellanos, con quien concertó un convenio que se celebró en la ciudad de Pespire el 25 de marzo de 1850. En ese convenio se estipuló, entre otros puntos, que Guardiola se expatriaría voluntariamente a la República de El Salvador, a donde se dirigió al efecto. Saboreando por algún tiempo las amarguras de la nostalgia y ausente de las caricias de su familia y del cariño de sus amigos quiso regresar a Honduras, y para ello pidió permiso al Presidente Lindo; pero éste, que lo consideraba como un peligro y un obstáculo y le tenía, además, gran temor, le negó tal permiso pretextando que daría cuenta a las Cámaras para ver si éstas se mostraban anuentes a conceder dicha petición.

Más tarde, desesperado Guardiola por su ostracismo quiso comprometer a Lindo a que le otorgara el permiso de que antes hemos hablado; y, al efecto, sabiendo que el gobernante de Honduras estaba aliado con el Presidente de El Salvador, don Doroteo Vasconcelos, se alistó en el ejército que comandaba y peleó contra Carrera en la célebre acción de armas de La Arada, en donde los referidos aliados sufrieron una completa derrota y nada consiguió Guardiola en su favor.

GUARDIOLA Y JÁUREGUI
I

El Lic. Felipe Jáuregui era guatemalteco y vino a Honduras a desempeñar una misión diplomática. Una vez en este país decidió fijar en él su residencia y hacerlo su patria adoptiva.

Tomó parte en la política, formó su hogar y adquirió propiedades. De un artículo que tenemos a la vista formamos los siguientes párrafos que extractamos para no ser difusos. Dicen así: "Felipe Jáuregui era uno de los hombres que más influencias han ejercido en la América Central, puesto que fue amigo y colaborador de Ferrera en la obra de las reformas, el año de 1838; amigo y admirador de Guardiola y adversario decidido de los que en 1844-45 conspiraban para derrocar el orden de cosas establecido definitivamente en 1840.

Dicen que Ferrera decidió de la suerte de la antigua Federación, pues bien, Jáuregui fue el ALTER EGO del gran demoledor en los congresos ordinarios, en la constituyente, en las dietas Centroamericanas estampó su firma, y era escuchada su autorizada voz (palabra), en el periodismo. No cabe duda que era el escritor castizo de los de su agrupación política y por su polémica fue sobresaliente, por su fuerza de lógica y por su perspicacia para desatar el nudo gordiano de la cuestión; como Diplomático desempeñó a satisfacción de sus comitentes su misión (con excepción hecha del tratado celebrado en Costa Rica con Chatfield fuera de las instrucciones que le dió el Presidente Lindo). Como abogado era notable, el primero de su época en su patria adoptiva; en los congresos. Honduras debe a su iniciativa multitud de leyes que rigieron en el país muchos años; pero lo que más le honra y enalteciera, lo que más se recuerda y se recita entre los sobrevivientes de aquella época, es la defensa que hizo de don Joaquín Rivera y sus compañeros en el Consejo de Guerra, que algunos conceptúan como para acreditarse como competente profesional y otros lo reputan como una obra de hipocresía".

El 31 de julio de 1818 el Licenciado Jáuregui presentó al Congreso Nacional un impreso publicado por el General Francisco Ferrera, Consejero de Estado, en el que, además de calumniarlo "de un modo soez y feroz, ultraja directamente a los pueblos y ciudadanos que lo aborrecen por su despotismo" y que, siendo un funcionario público el calumniante, pide que se le declare con lugar a formación de causa.

Las calumnias por lo que Jáuregui acusaba a Ferrera, consistían en que éste afirmaba en su impreso que aquél despojó a Vicente Irías de la hacienda de Santa Cruz; de la de Lologuara a su poseedor; y al Estado, de 6,000 pesos que éste reconocía, y a don Ramón Vijil de la mina de Guayavillas; que, a nombre del Gobierno, exigió una contribución en Tatumbla y valles anexos para reponer pérdidas supuestas; que despojó a una iglesia de Guatemala de cálices y otras alhajas que vendió para usos profanos y que se robó un reloj de una testamentaría. Jáuregui pretendió desmentir esos hechos con documentos oficiales que presentó al efecto. La exposición está escrita en términos virulentos y acusa a Ferrera de haber emitido el "sangriento decreto del 26 de mayo de 1844".

El congreso pasó este expediente al General Ferrera para que informara sobre el contenido de la exposición, señalándole el plazo de tres días.

Lo que verificó en los siguientes términos:

"En el mes de marzo último fue publicado un anónimo con el título de "Los que volvimos de la transmigración de Babilonia", con data en Tegucigalpa, en el cual se advierte una desavenencia entre el editor y los seño

res José Ferrari, León Zerón, Miguel Peña, etc., y muy particularmente con el Licenciado Jáuregui. Este, sin preceder averiguación legal, se lanza al público, con un fárrago de groseras injurias contra mí, suponiéndome autor del indicado anónimo. No quiero ocupar la atención del Soberano Cuerpo a quien me dirijo con el análisis de tan cáusticas expresiones con que me hiere sin la más leve causa, porque son idénticas con las que encierra su escrito a Vuestra Soberanía y su último papel fecha de 29 de junio. Cuando yo me vi tan torpemente ultrajado por un hombre que no es hondureño, ni tiene las virtudes de los hondureños, no tuve la helada filosofía de un imprudente que ha perdido los sentimientos de honor y de vergüenza, y me vi estimulado de mi propia conciencia a no callar por lo menos una pequeña parte de los muchos crímenes que marcan la vida y la conducta de mi gratuito enemigo, no para informarlo por odio o venganza, sino para que el público conociese las circunstancias, naturaleza y cualidades del escritor que me calumniaba, porque temí se supusiese en mi adversario, un honrado ciudadano de Honduras y que de buena fe hacia la defensa de su patria. Este fue el noble origen de mi refutación escrita el 15 de mayo próximo pasado por el cual me acusa el Licenciado Jáuregui y sobre que voy a vindicarme. En esa misma contestación Ferrera se defiende de las acusaciones de su adversario que denunciaba actos tiránicos e ilegales que ejecutó como Presidente del Estado, y pasa en seguida a comprobar con documentos la verdad de sus acusaciones contra Jáuregui, inclusive lo del robo de las alhajas traídas de un templo de Guatemala para ser vendidas en Honduras; pero el colmo de la irrespetuosidad y del atrevimiento de Jáuregui se ve con sorpresa en el penúltimo punto de su acusación. Allí confiesa que estaba preparado para hacer la guerra al Estado (lo que todo Honduras sabe) si yo tomaba el mando supremo la última vez que fuí electo y renuncié…" y concluye por hacer referencia a todos los honores que se le han tributado como militar subalterno, como Jefe y como Presidente. El escrito de Ferrera está redactado en términos duros e insultantes.

En el mes de junio de 1847 se dirigió Jáuregui de Comayagua para el puerto Trujillo, con el pretexto de negocios personales, mas al regresar de aquel punto pasó por Olanchito en donde fue capturado y reducido a prisión por conspirar contra el orden público. El Juez de este último lugar dictó el auto que sigue:

"Juzgado 1° Constitucional de Olanchito, junio 4 de 1847. Por cuanto estar encomendada a las autoridades la conservación del orden, el sostenimiento de las autoridades supremas, la vigilancia por la tranquilidad, el cumplimiento de las leyes; que obrar en contrario es nocivo al bien general y por consiguiente presenta una condena de males a los pueblos: que naciendo del desorden el derramamiento de sangre y todo el círculo de desgracias que son consiguientes a las revoluciones; que por todos los medios se deben evitar y castigar a los trastornadores; y sabiendo que en el ingreso que hizo a esta ciudad el Licenciado Felipe Jáuregui, su principal objeto fue invitar a las personas notables para el desconocimiento del actual gobierno, por lo pernicioso que es a los pueblos, y que el medio de lograrla era que éstos levantasen la cabeza negándoles toda clase de auxilios, deponer las actuales autoridades y a su vez proclamar un gobierno central, pues tenía por su protector al gobierno de Guatemala, pues de no centralizarse o convenir con Guatemala en esta clase de Gobierno, no debían contar con ninguno de sus auxilios; y que si los pueblos querían sostener el actual gobierno, que entendieran que la guerra la sufrían los pueblos, la pérdida de intereses era para los pueblos, los empréstitos y contribuciones forzosas y los que se aprovechaban de la guerra eran los gobernantes y para esclarecer la verdad y dar cuenta a la autoridad que convenga; cítense para que declaren a las personas con quienes dicho Jáuregui habló. Proveído con testigos. -Ignacio Garin. -José María de Oliva. -Sixto Posantes.

Interrogado con las formalidades legales los testigos José Olaya, Antolino Meza y Miguel Gómez.

Declararon ser ciertos en todas sus partes los capítulos del auto precedente.

El Licenciado Jáuregui, a pretexto de que podía asesinarlo el señor Florencio Castillo y otros enemigos, se fugó de la cárcel y se dirigió al departamento de Olancho. Su esposa doña María Josefa Xatruch presentó un escrito al Poder Ejecutivo, pidiendo que se diera a su marido seguridad y garantías convenientes para que se dirigiera a la capital a ponerse a la disposición del supremo gobierno y que oyéndosele le juzgue por las autoridades competentes y que se suspendan los efectos de los exhortos librados por el Juez de Olanchito.

El Gobierno, en vista de la anterior solicitud, dispuso que se previniera al jefe intendente de Olancho que prestara todas las seguridades y que se pusiera en conocimiento de la sala del crimen la anterior solicitud, y que en atención a que no se ha devuelto el sumario instruido por el Juez de Olanchito, se le acompañara para que con vista de todo resolviera lo que estimara por conveniente.

Al regresar Jáuregui a Comayagua, puso en juego su habilidad abogadil y se valió de toda clase de influencias para que no se devolviera la causa al Juzgado de su procedencia, ni quedara tampoco en el Juzgado del crimen (en Comayagua) sino que pasara al de Tegucigalpa en donde fue absuelto. A pesar de este incidente, Jáuregui siguió maquinando contra el gobierno del Dr. Lindo para derrocar a éste del poder, y habiéndose tenido conocimiento de sus maniobras, se quiso evitarlas por lo cual se vió en el caso de salir fugitivo para Nicaragua, vía Yuscarán, para llegar en seguida a León en donde entrevistado con el General Trinidad Muñoz, le propuso que le vendiese 200 fusiles y las municiones correspondientes para hacer la guerra a la administración de Honduras, y le ofreció 25.000 pesos si le ayudaba en la empresa. Ante la negativa de Muñoz se dirigió a

Segovia para pedir al Comandante de este departamento los materiales de guerra que allí existían, pero nada pudo lograr de este alto empleado. Regresó a Honduras por Yuscarán, en donde propaló la noticia de que el General Muñoz vendría, auxiliarlo para hacer la guerra que se proponía. Sabido esto por el doctor Lindo, pidió explicaciones al gobierno de Nicaragua, quien so las dio francas y cordiales; se divulgó además la artera noticia de que el General Guardiola, que era en aquellos momentos Ministro de Relaciones del Gobierno de Honduras, que estaba de acuerdo con las pretensiones de Jáuregui y que le prestaba su apoyo; pero el General Guardiola, en la misma nota de Cancillería, que dirigió al gobierno de Nicaragua, desde Comayagua el 29 de marzo de 1847, con motivo de la falsa noticia de la amenaza de guerra, dice con energía y franqueza, que mucho lo enalteció: "No omitiré manifestar a usted que aunque el que suscribe lo consideran, algunos, afectado a los movimientos que se hacen por Segovia, quiero desde ahora vindicarme con la protesta solemne de que seré fiel al gobierno que sirvo; que sostendré los principios que profeso, así como el honor de las armas de mi patria".

Frustrados de nuevo los maléficos intentos de Jáuregui, en el mes de septiembre se volvió a presentar ante el General Muñoz con una fingida carta de Guardiola, en que le decía dicho General que el portador iba como Ministro Plenipotenciario y lo que se arreglara con él se llevaría a cabo en Honduras, a lo que agregó el señor Jáuregui que su misión necesitaba de su apoyo y que lo esperaba en las negociaciones que iba a entablar. Muñoz se negó a estas propuestas y dijo al diplomático que sus gestiones debía tratarlas con el Poder Ejecutivo y que de ninguna manera quería ingerirse en lo que con él se estipulase. Esta narración tomada de un folleto que el General Muñoz publicó en León (septiembre 12 de 1850) en respuesta a uno que había publicado Jáuregui contra el General nicaragüense. En caso de ser cierta, prueba la falta de talento y tino que tuvo Jáuregui al presentar la referida carta, pues sabía muy bien el odio implacable y feroz que por celos a su prestigio militar le inspiraba el General Guardiola y la mala voluntad que tenía al mismo diplomático, debían convencerlo de que no debía valerse de la artimaña de la carta atribuida al General Guardiola.

De éste decía Muñoz: "Fue mi subalterno todo el tiempo que mandé el ejército de Honduras; la execración que desde entonces tenía sobre mí me horrorizaba; nada le vi hacer que mereciera un simple elogio, olvidando que si fue mi subalterno bien pude evitar y castigar las demasías que éste hubiera cometido. Y de Jáuregui se expresaba así: 'Este señor es muy bien conocido en toda la América Central y su fatal reputación es una concluyente a cuanta impostura el puedo inventar'".

Desairado por la actitud de Muñoz y cumplida la misión oficial que llevara para el gobierno nicaragüense, se marchó para Costa Rica a donde le envió como Ministro Diplomático el doctor Lindo, para alejarlo de Honduras con el pretexto de que iba a San José a celebrar un convenio con Manuel F. Pavón, Ministro Plenipotenciario de Guatemala, sobre las relaciones de la misma, y otro con el Cónsul Chattield sobre los reclamos ingleses.

Jáuregui, en lugar de llenar su misión, prescindió de las instrucciones que llevaba y las contrarió, y celebrando con el referido Cónsul un tratado sobre que Honduras se declarase República soberana, contra las tendencias del doctor Lindo de trabajar en favor de la Unión Centroamericana. Este gobernante al tener noticia de lo que ocurría y para evitar que Jáuregui entrara a Honduras por tierra de Nicaragua, lo hizo prender en Corinto y lo declaró traidor, prohibiéndole volver a este país. La astucia de Jáuregui corría parejas con su maldad; él sabía muy bien que los convenios diplomáticos se firman ad referéndum y que sin haber presentado Jáuregui el documento que traía en su valija, no cabían las ratificaciones y por consiguiente no tenía ningún valor por el diplomático que lo había firmado en representación del gobierno de Honduras. Jáuregui tuvo que volver a Costa Rica y allí publicó un folleto furibundo contra el General Trinidad Muñoz y dispuso dirigirse a Guatemala para lo cual se embarcó en Punta Arenas en la Goleta Isabel II.

Al pasar por Amapala, escribió a bordo una carta al doctor Lindo, explicándole lo ocurrido en Costa Rica en relación con su convenio con Chatfield. Jáuregui iba bastante enfermo y murió antes de saltar a tierra en las playas de Ilistapán, Guatemala, pero algunos aseguran que cayó al mar y murió ahogado.

CAPÍTULO VII: BATALLA DEL OBRAJUELO

La situación topográfica del Obrajuelo se parece a la de muchas otras del territorio salvadoreño; y todas fueron lugares de trabajo activo que se trasformaron en centros de población, algunos hoy hasta con nombre, posición y caracteres de ciudades en donde poco falta para llenar el gusto más exigente.

Está situada la Hacienda, en la misma planicie que San Miguel, con lomas bajas, limitándola por el oriente en cadenilla de suaves ondulaciones y pendientes; salvo la más cercana, que yergue su cono perfecto de volcán a unos cien metros de la propia casa de la Hacienda y con altura de más o menos ciento veinte metros sobre el nivel de su base. El Obrajuelo era; y aun es hoy un cruce de caminos importantes, pasa por ella el camino real que iba de Honduras a El Salvador, vía Moncagua, Chinameca, Jucuapa, San Vicente y Cojutepeque; pasa el que va para La Unión el importante puerto de la región; pasa el que va para Usulután; y pasa también por el departamento de Morazán, busca nuestra frontera por la Paz, y es paso obligado de casi todos los caminos vecinales que enlazan los distintos poblados del centro de los departamentos de San Miguel, La Unión y Usulután.

Hoy esos caminos vecinales de antaño son hermosas carreteras asfaltadas unidas a la troncal que va al Goascorán.

Esa ventajosa posición de un terreno que se domina desde cualquier altura vecina, y la disposición de la Hacienda misma, explica por qué el General Angulo la escogió sin pensar de dejar la ventajosísima posición de Lolotique, donde en vano esperó ser atacado.

La Hacienda es hoy propiedad del Dr. Julio Enrique Ávila, quien ha introducido las mejoras demandadas por los tiempos para la mejor explotación y rendimiento de la posesión; dentro de la cerca general de piedra que limitaba toda la propiedad hasta donde alcanzaba toda la vista desde cualquier ángulo, las cercas de los potreros eran de troncos de palo pique y a distancia no mayor de quinientas varas, completaban el escenario del combate que vamos a tratar de pintar más que a describir.

En aquel tiempo, y en mucha parte hoy, la casa de la Hacienda era uno de esos caserones típicos que aprendimos a construir de indios y españoles de 21 x 15 varas, de adobes y bien repelladas con mezcla de cal y barro; y su techo formaba un caballete de cuatro aguas y cinco varas de altura hasta la cumbrera que lo remataba, siguiendo la dirección longitudinal.

Ese techo sobresalía unas dos varas alrededor del cuerpo de la casa, constituyendo lo que entendemos por corredor volado. Dos puertas únicas separadas unas ocho varas entre sí y abiertas al poniente, eran las únicas para entrar y salir. Las modificaciones posteriores no han variado sensiblemente la vieja construcción.

El General Guardiola invadió como contra operación El Salvador en los primeros días de agosto, por el lado del pueblo de Goascorán; y el siete estaba en posesión de la ciudad de San Miguel sin dificultad alguna.

Los habitantes, en su mayoría, la habían desocupado tanto por la terrible fama de Guardiola, como por orden de Barrios General en Jefe, para privar al enemigo de abastecimiento.

DESCRIPCIÓN DEL COMBATE DEL OBRAJUELO

El General Guardiola Invadió como contra operación El Salvador, en los primeros días de agosto de 1845.

Las tropas se enderezaron por el camino real, puesto que seguían a Esteves y no podían escapar de la observación del enemigo; y algunos grupos buscaron el camino más corto, no para sorpresa que no podía caber, sino por la costumbre hondureña de hacer las jornadas en entera libertad de movimiento y no en forma alguna militar.

No había bosques, por otra parte, en el pequeño trayecto de San Miguel a El Obrajuelo, lleno de malezas que crecían entre los jiquilitales; más ni uno ni otro podían servir a la tropa de Guardiola para una sorpresa si hubiese cabido dadas las provocaciones de Angulo, que envolvían necesariamente la vigilancia constante.

También afirma el General Zamora Castellanos que Guardiola tuvo pleno conocimiento de la ocupación de la Hacienda por las fuerzas salvadoreñas; y tampoco ello concierta enteramente con la realidad, pues el propio Guardiola creyó que lo atacarían, y lo provocaban cuatrocientos hombres al mando de Carballo; véase su parte, aun a pesar de las deliberaciones y adulteraciones, que en esos documentos se hizo siempre, ya para agrandar el evento en el triunfo, ya para achicarlo en la derrota. Ni aun los documentos de carácter reservado, que siempre registran la verdad, que por cualquier razón deba ocultarse en documentos a ser publicados o conocidos, estuvieron libres de esa manipulación que hoy es famosa para esclarecimientos de la realidad y de la pura verdad.

Tarde caliginosa, tarde trágica en que de casi nada valieron el arrojo, el denuedo y la valentía del soldado hondureño, ante las cercas de piedra de una Hacienda convertida en fortaleza ante la superioridad del oponente, ante la fragilidad de la causa defendida, ante la traición de un Jefe no hondureño, en mala hora colado en sus filas para ayudar a sus comprovincianos.

El coronel Vicente Vaquero, formando la vanguardia de Guardiola, cuando éste dió la orden de marcha, mandaba el único escuadrón de caballería con que contaba: había derrotado a la vanguardia salvadoreña, obligándola a replegarse a sus reductos; y cuando lo recio del combate empezó, Vaquero apretó sus filas y a paso de carga intentó irrumpir, en un ataque frontal suicida, que fracasó. El fuego cerrado de la derecha salvadoreña se cruzó sobre él, con el también de la izquierda y el desesperado de la vanguardia que se replegaba.

No tuvo otro remedio que volver grupas y recibir nuevas órdenes del Jefe que en el momento no las dio. Estaba observando con interés desde una loma, precisamente que la derecha hondureña parecía casi ajena al combate en el instante en que los fuegos cobraban la mayor intensidad del primer empuje. El coronel Juan López, sereno y consciente, se dio perfecta cuenta de que la llave de la situación era exactamente y estaba en el ala derecha que le tocaba atacar.

Si sus soldados; haciendo honor a su tradición, respondían a su voz y acción, el Coronel Asturias sería obligado a salir de sus atrincheramientos o a replegarse a la casa de la Hacienda; con ello se facilitaba un ataque de frente con el mismo final.

Si el General Angulo acudía con las reservas, la derecha hondureña tendría facilitada su misión para irrumpir dentro de las posiciones enemigas; y si no acudía al auxilio de Asturias, ambos deberían librar el último asalto en la propia casa de la Hacienda, eje de todas las operaciones.

El Coronel López no sabía ni contaba con que nuestra derecha la mandaba un traidor, nada menos que cercanísimo pariente del General en Jefe salvadoreño; y como no lo sabía, desarrolló su plan y acción bajo esa ignorancia en que ninguna culpa tuvo.

Desplegó en combate sus 400 hombres, prevenidos y previstos y dió la orden, el ataque fue brillante, el choque violento y animador. Los salvadoreños resistieron lucidamente las dos primeras embestidas.

El Coronel López, consecuente con su plan, trataba de sacar a Asturias de las cercas que lo protegían y defendían, y para ello daba carga tras carga a cual más salvaje, según lo permitía la rapidez en la provisión de cartuchos.

Hubo un momento en que pareció que la operación se consumaría y que la cuña hondureña desbarataría no sólo la misión de Asturias, cortándole el enlace con su centro, sino el resultado de la acción en el resto del frente.

El fragor del combate ensordecía, armando un barullo infernal de fusilería; en vano los clarines resonaban una vez más queriendo llevar las órdenes de los respectivos jefes a sus comandantes de alas, pendientes de las reacciones del adversario; ni podía fiarse en ayudantes de órdenes imposibilitados de cumplir su cometido entre aquellas granizadas de plomo y humaredas, que semejaban campos de nieve por la blancura, ocultando todo al ojo humano más avanzado y sólo rasgado en pequeños claros por ráfagas de aire caliente que buscaban escape por ley física.

Guardiola no perdía detalle de aquella embestida y defensas salvajes como no lo perdía Angulo de su lado, ambos en posiciones adecuadas para el objetivo; y mientras tanto Guardiola son reía de satisfacción.

Angulo fruncía el entrecejo y apretaba los dientes de nerviosidad. El ataque contra el cuerpo de Asturias continuaba feroz, sin interrupción; el coronal López había logrado colocar aquél en doble círculo de fuego que paulatinamente estrechaba más y más, consiguiendo por de pronto aventarlo de los cercos, logrando el primer objetivo buscado; López, no obstante, estaba cuidando no exponerse a los fuegos que de la Hacienda pudiesen hacerle por retaguardia, al ir cerrando el círculo de fuego; necesariamente esa operación dejaba al descubierto su flanco izquierdo, lo que no podía subsanar por haber empeñado todos sus efectivos en llegar a una decisión pronta de su parte.

Ya a esta altura, el Coronel Asturias ni siquiera iba a tener vía para pedido de auxilios, que veía necesitar de minuto, a medida que los hondureños lo encerraban; ya era medio círculo perfecto y doble y los cercos de piedra de la Hacienda estaban más al alcance de los hondureños que de él.

Comprendiendo también el General Angulo que aquella posición, la más cercana a su centro era la llave de la acción, corre veloz como el rayo con dos compañías de su reserva y centro donde nada notable pasaba; y llega en el momento preciso en que las fuerzas de Asturias se pronunciaban en derrota. Esas compañías las mandaban directamente los capitanes Esteves y González. Tras ímproba tarea y esfuerzo, logra el General Angulo que la derrota no se consume; su posición es comprometida porque los fuegos hondureños por su localización e intensidad no le permiten apoyar en todo el esfuerzo desesperado del coronel Asturias, que se multiplicaba.

Se ve, pues, obligado a la acción de flanco para disminuir la presión y se lanza a ella con la presteza y el denuedo que fueron cualidades del General Angulo, dentro del marco de la serenidad. Se concretaba en otra forma el temor del Coronel López, que no podía remediar la situación ya comprometido hondamente su propio éxito, aun cuando rectificó a tiempo sus filas y aflojó la tirantez de su arco.

La sonrisa del triunfo mantenía alto el espíritu del hondureño; y el choque fue espantoso en la nueva fase del combate, a pesar de la duración ya prolongada del mismo. Obligado por el necesario nuevo dispositivo, López abrió el semicírculo en que apretaba al de igual grado. Asturias dividió en cuatro secciones su fuerza y enfrentó sin vacilar, apenas disminuyendo la presión primitiva; los golpes y contra golpes duraron sólo media hora de muerte. El doble choque, ya contra el triple de efectivos salvadoreños, más de un tercio de fresco refuerzo y corridas casi dos largas horas de desgaste en el duelo a muerte, rompe al fin la unidad de los hondureños, infunde desaliento por el cansancio material y asoma la punta de la derrota.

Gustavo A. Castañeda S.

INFORME OFICIAL ACERCA DE LA ACCIÓN DE "EL OBRAJUELO" OCURRIDA EL 15 DE AGOSTO DEL AÑO DE 1845, EN LA HACIENDA DE ESTE NOMBRE, EN EL DEPARTAMENTO DE SAN MIGUEL, REPÚBLICA DE EL SALVADOR, ENTRE FUERZAS DE ESTA AL MANDO DEL GENERAL NICOLÁS ANGULO Y LAS DEL GENERAL DON SANTOS GUARDIOLA, COMANDANTE EN JEFE DE LA

INVICTA DIVISIÓN LIBERTADORA DE HONDURAS.

Comandancia General de la Invicta División Libertadora. Goascorán, Agosto 17 de 1845.

Señor Ministro de la Guerra del Supremo Gobierno del Estado: Noticia he dado a Ud. de que traspasaba la línea divisoria, de haber ocupado la plaza de San Miguel sin ninguna novedad, de las providencias que dictaba a fin de conciliarnos la opinión en aquel departamento, de que los pueblos desatendían mis excitaciones y que de día en día me daban testimonios de la animadversión que tienen a nuestra causa. Un solo vecindario no estuvo habitado durante mi permanencia en aquella ciudad, no obstante los esfuerzos y buen tratamiento que daba a los pocos que había para atraer a la multitud. La escasez de víveres que experimentaba era absoluta, un solo vecino no me rodeó jamás ni me dió noticia alguna del enemigo; y lejos de esto, todos iban a reunírsele con el objeto de ponerme un sitio tan fuerte cual lo tenía proyectado. Entre tanto me lo tenían puesto aunque lejano, pues que por todas direcciones y, especialmente con las que tocan por este Estado, mantenían masas de toda arma que asechaban mis correos, espías, etc., llegando sus operaciones al grado de haber asesinado en las rondas de Ulasapa, a varios vecinos de este distrito, que regresaban con las bestias en que habían conducido el tren del ejército. De lo dicho deducirá Ud., señor Ministro, que nuestra causa no tiene prosélitos en San Miguel, y lo difícil de mi posición en aquella ciudad.

Mientras que batallaba con la contemplación de tan funestos presagios, me hacía desesperar el incidente de verme aislado, especialmente, para mantener mis relaciones con el Gobierno, de quien no recibí la menor noticia, hasta hoy que he llegado a este punto.

Estos inconvenientes le eran tan inoportunos al enemigo cuanto que, aunque paulatinamente, iba aumentando su fuego.

Lolotique fue el lugar que el enemigo eligió para situarse, e impuesto de ello, dispuse ir a batirlo con trescientos hombres. En efecto, el 11 salí del cuartel general. Llegué a La Garita, cuyo paraje se halla a dos leguas de aquel pueblo; pero viendo que no obstante mi movimiento no se disponía el enemigo a atacarme, resolví retirarme para no obrar sobre un punto tan ventajoso como aquél, y por atender a la comunicación que allí mismo recibí del Gobierno de El Salvador, a 8 del corriente, en ella me anunciaba que el día anterior se había dirigido a ese Ministerio indicando que estaba dispuesto a ajustar la paz y despachado donde el señor General Quijano, al Teniente-Coronel Tomás Alfaro, a que conferenciase sobre el mismo sentido; concluyó manifestándome que mi permanencia en aquel territorio era un inconveniente poderoso para celebrar un convenio amigable y que, en consecuencia, lo evacuara y me constituyese en mis antiguas posiciones. Dicha nota fue contestada en los términos que verá en la copia que le acompaño, y en seguida me retiré a San Miguel. Pero inconsecuente el Gobierno a sus indicaciones, no evitaba que sus tropas me inquietasen, pues el 13 llegaron éstas a Quelepa, y algunas a las inmediaciones de la ciudad; el 14 ocuparon El Obrajuelo; y observando esta disposición hostil, resolví salir sobre ellos con doscientos hombres, y lo verifiqué a las doce del día 15.

Me aproximé a aquella Hacienda, y como poco antes de esto hubiera derrotado totalmente el Coronel Vicente Vaquero, con el escuadrón de su mando, a una fuerte avanzada que el enemigo tenía situada a las inmediaciones de sus atrincheramientos, dispuse y empeñé la acción. Mandé al segundo Jefe señor Teniente Coronel don Juan López, que atacase el flanco derecho y lo verificó con la intrepidez conveniente al valor de este digno Jefe; a la izquierda destiné al Coronel Francisco Barrios; mas éste no hizo un solo tiro hacia la fortificación como debía, por connivencias que tenía con Gerardo Barrios, según los documentos que le tomé después.

Viendo esto y que la noche se acercaba, resolví retirarme con la fuerza, de la cual no perdí más que seis hombres que murieron en la acción, entre los cuales se cuentan los valientes Capitán Martin Jiménez y Tenientes Juan Gómez y Juan Torrealba; quince que salieron heridos, levemente unos y de gravedad otros; más la incapacidad del enemigo es total, que no me ha perseguido ni un solo palmo fuera de sus atrincheramientos.

Persuadido de que en aquellos pueblos no tenía apoyo alguno nuestro ejército, según lo he manifestado antes a Ud., y de que el enemigo no acometía, tuve a bien evacuar la ciudad consabida y lo verifiqué el 16 en la madrugada con un orden que no quiero describirlo, porque tal vez se creería que con ello hacia mi propia apología; mas, lo diré, sí, que hoy he ingresado a este pueblo sin que el ejército sufriera otras bajas, que las de los pocos muertos y heridos mencionados anteriormente.

Aquí me hallo, pues, con el ejército a la orden del Supremo Gobierno, esperando me comunique las que espere convenientes.

Los Ulazapas y Pasaquinas me inquietaron en el tránsito, los primeros haciéndome tiros a tiempo que pasaba por aquel pueblo, y los segundos presentándose en grupos por las serranías poco después de haberlo ocupado, y en los momentos que continuaba la marcha.

La conducta que ha observado el susodicho señor Teniente Coronel Vicente Vaquero es muy digna de la mayor recomendación, pues se ha portado con mucho honor en los momentos del ataque, en los que se hiciera la retirada muy diligente mientras que permanecimos en San Miguel. Con cuanto queda expuesto, espero se sirva dar cuenta al señor Presidente, dignándose Ud. admitir los homenajes de respeto que le tributa este su atento servidor.

D. U.L.

Santos Guardiola

NOTA DEL GENERAL GUARDIOLA EN QUE COMUNICA SU RÉGRESO DE SAN MIGUEL AL GENERAL FRANCISCO FERRERA

"Benemérito General Francisco Ferrera.
Goascorán, Agosto 17 de 1815.

Apreciable amigo y señor:

Hoy he regresado de San Miguel, donde no sufrí otra novedad que la ocurrencia del Obrajuelo, de que ya le doy parte al Gobierno; como Ud. verá, y puedo asegurarle que si no hubiera obrado el Coronel Barrios, según su espíritu traidor, habría regresado sin que el enemigo hubiera tenido ni aun ese pequeño triunfo.

Ya estaba dispuesto a venirme, movido por la obstinación de aquellos pueblos; de manera que ésta y no el fueguito consabido hizo que evacuase aquella ciudad.

Aunque digo en la nota oficial que no hubo más de seis muertos, hecho después el recuento, son cincuenta hombres, igual número de armas, las que faltan a la fecha; pero no todos han muerto, pues aunque por los primeros conocimientos que se tomaron, faltaban sesenta y dos individuos, entre ayer y hoy, han aparecido doce con sus armas y municiones y así como éstos pueden estar los otros extraviados.

Es preciso que nos convenzamos de que el Obispo Viteri ha sabido cimentar su opinión, que ésta es general en El Salvador, y que los vecinos de aquel Estado que se hallan en éste, no tienen ninguna, pues si la tuviesen habrían buscado el ejército en los doce días que pasé en San Miguel.

Así es que si no se ajusta un convenio amistoso entre éste y aquel Gobierno, es preciso caminar bajo un plan muy bien calculado, para que la cuestión pueda ser concluida por medio de las armas.

Saboreándome estoy de que el ejército haya contramarcado con toda regularidad. Esta existente y lo digo a Ud. para lo que pueda convenir.

Dentro de tres o cuatro días pienso ir con la fuerza a Nacaome, porque aquí no hay víveres necesarios para su mantención, ni edificios a propósito para precaver la deserción, donde esperaré que el Gobierno resuelva con vista de lo antes dicho.

Sabe que soy de Ud. su muy atento y seguro servidor.

Santos Guardiola".

INFORME COMPLEMENTARIO DEL GENERAL GUARDIOLA AL MINISTRO DE LA GUERRA SOBRE EL COMBATE DEL OBRAJUELO

Comandancia General de la Invicta División Libertadora.
Goascorán, agosto 18 de 1845.

Señor Ministro de la Guerra del Supremo Gobierno del Estado:

Ayer he llegado a este pueblo con el ejército de mi mando de regreso del Departamento de San Miguel; y aunque en el mismo momento informé a Ud. del motivo que me obligaba a contramarchar, he tenido a bien hacerlo segunda vez, precaviendo un extravío de la primera.

De la cabecera del departamento indicado, hice un movimiento el 11 del actual con dirección al de San Vicente. Pernocté en La Garita con la primera División; pero al continuar la marcha el siguiente día, recibí una comunicación del Gobierno de El Salvador en que me manifestaba, que el día anterior había dirigido pliegos al de este Estado, anunciando que estaba pronto a terminar por medio de tratados, la cuestión que ha dado lugar a la presente guerra; que asimismo había enviado a un Jefe militar donde el Sr. General Quijano a que le hiciese igual insinuación y que para llevar a cabo este negociado, era de absoluta necesidad que desocupase el territorio, y me constituyese en mis antiguas posiciones.

Enajenado con semejante manifestación, no vacilé en contramarchar de aquel punto -La Garita- y de Moncagua le contestó diciéndole que obraría conforme a sus deseos.

En efecto, volví a San Miguel, el propio día 12, y comencé a tomar disposiciones para levantar el campo. De aquella ciudad dupliqué mi contestación al mismo Gobierno; mas, cuando nada faltaba para ponerme en camino, tuve noticia de que el General Carballo venía persiguiéndome con su fuerza y ya me fue necesario contener la marcha.

Llego, pues, a Quelepa el 13; el 14 se me comunicó que se había dirigido para El Obrajuelo, y en este caso no pude menos que presentarle acción el 15. Los fuegos se rompieron a la una y media de la tarde, advirtiendo que él se hallaba fortificado con doble tropa y que la mía no excedía de doscientos hombres.

No obstante, estuve batiéndolo dos horas; mas como observara que lo verificaba infructuosamente porque no salía de sus posiciones, me retiré con tanto orden, cual el que quedan las filas que no reciben quebranto alguno. El que experimentaron las nuestras fue muy pequeño, pues no hubo más que seis muertos y diez heridos, contándose en los primeros el Capitán Martín Jiménez, el Teniente Juan Gómez y el Subteniente Juan Torrealba.

Hubo también algunos extraviados.

Las pérdidas del enemigo no puedo detallarlas con certeza, mas le diré, sí que en el encuentro que tuvieron con su primera avanzada, unos pocos dragones que yo llevaba, le mataron ocho individuos de tropa que quedaron en el campo.

Así fue como el 16 salí de la ciudad referida y que el 17 ocupé este pueblo, en donde estoy aguardando supremas órdenes para ejecutarlas.

De cuanto queda expuesto y de hallarse el ejército en el mismo estado, que cuando salió de aquí, sírvase informar al Sr. Presidente, esperando admita mis afectos.

Santos Guardiola".

CARTA DEL GENERAL GUARDIOLA AL GENERAL FRANCISCO FERRERA SOBRE LA ACCIÓN DE EL OBRAJUELO

Señor Benemérito General Francisco Ferrera.
Goascorán, Agosto 29 de 1845.

Apreciable amigo y señor:

Cuantos hubieran creído que fui derrotado en la accioncita de El Obrajuelo, se han equivocado; no porque me suponga invencible, sino porque podré serlo, pero en una acción formal, y no en aquel fueguito, en que no quise hacer otra cosa que provocar al enemigo a un ataque decisivo.

Todos me vieron llegar aquí con el ejército tan organizado, como estaba cuando partí para San Miguel; más si este testimonio no fuera bastante para que se desengañasen que no había sufrido tal derrota, ahora que han presenciado que después de haber sabido que el General Carballo se hallaba en el puerto de La Unión, con toda la fuerza de un mando, volé en su persecución, y lo batí y lo derroté completamente, matándole a todos sus jefes, oficiales y tropa y concluyendo aun con él mismo; veremos que dicen los desconfiados, en qué rango colocan a mis tropas y en qué lugar las del enemigo. Si alguno dudare de cuanto queda expuesto y especialmente de la muerte de Carballo, que vea esa *cachimba* de plata que le remito, que es la propia en que fumaba aquel Jefe; y como esta alhaja no podía tomársela, sino habiendo su propia persona, se convencerán de aquella verdad, y de consiguiente, de que ya no existe aquel bribón. Dicha alhaja sírvase presentarla en mi nombre al Supremo Gobierno, insinuándole que se me desocurrió verificarlo en el parte oficial de la acción consabida que le comunico en esta fecha.

Vea si con fundamento le había dicho en mis anteriores, que son muy cobardes los soldados del Gobierno de El Salvador, y que sólo que se les conceda un mil por ciento de ventaja, podrán damnificar a los nuestros. Sí, pues, ya los tengo muy bien conocidos, sólo deseara que el Gobierno me mandase 500 o 600 hombres y dos mil pesos moneda de plata, para volver a ocupar la plaza de San Miguel, seguro de que obrando de la manera de que ya he indicado a Ud. vuelven en

113

sí, y nos siguen los habitantes de aquel departamento, o mudan de pellejo, cuando menos. Si le pareciera acertada esta disposición, haga que la tropa venga luego, descansando en que esta expedición tendrá por resultado el de que el enemigo haga las paces con nosotros de una manera ventajosa al Estado.

También desearía que el Gobierno y sus principales agentes trabajasen a fin de hacer desaparecer esa credulidad, a que son tan propensos nuestros pueblos, en infundirles carácter y decisión para que no se amilanasen, ni aun en la época de la adversidad. Todos estaban creyendo en la derrota consabida; y, sino obstante de que ésta era imaginaria, ¿habían amedrentados aun los hombres a quien juzgaba con una mera resolución varonil, qué hubiera hecho si lo que se susurraba hubiera sido verdad? Trabajen, pues, en cimentar nuestra opinión que es lo que nos conviene.

Sírvase Ud. interesarse en que el Supremo Gobierno, agracie al señor Vicente Vaquero, con el título de General de Brigada, en que se le mande librar el despacho respectivo, y en remitírmelo con brevedad, haciendo que venga el de Teniente efectivo en favor de Eugenio Mulinche, en premio de haber matado cuerpo a cuerpo a Carballo, advirtiéndole que tanto el primero como el segundo pertenecen al Cuerpo de Caballería.

Soy de Ud. Afmo. y seguro servidor.

Santos Guardiola".

INFORME OFICIAL DEL COMBATE LIBRADO EN EL PUERTO DE LA UNIÓN, RUPÚBLICA DE EL SALVADOR, ENTRE FUERZAS DEL GENERAL JOSÉ ANTONIO CARBALLO Y LAS DEL GENERAL SANTOS GUARDIOLA, EL 27 DE AGOSTO DE 1845.

"Señor Ministro de la Guerra del Supremo Gobierno del Estado.

Comandancia en Jefe del Ejército Libertador de Honduras.

Goascorán, Agosto 29 de 1845.

Consecuente con lo que dije a Ud. en nota del 25 del que expira, e instruido de que el General José Antonio Carballo, había ocupado con su fuerza el puerto de La Unión, partí de aquí, sobre él el 26 del mismo, llevando una columna de trescientos hombres. El 27 a las tres y cuarto de la tarde, me aproximé a dicho puerto, y ratificada la noticia de hallarse ocupada por la fuerza susodicha, dispuse la manera de atacarla. Luego fueron puestas en ejecución mis órdenes y a paso trote se realizó mi entrada. Ataqué al enemigo por sus dos flancos y el centro, quien no habiendo podido resistir el ímpetu de mis tropas que habiendo hecho muy pocos tiros, cargó a la bayoneta, fue arrollado totalmente, muriendo en la acción el referido General J. A. Carballo, los mercenarios León Ramírez, José María Aguado, Juan Dencis y doscientos hombres de tropa, el cirujano y porción de oficiales que me eran desconocidos. Les tomé 170 fusiles, de los cuales tenían bayoneta cincuenta y cuatro, ciento setenta cartucheras, cinco arrobas de pólvora en grano, un clarín, una corneta y los equipajes del General, Jefes y oficiales consabidos. Parece increíble, pero alcancé este triunfo sin más desgracias que la de haber salido levente herido de una pierna el intrépido Coronel Comandante de Caballería señor Vicente Vaquero, a quien nuevamente recomiendo por su valor y honradez, saliendo igualmente heridos dos individuos de tropa.

Si entre los triunfos que nuestras armas han alcanzado, ha habido unos a cual más interesantes, ninguno mayor que éste por haber perecido Carballo en quien el Gobierno de El Salvador fundaba sus esperanzas de dominación. En prueba de ello, y según la orden del 18 del presente, iba a ser invadido el territorio de este Estado, a quien no consideraba, sino como el último y el más insignificante de la República.

Lo digo a Ud. para su conocimiento y que se sirva elevarlo al del señor Presidente. Esperando que admita el afecto col que me suscribo de Ud. muy atento servidor.

D. U. L.

Santos Guardiola".

GUARDIOLA Y CABAÑAS

No desearíamos ocuparnos en este estudio biográfico del Gral. Trinidad Cabañas, pero nos vemos obligados a hacerlo por la íntima relación que tuvieron estos dos personajes durante algunos años de su vida militar. Guardiola no tuvo enemistad personal con Cabañas como lo veremos en otra ocasión; pero el hecho de militar en bandos opuestos hizo que fueran muchos los roces que ocurrieron entre ambos. Cabañas pertenecía al partido Morazánico o coquimbos y Guardiola luchó en favor del que defendía el Gral. Francisco Ferrera y de Coronado Chávez, que pertenecieron al partido llamado cachureco o conservador, y fueron además decididos separatistas. En el Manifiesto que dio el General Guardiola cuando se reunió en la ciudad de La Paz la gran Asamblea de Delegados Municipales, refiere todas las órdenes despóticas que recibió y que tuvo que cumplir por la obediencia ciega a que estaba obligado como militar, y no por estar de acuerdo con las demasías de aquellos gobernantes. Era divertido leer la correspondencia e informes dados por Guardiola y Cabañas, en donde se trataban mutuamente de perversos.

Las referencias que nos vemos obligados a hacer del General Cabañas, es para que conste el hecho lamentable de que los llamados partidos políticos en Honduras, han tratado de enlodarse recíprocamente, atribuyendo a sus caudillos hechos censurables y calumniosos.

Nuestra devoción por el General Cabañas tiene por base su unionismo a toda prueba, su honradez inmaculada y su valor indiscutible, fuera de otras prendas personales.

El encono de banderías políticas así como las inculpaciones a Guardiola, de hechos vituperables y numerosas crueldades como el haber mandado incendiar cuatro ranchos en el Zapotal, cerca de Texiguat, y aun el incendio de otras casas más en este pueblo, y el haber ordenado la fusilación de algunos enemigos del Gobierno y realizado muchas crueldades que le exhibían como hombre sanguinario.

Así atribuyeron también a Cabañas el incendio del pueblo de San Juan, al salir huyendo para El Salvador, después de su derrota del 2 de junio de 1845, en Comayagua, y el haber levantado el patíbulo en Sinuapa para castigar algunos militares desertores. El haber hundido el país en las calamidades de la guerra, pudiendo haber celebrado una paz honrosa, de haber ejecutado infracciones a la ley constitutiva por lo cual fue acusado ante la Cámara Legislativa, etc.

Sin tomar en cuenta las críticas circunstancias en que se encontraba el caudillo unionista y sin tomar en cuenta también que Guardiola no hizo más que obedecer como militar las órdenes de sus jefes superiores y que de no haber desplegado grandes energías en las campañas en que le tocó actuar, los gobiernos a quienes servía hubieran caído del poder irremisiblemente ante la guerra formidable que le hacían sus enemigos. Y esto precisamente no lo pudieron perdonar los llamados liberales en aquellos tiempos.

Derrotado el ejército nicaragüense el 19 de agosto de 1844, la guerra quedó declarada de hecho, y el Gobierno de Nicaragua levantó un ejército de más de 1.000 hombres con el cual invadió a Honduras, al mando del General Cabañas y Joaquín Rivera 21 de octubre el ejército nicaragüense atacó la plaza de Nacaome, en donde estaba el grueso del ejército hondureño, comandado por los Generales Ferrera, Morales y Guardiola; allí se trabó el combate saliendo derrotado el General Cabañas y su ejército. Este triunfo se debió principalmente a la audacia y arrojo del General Guardiola, pero por el hecho de encontrarse allí el Presidente Ferrera, se atribuyó a éste la victoria, por lo cual fue condecorado. La primera noticia que se tuvo de esta acción de armas en Comayagua, fue la de haber sido derrotado el ejército del Gobierno, lo que llenó de pánico a los habitantes de aquella ciudad, tornándose después en una inusitada alegría la noticia del triunfo.

Desconocido el General Francisco Malespín, como Presidente de El Salvador, el 2 de febrero de 1845, y de regreso de la ciudad de León de Nicaragua, después del sitio que puso a esa ciudad con los ejércitos aliados de El Salvador y Honduras, intentó recuperar el mando perdido y llegó hasta San Miguel, pero, frustrado su intento, se refugió en Honduras en donde gobernaba don Coronado Chávez.

Malespín, los jefes y demás individuos que le acompañaban, solicitaron la protección del Gobierno de Honduras, quien se las otorgó por acuerdo del 28 de marzo de 1815, con la condición de no alterar en ninguna forma la paz de El Salvador con cuyo mandatario se celebrarían algunos convenios.

Después de este acontecimiento, hubo algunas acciones de armas y convenios de paz que no tuvieron efecto, y los Gobiernos de Honduras y El Salvador se aprestaron para la guerra.

El Vicepresidente Guzmán mandó organizar un ejército con el título de Protector de la Constitución, que puso al frente de el al General Cabañas, y Chávez llamó inmediatamente al General Guardiola, que se encontraba en Nacaome, y con su fuerza realizo un hecho prodigioso.

A marchas forzadas salvó con sus soldados cerca de treinta leguas y llegó a Comayagua casi al propio tiempo que Cabañas.

Chávez, al aproximarse el enemigo, huyó de Comayagua y se fue a refugiar a Opoteca, no sin haber dado antes un decreto en que se declaraba a Honduras en estado de guerra defensiva con El Salvador; declaraba a los hondureños la obligación de defender a su patria y señalaba la pena de muerte para los infractores de las disposiciones dictadas para la defensa.

Se dice que, además, mandó arrojar la artillería pesada en el río Humuya. Guardiola al llegar a Comayagua recibió del Presidente Chávez una carta a la que dio, con fecha 19 de junio, la contestación que dice así:

"Señor Presidente Coronado Chávez.

Comayagua, junio 1° 1845.

Muy señor mío y amigo:

Contesto la estimable carta de Ud. de esta fecha que he recibido ahora que serán las seis de la tarde, hora en que se ha avistado el enemigo a las inmediaciones de esta ciudad, por el lado de San Blas. Es necesario persuadirse que los coquimbos nunca podrán eclipsar los triunfos que nosotros debemos conseguir.

Estoy acantonado en esta plaza bien fortificada y no hay duda que por la mañana atacarán y que inmediatamente le mandaré parte de haber triunfado sobre estos cobardes sin valor ni disciplina.

En otra ocasión seré más extenso. Su afectísimo.

Santos Guardiola"

El General Cabañas, al llegar a los alrededores de Comayagua, dirigió al Presidente Chávez la siguiente nota:

"Del General en Jefe del Ejército de El Salvador, D. U. L.-Cuartel General.

En Comayagua, 2 de junio 1845, a las nueve y media de la mañana.

Señor Presidente de este Estado:

Para no perder tiempo, omito decir a Ud. las causas que obligaron al Gobierno Supremo de El Salvador, a declarar la guerra al de

Honduras, y me contraigo solamente a manifestar a Ud. que si se quiere economizar la sangre centroamericana, tan cara para mí, aun no es tarde y con este importante fin excito a Ud. a un acomodamiento cuyas bases espero proponga Ud. Atendiendo a su posición y a la mía.

Cualquiera que sea su resolución, aguardo se sirva decírmela dentro de una hora, y entre tanto tengo la honra de hacer a Ud. las más sinceras protestas de mi estimación y respeto.

T. Cabañas".

La nota anterior fue contestada por el Coronel Guardiola a nombre del Presidente Chávez, que se encontraba ausente de Comayagua. Esto lo hizo Guardiola en términos muy duros. Condenó en ella el hecho de la invasión sin declaración previa; lo manifestó que el Gobierno constituido no podía entrar por decoro y por otros motivos en arreglo con un faccioso; que su Gobierno le había encomendado la defensa del territorio hondureño y al efecto había puesto a su disposición tropas y recursos más que suficientes para ello; que lo único que cabía en aquel caso era que se le rindiera a discreción, pues de lo contrario, sólo la sangre que se derramara en los campos de batalla satisfaría en parte los terribles males que con su incursión han inferido al Gobierno; aunque infructuosamente: Dentro de dos horas podía el General Cabañas resolver el consabido rendimiento, y de no verificarlo así el invasor, que si por contingencia saliese vivo de los alrededores de esta ciudad, le he de perseguir hasta tomarlo, no digo en San Salvador, sino en cualquier punto en que vaya a asilarse.

Un historiador nacional censura al General Guardiola estas últimas frases, sin tomar en cuenta que son muy usadas por los militares en campaña y por lo imposible de realizarse no pasan de meras figuras retóricas.

Al triunfar el General Guardiola sobre el ejército salvadoreño, dijo a Chávez lo siguiente:

"Señor Presidente del Estado.
Comayagua, junio 2 de 1845.

Cumplo con mi promesa de ayer, después de dos horas y media de un fuego vivo, los enemigos han sido derrotados completamente; y. los persigue el Teniente Coronel Francisco López.

Oportunamente daré a Ud. el parte circunstanciado, y mientras tanto disponga a su arbitrio del afecto de su más adicto servidor.

Santos Guardiola".

El parte detallado de la acción de armas de Comayagua es como sigue:
"Comandancia General de la División Invieta.
—D. U. L.—

Comayagua junio 2 de 1845.

Señor Jefe de Sección encargado del Ministerio de la Guerra.

Dando a Ud. el parte circunstanciado que le ofrecí en mi anterior, digo: que el enemigo dejo verse ayer tarde en la loma de Jeto, y en la de San Blas, en número de mil cuatrocientos hombres, más bien más que menos. Que amaneció hoy en sus mismas posiciones. Que a las siete de la mañana de este día comenzó hacer distintos movimientos. Que a las nueve remitió Cabañas con un soldado, el oficio que original le acompaño. Que del momento le di la contestación de que le adjunto copia fiel. Que poco después de haberlo recibido se movió sobre esta capital por distintas direcciones. Que antes de las doce chocaban con una partida de cuarenta hombres que mandé se situase en el convento de Mercedes. Que internada dicha partida a la plaza, atacaron por la calle del Benemérito General Ferrera y por la de San Juan de Dios, y que en seguida hicieron lo mismo hacia las restantes direcciones de esta propia plaza que aún no habían tocado. Los fuegos que rompió, señor, eran tan vivos cuanto semejantes a los de una carga cerrada. Les permití se posesionaran de varias casas contiguas a las trincheras como las de los señores Capitán Fernando Cevallos, José María Arriaga y Francisco Cruz. Pero cuando se hallaban en tales situaciones, hice que saliesen columnas por la derecha, izquierda y centro; más, como observara que estos fuegos estaban a cuál más tenaces, salí mandando en persona la sección de volteadores.

Más allá del citado convento de Mercedes se incorporaron conmigo, dos de las columnas referidas, con cuyas fuerzas y la de mis valientes volteadores acometí sobre la reserva enemiga que estaba situada en San Sebastián, en número superior a la mía, donde tenían colocada una pieza de artillería.

Esta, los infantes y aun los de caballería me batían obstinadamente; pero los hice resistir, y luego huyeron tan despavoridos como los agresores injustos dejando a mi tropa llena de gloria inmarcesible y por trofeos de aquesta victoria memorable, mucha correspondencia oficial y privada, a cual más interesante; quinientos cincuenta y ocho fusiles útiles, doce cajones de parques, dos barriles de pólvora en grano, una pieza de artillería, doscientas balas de ésta, y dos cajones de metralla, una bandera nacional, una caja de guerra, cuatrocientas veinte cartucheras, cincuenta lanzas, ocho pares de grillos, seis de esposas, cantidad considerable de bestias, treinta reatas y otros útiles que omito nominar, y más trescientos cincuenta muertos entre los que se encuentran jefes y oficiales.

De nuestra parte hubo pocas pérdidas, pero muy sensibles, pues mataron los facciosos nueve individuos de tropa y al valiente patriota Juan Bones e hicieron cuarenta heridos contando con dos oficiales.

Por cuanto toca a los jefes, oficiales y tropa que tengo el honor de mandar, todos han peleado de una manera digna de la consideración del Supremo Gobierno y lo comunico a usted para que se sirva elevarlo a su alto conocimiento, esperando que admita mis afectos.

Santos Guardiola".

Como se ve, la batalla fue decisiva y sangrienta, pues el "Descubridor", periódico de aquella época dice: "que los cadáveres que se han recogido y entregado a las llamas en el interior y arrabales de esta capital, según las listas de los alcaldes auxiliares, llegan casi a cuatrocientos; pero por los datos que se tienen de los que han quedado por los montes y caminos, sube el número, cuando no a quinientos, a muy poco menos. Las armas tomadas al enemigo, no puede calcularse exactamente cuántas hayan sido, pues se encuentran por todas partes, sin contar con las que se han quitado en los pueblos a los derrotados, pero se cree que han pasado de 600".

En el fragor de la pelea Guardiola no pudo contener la furia de sus soldados, que ciegos de coraje arremetieron contra sus enemigos.

Al finalizar el año de 1851, se practicaron elecciones de Presidente de Honduras para sustituir al doctor don Juan Lindo, y no habiendo resultado ningún ciudadano con mayoría absoluta, la

Asamblea General del Estado, reunida en Comayagua por recomendación del expresado Lindo, procedió a la elección del General José Trinidad Cabañas.

Este se encontraba en San Miguel, República de El Salvador, y una comisión de diputados fue a notificarle que había resultado electo Presidente de la República y a conducirlo a Comayagua para que prestara la promesa de ley y diera principio a las labores del Poder Ejecutivo. Tres años seis meses duró la administración del referido General Cabañas, y aunque sus propósitos eran favorables a Honduras, casi no pudo realizarlos a causa del continuo estado de guerra en que se mantuvo la República.

Como no era intolerante, nombró como Ministro de Relaciones al sacerdote Ramón Mejía y trabajó porque llegara al Obispado el doctor Hipólito Casiano Flores, a quien prodigó toda clase de atenciones oficiales.

El General Rafael Carrera no simpatizaba con Cabañas por la razón de tendencias políticas y esta antipatía se acrecentó con el empeño que puso el General Cabañas en hacer efectivo el convenio Unionista de Chinandega, trasladándose a Tegucigalpa, para organizar la Asamblea Constituyente que debía decretar el estatuto provisional.

Carrera principió por enviar un ejército al valle de Copán, a pretexto de perseguir facciosos, y para ganar tiempo propuso la reunión de representantes para pactar la paz, ya señalando Esquipulas u otros lugares a donde nunca llegaron los delegados. Cabañas, que se preparaba, por su parte, invadió el territorio de Guatemala y llegó a Esquipulas, en donde se firmó un convenio de paz y se estipuló la libertad de los hondureños presos, respetar ambos gobiernos sus fronteras, reconcentración de los emigrados guatemaltecos y pago de daños que hubieran causado las tropas de Guatemala. A pesar de esto la lucha continuó.

Carrera quería a todo trance la caída de Cabañas de la Presidencia de Honduras. Los gobernantes de Guatemala siempre han querido ejercer dominio sobre Honduras, considerándola como nación débil. Este dominio a través del tiempo y favorecido por las ambiciones de algunos malos hondureños que han querido a todo trance la Presidencia del país, ha traído consigo numerosos males entre los que podemos señalar la pérdida de nuestro territorio nacional.

Entre las incursiones que siguió haciendo el ejército guatemalteco contra Cabañas, aparece la encabezada por el Gral. Vicente Cerna, acompañado del Gral. Santos Guardiola, candidato del gobierno guatemalteco a la Presidencia de Honduras y que llegó hasta Ocotepeque. Parece que el propósito era pulsar la opinión de los hondureños, pero que fracasaron porque hubo pocos levantamientos como el de Tegucigalpa y Olancho.

La Cámara Legislativa reunida bajo el control de Cabañas, declaró traidor a Guardiola por venir con tropas extrañas, olvidando que así había venido a Honduras capitaneando fuerzas salvadoreñas el General Cabañas.

Indudablemente que hay que condenar la conducta de Guardiola que, ha sido seguida por otros malos hondureños que han cometido con eso el delito de lesa patria.

Guardiola hizo mal en aceptar el auxilio de fuerzas extrañas; pero hay que admitir que tuvo varios atenuantes. Él se había expatriado, al parecer voluntariamente, por el convenio de Pespire, pero que se había convertido en un destierro forzoso e ilimitado.

Guardiola estaba padeciendo de las torturas de la nostalgia. Amaba con entrañable amor a su patria, a su esposa que era una guapa mujer, y a sus tiernos hijos y había implorado varias veces permiso para regresar a Honduras, habiéndole sido negado. A pesar de los roces que militarmente había tenido con Cabañas, no lo aborrecía, y fue uno de los primeros en felicitarlo cuando llegó al poder. Le solicitó en seguida licencia para volver a Honduras, pero, aunque Cabañas se la hubiera concedido de buena voluntad parece que encontró oposición en los partidarios del Doctor Lindo que aun ejercían positiva influencia en el Gobierno. Parece que Cabañas prometió a Guardiola conseguir el permiso solicitado, proponiéndole antes cambiar el destierro por su confinamiento en el puerto de Amapala. Nunca le permitió regresar a Honduras y, a este respecto, don José Antonio Vijil dice lo siguiente:

"Con la unión de Centroamérica se fusionarán en una sola entidad Guatemala, El Salvador, Honduras, Nicaragua y Costa Rica, y sin embargo se censuró que tropas guatemaltecas al mando de Justo Milla vinieran a someter a los hondureños que sostenían a su Jefe legítimo Dionisio de Herrera. Sólo después de que fue rota, desgraciadamente, la Federación, siguieron las fronteras, se consideraron los Estados como independientes, y respetando el derecho público sus Gobiernos

123

y pueblos no pueden intervenir en los asuntos privados de los otros. No es, pues, lícito ni legal que los caudillos se apoderen del poder con la influencia de otros que se consideran extraños".

Cabañas cayó del poder, vencido en Masaguara por las tropas de Guatemala, que el Gobierno de aquel país puso bajo el mando del General hondureño Juan López.

Vencido Cabañas se retiró a El Salvador de donde partió para Nicaragua con el objeto de solicitar auxilios para recobrar el mando.

Walker, que se encontraba allá, hace malas referencias de Cabañas y Guardiola. (Véase guerra de Nicaragua por el General William Walker).

GUARDIOLA Y MONTÚFAR

Aunque Montúfar ha sido considerado como hombre de talento y de cerebro fuerte, ha caído muchas veces en inexactitudes históricas, cegado por la pasión partidarista que convierte al hombre en verdadero sectario.

Montúfar se ocupa de desprestigiar a Guardiola, poniéndolo en ridículo. Afirma sarcásticamente que este General que tenía fama de audaz y valeroso, ejecutó muchos actos que desmentían aquellos conceptos. Por ese tiempo llegó a Guatemala don Dionisio Chamorro, representante del Partido Legitimista nicaragüense, que contrató con Pedro Alvarado el fletamiento de un buque para el servicio de su partido.

Se encontraba en aquella ciudad el General Guardiola, quien de acuerdo con Chamorro y el General Carrera resolvió poner su espada a la orden de la agrupación legitimista nicaragüense.

Carrera, enemigo del partido democrático de aquel país facilitó a Guardiola armas, pertrechos y dinero para la campaña.

Pues bien, afirma Montúfar que Guardiola tenía miedo de que Pedro Alvarado le entregara a los demócratas y hubo momentos en que se disponía a no ir a bordo; pero esta afirmación no era racional porque no había demócratas a bordo del buque. Además, Guardiola iba armado en compañía de don Dionisio Chamorro que era el fletador del buque, y por consiguiente, éste estaba absolutamente bajo sus órdenes.

Al llegar a San Juan del Sur, creyó que el hecho de anclar el barco en ese lugar, era una traición. Afirma también el referido Montúfar que Guardiola se mareaba terriblemente con el movimiento de las olas, y que el rugido del mar, y el estallido de los meteoros eléctricos lo llenaban de pánico y lo hacían temer, instintivamente, un próximo naufragio.

Hemos conocido hombres muy valerosos que temen mucho a los movimientos provocados por un simple sismo.

La afirmación infamante y burla que hace Montúfar de Guardiola, llamándolo el hombre más funesto y que más horror inspiraba en la América Central, prueban hasta la evidencia el odio cafre que aquél sentía por su adversario político. Los hombres que se entregan a esta censurable pasión chapotean en el lodazal de los prejuicios que inspira el partidarismo nauseabundo y asqueroso.

Montúfar llamaba serviles a los conservadores, sin fijarse que en Centro-América hay muchos hombres sin dignidad ni carácter firme, cualquiera que sea su opinión política. En Honduras por ejemplo son muy pocos relativamente los serviles.

LLEGADA DE GUARDIOLA A NICARAGUA, DERROTAS DEL SAUCE Y LA VIRGEN, Y RETIRO DEL CAUDILLO HONDUREÑO A LAS SEGOVIAS

Guardiola terminó su viaje a Nicaragua, desembarcando en San Juan del Sur y dirigiéndose en seguida a Granada en donde se incorporó en el partido legitimista. Este lo puso al frente de 300 hombres bien equipados y municionados para ir a combatir a los demócratas.

Al saberlo el General Muñoz se preparó para impedir el paso de las tropas de Guardiola, que mediante reclutas, se había elevado al número de 600 hombres; Muñoz por su parte también tenía un contingente numérico de 600 soldados bien armados con los que se situó en la hacienda del Portillo a tres leguas hacia el norte del Sauce. Guardiola por su parte se situó en Condega en el departamento de León. Se trabó el combate en el pueblo del Sauce al medio día del 18 de Agosto.

En el primer empuje, Guardiola perdió un atrincheramiento y una pieza de artillería que no pudo recuperar. Desde ese momento, según Jerónimo Pérez, el combate continuó reñido y con ventajas para las fuerzas de Guardiola, las cuales se mantuvieron encerradas en un

125

cuadro hasta las cinco de la tarde, hora en que comenzaron a retirarse los legitimistas, cediendo el campo a los demócratas.

Los legitimistas perdieron al capitán Toribio Valle, a cinco oficiales y a un número considerable de soldados.

Los demócratos perdieron sólo a tres oficiales.

Terminado el combate y cuando el triunfo coronaba a los demócratas, el General Muñoz recibió una herida en el costado. Fue tan grave que murió poco después.

Pérez atribuye como asesinato la muerte de Muñoz por un soldado traidor. Dicen que murió Muñoz cuando el triunfo estaba casi en favor de la democracia.

DERROTA DE LA VIRGEN

Guardiola derrotado en el Sauce se dirigió precipitadamente a Granada a donde entró acompañado de un solo hombre.

Esto, más bien que verdad, aparece como una exageración andaluza. Guardiola pudo figurar ventajosamente en Tartarín de Tarascón, de Daudet, tales son las exageraciones y falsedades en que incurren sus detractores. Es un absurdo afirmar que Guardiola llegó a Granada con un solo hombre.

Guardiola encontró una oportunidad de abrir un nuevo combate para recobrar el crédito de valiente y experimentado que en el Sauce había perdido. Salió de Granada al frente de 200 hombres escogidos, pero el triunfo lo obtuvo Walker.

Las causas que contribuyeron principalmente a ese triunfo, fueron la topografía del terreno, el cuerpo de rifleros adiestrados de que disponía Walker, el auxilio oportuno que prestó a la falange José María Valle (Chelón), los ranchos y viviendas que habían en las cercanías del lago.

Las causas que contribuyeron principalmente a la derrota de Guardiola fueron: la primera que el caudillo hondureño, peleó con tropas desconocidas en ausencia de sus afamados pericos Segundo: la falta de conocimientos del terreno en que actuó, y Tercero: que la tropa nicaragüense iba completamente borracha al grado que, según dice don Jerónimo Pérez, al día siguiente se encontraban algunas damajuanas con restos del licor que habían apurado.

Guardiola fue enviado a Nicaragua por creérsele invencible. La huida del Sauce y de la Virgen mortificó mucho a los enemigos de Cabañas; ellos se esforzaron por disculpar al Gral. Guardiola. Estas noticias que cundieron por todas partes, produjeron un verdadero disgusto en Granada y la situación de Guardiola se hizo más difícil en Nicaragua. Guardiola disgustado por sus derrotas entregó el mando a Ponciano Corral y se dispuso para internarse a las Segovias, en donde vivió tranquilo por algún tiempo, esperando sólo las oportunidades que se le presentaran para hacer la guerra al General Cabañas, oportunidades que se ofrecieron en la acción de Masaguara.

Esto no se toma en cuenta.

Walker en su libro "La Guerra en Nicaragua", escrito con motivo de la caída de Cabañas, se expresa muy mal de éste y del General Guardiola, dando a entender con ello un mal disimulado encono político contra los caudillos hondureños, lo que nos parece reprobable.

GUARDIOLA Y EL CHELÓN

Por los años de 1846, 47 y 54 hubo guerra anárquica en Nicaragua, por varios caudillos populares entre los que se encontraban Bernabé Somoza, Siete Pañuelos, y José María Valle, El Chelón, siendo este último el principal de estos caudillos que desempeñaba a la sazón la suprefactura de Chinandega; según un historiador nicaragüense no perseguían el Poder sino el triunfo de un partido. Su dinamicidad fue asombrosa, llegando hasta San Miguel, pueblo de El Salvador, este último país se vio en la precisa necesidad de pedir auxilio al Gobierno de Honduras para extirpar las demasías de El Chelón. Guardiola fue el encargado de ir a Nicaragua a sofocar la anarquía que dio fin prontamente por medio de la tropa especial que comandaba.

La personalidad del Chelón y su obra está contenida en la siguiente composición en verso:

Se van los Pericos

Se van los pericos   Y será la bruta
se van para León   con esos pericos
a traer la cabeza   pues pobres y ricos
del indio Chelón   pagarán el pato.

Se van los pericos	Tendremos mal rato
se van a pelear	por culpas ajenas
que deben triunfar	din deber ni j.
Vendrán bayonetas	Se van los pericos
muy bien afiladas	se van para León
y también espadas	a dar feliz término
que sabrán cortar	a la rebelión.

DECRETOS

SOBRE LA CONDUCTA DEL GENERAL GUARDIOLA

1º -En que se le declara traidor a la Patria y se le priva del ejercicio de sus derechos.

2º -En que se rehabilita al expresado señor Guardiola, absolviéndolo de los cargos del anterior decreto. Con motivo de las incursiones militares que hizo el General Guardiola, por las fronteras de Honduras y Guatemala para derrocar al General Cabañas del Poder Ejecutivo de Honduras, se dictó un decreto en que se declara traidor a la Patria al referido General Guardiola y a los que le prestaron su cooperación, destituyéndolos de los títulos y honores que les habían sido conferidos por el Gobierno.

Años más tarde, la expresada Cámara Legislativa, rehabilitó al expresado General y a los que le prestaron su cooperación, y emitió el siguiente decreto:

Artículo 1º -Se restablece al Benemérito de la Patria General don Santos Guardiola, en el goce de todos sus derechos y en el uso de sus títulos y honores con que la Patria le condecorara anteriormente por sus relevantes servicios.

Art. 2º -La gracia de que hace referencia el artículo anterior, es extensiva a todos los que acompañaban a dicho General en aquella época.

Art. 3º -Por el presente queda derogado el decreto del 26 de Abril de 1854. Pase al Senado. - Dado en Comayagua, en el Salón de Sesiones de la Cámara de Diputados, a los 22 días de Diciembre de 1855. —F. Estrada, D. P. —J. M. Rojas, D. S. -Al Poder Ejecutivo, Comayagua, Diciembre 26 de 1855.

F. Estrada, D. P. —Vásquez, D. S.-J. M. Rojas, D. S. —A Poder Ejecutivo, Comayagua, Diciembre 26 de 1855.

Mariano. Valle, S. P.- Pedro Carrasco, s. S.- Por tanto: Ejecútese. Lo tendrá entendido el Señor Ministro General don José Meza. Y lo comunico a Ud. para que lo haga publicar y circular en los pueblos que le corresponden, esperando me dé aviso de su recibo y que admita mi aprecio. —D. U. L.

Meza.

CAPÍTULO VIII: ELECTO PRESIDENTE

Vencido el General Cabañas en Masaguara, departamento de Intibucá, por la guerra que hizo Guatemala al Soldado Ilustre de la Patria, por medio del General hondureño Juan López, éste se trasladó a Comayagua (la vieja capital) para dar una nueva organización al personal del Ejecutivo. Se sucedieron interinamente en el Poder Público, don José Santiago Buezo, del 18 de octubre al 8 de noviembre de 1855, en su condición de Vicepresidente, y don Francisco Aguilar, del 8 de noviembre citado hasta el 17 de febrero de 1856. Convocados los pueblos a elecciones de Presidente de la República, para el período de 1856, practicó el escrutinio de votos el 14 de dicho mes; y no resultando electo ningún ciudadano por mayoría absoluta, procedió de conformidad con el artículo 38 de la Ley fundamental, la del 4 de febrero de 1848, a la elección de Presidente de la República, entre los candidatos que obtuvieron mayor número de sufragios y resultaron electos en aquella fecha el General don SANTOS GUARDIOLA, para Presidente y don José María Lazo, para Vicepresidente. Después de un largo ostracismo de cinco años, y de no ver a su apreciable familia, el General Guardiola, dejando su retiro en la Segovia regresó a Honduras en compañía de varios amigos, entre los que se encontraban Pedro y Florencio Xatruch.

Llegó a Tegucigalpa el 12 de febrero de 1856.

He aquí la crónica de ese recibimiento, que prueba los grandes prestigios del caudillo hondureño. Entrada triunfal del General Guardiola El día doce del corriente ingresó a esta capital el Benemérito General señor Santos Guardiola, después de dos años de una penosa campaña y de mil sufrimientos fuera de los peligros que ha arrostrado para salvar a su patria y mantener ilesos los derechos del pueblo. El vecindario de esta capital no obstante su sencillez y peculiar carácter tranquilo ha dado en este día a dicho General un testimonio inequívoco de su amor y gratitud. Se puede asegurar que pocas o ninguna vez ha visto con tanto entusiasmo la entrada de un héroe, tres días antes de este suceso todo se preparaba para una lúcida y grata recepción, llegada la hora era general el gozo en todas las clases y categorías de la sociedad, un gentío muy considerable se apostó en la entrada de la ciudad disputándose a porfía el primer paso para saludar a su libertador.

Cuando éste se presentó en el arrabal acompañado del Señor Presidente de la República, de los señores representantes de la Cámara Legislativa y sus Ministros así del Gobierno como de la Suprema Corte y otras personas de distinción, fue anunciada su entrada por un solemne repique general de campanas, una salva de artillería y al son de músicas marciales y debajo de arcos de distintas estructuras y en que se veían varios montes y jeroglíficos alusivos al héroe, fue conducido con pomposo aparato hasta la habitación que se le tenía preparada, en cuyo local estaba dispuesto un banquete de que todos los convidados disfrutaron en obsequio del General Guardiola; después de haberse cantado himnos dedicados al objeto de la función.

El General Guardiola se ha hecho acreedor a la consideración pública, por sus relevantes servicios y estado que no desmentirá jamás su cualidad peculiar de ser grato y consecuente a sus fieles servidores. En seguida tomará posesión este distinguido ciudadano del Ministerio de Relaciones, con que el Gobierno y la Cámara lo han honrado a más de los honores particulares que le han decretado. LL. EE.

(Copiado del Redactor Oficial N° 15. Pág. 83, febrero 15 de 1856).

Después de haber sido recibido cordialmente el General Guardiola en Tegucigalpa, se trasladó a Comayagua para prestar ante la Cámara Legislativa el 17 de febrero de 1856, la promesa de ley. Esa fecha fue de gloria para Comayagua, antigua capital. Una hermosa galería de arcos triunfales se extendía desde la residencia del Presidente electo hasta la Casa de Gobierno. A una hora determinada se reunió el pueblo que manifestó sus sentimientos de alegría por medio de aclamaciones y vítores.

Los principales personajes del Gobierno y las personas distinguidas de la sociedad, vestidas de rigurosa etiqueta, seguían al Presidente Guardiola, quien al llegar al lugar a donde se dirigía prestó la promesa constitucional, leyó una significativa alocución que fue contestada por el Presidente de la Cámara. Terminado este acto la concurrencia fue obsequiada con un sabroso

Al día siguiente dieron principio los actos del nuevo Gobernante y que se registran en los mensajes pronunciados ante la Cámara Legislativa, en forma sinóptica. Uno de los primeros actos del Presidente, fue el pedido que hizo al extranjero de armas y municiones para combatir la osadía de los filibusteros.

Los enemigos de Guardiola propagaban la idea de que este Gobernante se había mostrado frío e indiferente ante la citada invasión extranjera, lo que era absolutamente falso.

MUERTE DEL OBISPO FLORES

El General Guardiola fue el blanco de los odios del llamado Partido Liberal.

Lo colmaron de calumnias y le achacaron toda clase de defectos hasta querer exhibirlo como un verdadero monstruo a la manera de Nerón y de Calígula en Roma.

No podían perdonar el hecho de que no pusiera su espada y su valor en defensa de dicho partido. Decía el Dr. Montúfar que de no haber pertenecido Guardiola al llamado partido Conservador, su nombre hubiera figurado en el calendario de los hombres más notables del liberalismo. Pero había defendido y sostenido vigorosamente en el poder público a Chávez y a Ferrera y eso había hecho antipático su nombre.

En la administración del General Cabañas fue nombrado Obispo de la Diócesis Hondureña, el Presbítero Hipólito Casiano Flores, que en aquella época ejercía el curato de San Antonio de Oriente, donde él nació y a donde una comisión oficial pasó a entregar al Señor Flores las Bulas de su nombramiento. El Señor Flores recibió con agasajo a los comisionados del General Cabañas y les obsequió un suculento almuerzo. El Nuevo Obispo pasó a la ciudad de Comayagua para su consagración y la iniciación de su Gobierno. En el mes de febrero de 1856, se hizo cargo de la Presidencia de la República el General Guardiola, quien gobernó al principio en armonía con el Señor Obispo Flores. Pero en el año de 1857; el Congreso Nacional dictó varios decretos que decía en relación a la Iglesia Católica Hondureña y eso trajo como consecuencia alguna fricción entre las potestades civil y eclesiástica. A este respecto el Ministro de Relaciones Exteriores de aquella época, Lic. don Francisco Medina, dijo en su memoria al congreso lo que sigue: Tengo el sentimiento de informaros que no se conserva por ahora la armonía que es de desearse con el Gobierno eclesiástico, a consecuencia de vuestras sabias disposiciones de 17 de febrero que no ha querido obedecer, no obstante las deferencias del Ejecutivo, que se vio en el caso de dirigir una circular a los jefes Políticos sobre ese asunto.

Vuestras atinadas disposiciones podrán tal vez cortar de raíz este sensible desacuerdo, el cual a pesar de haber sido fomentado por los enemigos del orden, no ha producido los resultados que ellos se prometieran".

Pero si bien se ve esta divergencia y resistencia de la autoridad eclesiástica en nada podían afectar las relaciones personales de los Señores Obispo y Presidente.

Son bien conocidas las faces que han venido presentando en su relaciones oficiales la iglesia y el estado.

Al principio existió la supremacía de la primera sobre el segundo; después se sostuvo la teoría de la "iglesia libre en el estado libre". La armonía del estado con la iglesia mediante concordatos y por último la separación de la iglesia con el Estado quien garantiza el libre ejercicio de la religión siempre que esta no se oponga a las leyes del País.

Guardiola, aunque era tachado de conservador, trató de mantener siempre la supremacía y prestigio del Gobierno del Listado, tratando de que se cumplieran las disposiciones legislativas, reglamentando las relaciones de los señores Curas con la autoridad Civil y poniendo coto a los abusos.

Esa conducta le trajo como consecuencia la horrible calumnia de haber mandado a envenenar al Ilustrísimo Señor Flores, sin fijarse que no podía llegar a ese extremo por un simple desacuerdo oficial.

Guardiola disponía de toda clase de superioridades y sobre todo tenía el poder de las armas en sus manos, no tenía necesidad de quitarse del Señor Flores cuya influencia religiosa no podía ocasionarle ningún mal.

La calumnia no podía ser más tonta ni más grosera. Unos decían que don Francisco Cruz se había introducido sigilosamente a la cocina del Palacio Episcopal y que en ausencia de la sirvienta había puesto en los frijoles una sustancia tóxica; otros decían que el que ejecutó ese acto fue don Manuel Fléury, en pollo guisado, y otros por fin, dijeron, que el papel en que había sido impreso el periódico oficial y que le había llegado como suscritor, había sido previamente envenenado etc., etc. Estas vacilaciones, contradicciones y detalles ridículos propios de imaginaciones calenturientas, de ciegos partidaristas, indican claramente que lo del veneno fue una verdadera superchería.

El Señor Obispo Flores y su familiar el Padre Valentín González, murieron de un ataque del cólera asiático, según certificado del sabio e imparcial Dr. Holland que los asistió en su terrible enfermedad.

El Padre Valentín, fue el primero en fallecer y el Señor Obispo Flores le administró los últimos sacramentos. También u atacada de la misma enfermedad una sirvienta que se salvó.

Lo del Cólera no fue un caso inusitado, el ejército que regresé de Nicaragua a donde fue a combatir al aventurero William Walker trajo la epidemia. Se presentaron algunos casos al pasar por Nacaome y en la ciudad de La Paz y en otros puntos del Valle de Comayagua hizo algunos estragos.

El mismo Señor Obispo Flores publicó una pastoral en que se refiere a la terrible epidemia y de ella tomamos el siguiente párrafos:

"Para curar Dios las dolencias de nuestras almas ha comenzado a herirnos con el azote de la justicia. Ya el Cólera Morbus se hace sentir en varios pueblos de nuestra Diócesis.

Esta terrible epidemia que ha hecho millares de víctimas en la República hermana Nicaragua que ha abierto en ella funestas brechas tan notables como de difícil reparación que lleva aun el luto y lágrimas en muchos grandes y pequeños pueblos, que parece destinada para la desolación y el exterminio, es la que ya nos visita, siguiendo el curso que los sabios decretos providenciales le han marcado para el justo castigo de nuestros pecados".

Cuando falleció el Señor Flores, el General Guardiola se encontraba de temporada en San Antonio de Oriente y aun ese hecho lo comentaron desfavorablemente los disidentes del Gobierno. El señor Lic. don Pedro Medal nos explicó la presencia satisfactoriamente del General Guardiola en aquel lugar. Nos decía que, residiendo su padre don Saturnino Medal, en aquel pueblo, convidó varias veces a Guardiola para ir a gozar de las dulzuras de aquel clima.

Que el General Guardiola se excusaba diciendo que le daba aprehensión de ir a la casa del Señor Obispo Flores, quien se mostraba contrariado por las disposiciones gubernativas, pero que, Don Saturnino, trató de convencerlo que no tuviera ningún cuidado porque él estaba alquilando la casa del Señor Obispo y podía llevar a ella todas las personas que quisieran. Y así fue como el General Guardiola se decidió a ir a aquel lugar y no de una manera intencionada como aseguraron sus enemigos políticos.

Los casos de muerte del Cólera se presentaron también en los pueblos del Distrito de Santa Bárbara, Comayagua, Goascobrán, La Paz, Intibucá, etc.

CONTRIBUCIÓN DE HONDURAS A LA GUERRA DE LOS FILIBUSTEROS, ACAUDILLADOS POR WILLIAM WALKER EN NICARAGUA

Proclamada la Independencia de la Capitanía General de Guatemala, que había estado bajo la dominación de España por cerca de trescientos años, las provincias que formaban dicha Capitanía se dedicaron a la difícil tarea de su organización a fin de entrar en ejercicio del Gobierno propio, para el cual, según el sabio José del Valle, no estaban preparadas. Para subsanar las dificultades que se presentaban, los patriotas escogieron como medida salvadora la unión de las provincias expresadas con el título de "Provincias Unidas del Centro de América", bajo un Gobierno Federal a imitación del de los Estados Unidos de Norte América. Esta federación que desgraciadamente tenía muchos enemigos y tropezaba con muchos obstáculos, fue disuelta en 1838 y desde entonces entraron los estados en una vida convulsiva ocasionada por el choque de las agrupaciones llamadas partidos políticos que, impulsados por la ambición de mando y la sed de riquezas, lucharon sin tregua y ferocidad. Esta lucha se aumentó por las divisiones locales extremadas, como sucedió en Nicaragua, que trajeron para ésta funestas consecuencias. De una parte liberales o democráticos cuya sede principal era León, y de otra los conservadores o legitimistas cuyo asiento era la ciudad de Granada.

Una revolución acaudillada por el General Máximo Jerez, que venció al ejército gobiernista en la hacienda de "El Pozo", obligó a Chamorro a retirarse a Granada a donde lo persiguieron los ejércitos revolucionarios que lucharon infructuosamente por derrocar al expresado Presidente Chamorro.

A influencias de los revolucionarios, la Municipalidad de León, eligió Presidente provisional de Nicaragua al Licenciado Francisco Castellón, quien de acuerdo con el General Jerez y otros hombres de gobierno que estaban convencidos de que eran impotentes para triunfar sobre sus enemigos, apelaron a introducir elementos extraños, y, al efecto, el expresado Castellón celebró un contrato con Mr. Byron

Cole, para la traída al país de doscientos norteamericanos que deberían prestar sus servicios durante la guerra, organizados con oficiales electos entre ellos mismos, pero sujetos inmediatamente al General en Jefe Democrático. Estos inmigrantes debían ser pagados con cierta cantidad de dinero mensualmente, y después del triunfo con una cantidad de acres de tierra a cada soldado, a más de otra parte mayor ofrecida a beneficio de Byron Cole, el cual regreso a California y ofreció el contrato a William Walker, aventurero que había acaudillado una expedición sobre el Estado de Sonora en México.

Walker, en consecuencia, organizó una falange armada de 58 hombres con los cuales se embarcó en el bergantín "Vesta" y arribó al puerto de Realejo de donde se dirigió a León para hacer efectivo el contrato. Hechos los arreglos necesarios convino con Castellón en organizar una fuerza armada que obraría sobre el Departamento de Rivas; pero habiendo fracasado en la empresa pensó en regresar a Estados Unidos, lo que no efectuó por ruegos reiterados de Castellón y pensó entonces en nuevas expediciones sobre el departamento del Sur.

Engrosaban la falange filibustera contingentes que llegaban de California por San Juan del Sur, y de New York y Nueva Orleans que desembarcaban en San Juan del Norte, y de allí los esfuerzos de Walker de apoderarse de la Compañía del Tránsito y de poder dominarla. Después de que Walker y su falange fracasó en su primera expedición contra Rivas, organizó otra en la cual logró tomar a Granada por sorpresa. Desde ese momento principió a desarrollarse una sangrienta inicua guerra entre los democráticos auxiliados por Walker contra los legitimistas.

Walker, desde su llegada al país, quedó encantado de su feracidad y del estudio que hizo de sus habitantes, creyó que ese país era propicio para el establecimiento de la esclavitud, la que decretó al adueñarse del poder.

No contento Walker con el mando militar que había conquistado, quiso obtener también el Poder Civil, en consecuencia influyó de un modo eficaz para que se convocara al pueblo por dos veces a elecciones de Presidente, resultando electo por fraudes en la última de estas elecciones. Tanto en su condición de Jefe militar como de Jefe Supremo, ejerció actos despóticos como el fusilamiento de varios Jefes militares, entre los que se puede contar al General Ponciano Corral, uno de los Jefes más importantes del bando legitimista.

Cuando los partidos nicaragüenses comprendieron las tendencias de Walker y del poder que había adquirido, trataron de fusionarse y de pedir auxilios a los otros países de Centro-América, los que efectivamente lograron obtener.

Los lugares que principalmente sirvieron como teatros de la guerra fueron: León, Masaya, Managua, Rivas, San Jacinto y Granada, la que incendió Henningsen por orden de Walker.

Los principales jefes militares de los democráticos fueron Mariano Méndez, Pedro Joaquín Chamorro, José María Valle (a) Chelón y Máximo Jerez, quien asegura el cronista Jerónimo Pérez, pronunció esta célebre frase: "Yo tengo la mancha de la introducción del filibusterismo; quiero lavarla si es posible con mi propia sangre".

Los principales caudillos de la falange, además de Walker, fueron: B. D. Fry, Hornsby, Davidson, Carlos F. Henningsen y Bruno von Natzmer.

El 18 de julio de 1856, los Gobiernos de Honduras, Guatemala y El Salvador, atendiendo al reclamo de los patriotas nicaragüenses, y en el propósito de defender la Independencia de Centro América, celebraron una convención por la cual se comprometían a unir sus fuerzas para llevar adelante la empresa de arrojar a los aventureros "yankis" que pretendían usurpar el poder público en Nicaragua. Entre otras cosas se estipuló el auxilio mutuo.

Los primeros contingentes armados que salieron para el teatro de la guerra fueron los guatemaltecos y salvadoreños. Los primeros al mando de don Mariano Paredes y don Víctor Zavala, y los segundos al mando de Ramón Belloso y Pedro Negrete que, pasando por el territorio de Honduras, penetraron en Nicaragua, dirigiéndose primeramente a León y de allí a Masaya en donde establecieron su cuartel general. El contingente hondureño en número de 600 hombres salió de Comayagua el 10 de Diciembre de 1856 para Nicaragua al mando del General Juan López, quien al llegar a Nacaome fue atacado de infección intestinal y no pudo seguir la marcha. Entonces el Gobierno dispuso mandar los primeros 300 hombres al mando de los hermanos Florencio y Pedro Xatruch, con el propósito de seguir enviando nuevos contingentes a medida que se organizaran. Como se ve, el ejército hondureño no era numeroso, pero como dice un cronista imparcial nicaragüense, don Jerónimo Pérez, estaba compuesto de soldados escogidos. En efecto, éstos casi en su totalidad son valerosos, disciplinados y sufridos. Cuando les toca ejecutar marchas forzadas les ha bastado llevar por todo alimento en sus salbeques maíz tostado (punches).

El General Florencio Xatruch era un militar valiente, serio y reflexivo, buen estratega y buen táctico. Los cuerpos de milicia hondureños pelearon siempre a la cabeza de sus jefes, en combinación con los ejércitos aliados y, por consiguiente, fueron solidarios con éstos en los triunfos y derrotas.

La victoria sobre Walker fue providencial porque los jefes aliados, celosos unos de otros, vivían divididos y en continuas rencillas que, de haber sido conocidas por el enemigo, hubieran dado un resultado desastroso. Para poder remediar esta grave situación, de común acuerdo convinieron en nombrar como Jefe provisional al General Florencio Xatruch, quien al hacerse cargo del mando obró con mucho tino y cordura y dictó disposiciones eficaces; pero como en esa elección hubo algunos disidentes, los gobiernos aliados, designaron definitivamente como Jefe a José Joaquín Mora, no por su pericia militar sino por agradecimiento a Costa Rica que indudablemente contribuyó con sus ejércitos, elementos bélicos y dinero al vencimiento del filibustero Walker.

Los ejércitos aliados de Guatemala, El Salvador y Honduras llegaron a contar más de 3.000 soldados y el de la falange a 2.200 poco más o menos, con las ventajas de sus rifleros y modernas piezas de artillería.

La lucha fue tremenda al grado de que Walker, sitiado en Rivas, debilitado por la deserción y reducido al extremo de carecer de alimentos para su tropa, se hubiera rendido incondicionalmente a los aliados, si no hubiera intervenido el Capitán de Fragata Carlos Enrique Davis, quien de acuerdo con los aliados celebró una capitulación que ponía fin a la guerra, retirándose Walker con los suyos a Estados Unidos por la vía de San Juan del Sur.

Este convenio fue objeto de crítica por no haberse celebrado directamente con el Jefe de los Ejércitos aliados y no haber obligado Davis a Walker, a que renunciara a nuevos intentos de conquista, lo que quizá habría evitado nuevas ocurrencias en ese sentido.

Terminada la campaña los ejércitos aliados regresaron al país de su procedencia. El General Florencio Xatruch y su tropa fueron espléndidamente recibidos en Comayagua. El General Guardiola con sus Ministros y altos empleados vinieron a encontrarlos a distancia, seguidos de numeroso pueblo que vivaban con entusiasmo delirante a los jefes y soldados que con denuedo habían peleado en Nicaragua. Después de un alegre Tedéum cantado en la Catedral, en acción de gracias al Ser Supremo, fueron finamente obsequiados. Lo único que hubo de lamentar fue el contagio del Cólera Morbus, terrible epidemia que trajeron de Nicaragua los soldados hondureños, con que contagiaron a algunos pueblos de varios departamentos de la República. En Comayagua, según certificación médica del Doctor Holland, fueron víctimas del flagelo el Ilustrísimo Señor Obispo Hipólito Casiano Flores y el clérigo familiar que lo asistía.

El Doctor Lorenzo Montúfar, inspirado por el odio ciego e implacable que tenía por el General Guardiola, a quien hubiera querido anonadar por ser una de las figuras militares con que contó el General Ferrera para sostén de su Gobierno, acusa al referido Guardiola haberse negado al principio a dar auxilio contra el filibustero Walker, lo que no es cierto, si se atiende a la mala voluntad que le tenía Walker, al hecho de haberse encontrado frente a frente como enemigos en la acción de "La Virgen' puerto lacustre de Nicaragua, y a la consideración de que triunfando el filibusterismo, una de sus primeras víctimas por su vecindad y carencia de recursos habría sido Honduras.

El Gral. Guardiola subió a la Presidencia de este país el 17 de febrero de 1856 y 26 días después, sabiendo que estaba amenazado el Estado de Nicaragua por los yankis, dispuso comprar 200 rifles con sus respectivas baleras y suficiente refuerzo de parque, de Norteamérica, que se pagarían por la Aduana de Omoa; y el 18 de julio del mismo año celebró una convención con los Gobiernos de Guatemala y El Salvador, por la cual se comprometían a unir sus fuerzas para llevar adelante la empresa de arrojar de Nicaragua a los aventureros "yankis", que pretendían usurpar el poder público de aquella República y amenazaban la independencia de los demás estados. En la misma convención se estipulaba la ayuda mutua entre los aliados, y, como el Presidente de Nicaragua don Patricio Rivas, había destituido del mando militar a Walker, declarándolo traidor y requiriendo además el apoyo de los Gobiernos contratantes, éstos reconocieron al expresado Sr. Rivas como Presidente provisional de Nicaragua y se comprometieron a auxiliarlo eficazmente. La lentitud con que se organizó el contingente militar de Honduras no fue culpa del General Guardiola. Acababa de pasar una larga y sangrienta guerra sostenida por el General Rafael Carrera contra el Presidente de

Honduras, General Trinidad Cabañas, para derrocarlo del poder y por consiguiente hubo grandes pérdidas de vidas y exhaustez del dinero, a tal grado que, al tomar posesión del poder el General Guardiola, éste se vió en el caso extremo de apelar a los pueblos para solicitarles un donativo voluntario con que poder sostener los servicios del Estado. En comprobación de lo dicho véase lo que dice a la letra el editorial de la Gaceta de Honduras, número 46, Comayagua, Abril 30 de 1856.

"Entre los Estados de Centro-América, Honduras es el que se halla en menos capacidad para ponerse en un pie de guerra. Los desaciertos de la pasada administración agotaron los recursos y produjeron una aversión universal a todo servicio militar. Persuadido el Gobierno de esta situación, prescindiría gustoso de entrar en lucha y se había propuesto a conservar la paz a todo trance para que los pueblos restaurasen sus fuerzas y reparasen sus pérdidas. Pero la crisis actual es de aquellas que imperiosamente demandan una resolución enérgica, y no es dable retardarla en vista del curso de los acontecimientos, de la decisión de la opinión pública y de la acción de los otros gobiernos a liados. Honduras está pronto a unir sus fuerzas a las de El Salvador y Guatemala, para auxiliar eficazmente a Costa Rica, para lanzar de Nicaragua los piratas que allí se han entronizado, y para librar a Centro América del peligro que amenaza su independencia y nacionalidad. El Gobierno tiene un verdadero placer al sentirse impulsado a la vía del honor y del deber por tan poderosos motivos y al no exigir a los pueblos sino aquellos sacrificios a que su buen sentido y patriotismo los ha hecho decidirse en estas críticas circunstancias.

Pero si el Gobierno se resuelve a obrar en vista de la imprescindible necesidad que la situación le impone, también está persuadido que la prontitud y energía son condiciones indispensables para el buen éxito. A nuestro juicio, creyendo que los favorecedores de la gavilla de bandidos que oprimen a Nicaragua, hayan sabido en los Estados sus primeras derrotas, no habrán dejado de alistarles refuerzos y de hacerlos venir a engrosar sus filas; de manera que Costa Rica, sin la simultánea cooperación de los otros Gobiernos, tendrá que combatir una hidra siempre renaciente. En los Estados Unidos pulula por todas partes una multitud de malvados, escoria de la especie humana, siempre listos a alistarse en esas arriesgadas e inicuas expediciones.

La acción de los Gobiernos de los Estados para ser eficaz debe ser pronta y enérgica. Sus ejércitos deben ir a sofocar el flibusterismo en Granada mismo, pues mientras esto no se verifique Centroamérica no puede contar con paz y seguridad".

No hubo, pues, desidia ni falta de voluntad de parte del Presidente General Guardiola, para auxiliar a Nicaragua como lo pretenden sus enemigos en la Leyenda Negra que contra él han forjado.

GUARDIOLA Y GERARDO BARRIOS

Barrios era natural de El Salvador, puesto que había nacido en la Villa de Sesori, en el departamento de San Miguel. Fue un militar distinguido que acompañó al General Morazán en sus expediciones, y, además, un hombre público que ocupó puestos importantes hasta llegar a la Presidencia de su país, usurpando el poder por medio de la traición y otras malas artes, según afirman algunos historiadores.

Guardiola fue también un militar distinguido que empleó su espada principalmente en defensa de los gobiernos de Ferrera y de Chávez, tenidos por conservadores y separatistas.

Los partidarios de Barrios lo elevan a incomparables alturas, mientras que sus enemigos lo denigran y empequeñecen.

Sin tomar en cuenta las exageraciones apasionadas y ateniéndonos a los hechos y circunstancias. históricas, podemos afirmar que Barrios era un hombre de temperamento impetuoso, intransigente, cultivador de odios y capaz de ejecutar acciones vituperables.

Guardiola y Barrios eran enemigos y esta afirmación la corroboran datos históricos. En una comunicación fechada en Goascorán en 21 de agosto de 1945, Guardiola dice al Ministro de Guerra de Honduras lo siguiente: Goascorán, agosto 24 de 1845. Guerra. Ayer tarde se aproximó al río de este pueblo una partida enemiga de doce montados y tiroteó al vigía que está en el paso de La Camorra, verificándolo impunemente porque ésta no tiene armas de fuego.

El hecho referido es un insulto directo a las armas de Honduras, como lo es también el que las masas de la facción de, Esparta anden por todas direcciones persiguiendo, robando y asesinando a los hijos de este Estado que llegan a encontrar, y aun a los salvadoreños adictos a nuestra causa. Si estos procedimientos obran el efecto de inflamar nuestros ánimos, tanto más cuanto se considera que son ejecutadas de

orden del Gobernador Gerardo Barrios. Este hombre tan avezado con el exterminio de sus semejantes y toda clase de excesos, aún no ha templado su sed con la sangre de las víctimas que en cumplimiento de
sus crueles mandatos sacrificaran los facciosos en estos días, cuyas acciones le he nominado en mi anterior. Este hombre, repito, autor de aquestas desgracias, podrá serlo al fin de otras mayores, si no se abstiene o le abstienen su perversidad, pues que con ella está provocando un rompimiento que he querido precaver en obsequio a la humanidad, y de la contestación que di al Gobierno de El Salvador el 14 del actual, anunciándole que contramarchaba de San Miguel, porque no dijese que mi permanencia en aquella ciudad obstaba al ajustamiento pacífico que él mismo me indicó había propuesto al de este Estado y al General Quijano el 7 del corriente. Si la regularidad que guardara es correspondida con las atrocidades que se perpetraron en súbditos hondureños y pacíficos salvadoreños por aquel desvirtuado funcionario. ¿Dónde están esos conatos por la paz que tanto blasona el Vicepresidente Guzmán? Yo percibo, señor Ministro, no tienen tales conatos, y que si los invocan es provocando una coyuntura favorable para dar un golpe aleve con sus armas; pero no lo conseguirá porque el Ejército Libertador vigila y sabrá escarmentar a quien ose tentarlo de cualquier manera. Sírvase elevarlo ante el conocimiento del señor Presidente y admitir etc., etc.,

S. Guardiola.

Barrios, a su vez, en el Manifiesto que dirigió a los pueblos de la República, con fecha 18 de diciembre de 1862, escribió lo que sigue:

"No hay uno solo que ignore que el Presidente de Honduras, don Santos Guardiola, fue hostil a la República de El Salvador desde que apareció en la escena política. Lo fue en 1845 siendo Presidente el Benemérito General don Joaquín E. Guzmán. Las llanuras de El Obrajuelo, en que fue batido el General Guardiola, son un monumento glorioso de la bravura de los salvadoreños. El General Guardiola; fue hostil al Presidente don Eugenio Aguilar, quien, con moderación de sus principios, pudo evitar un rompimiento a que constantemente era provocad. El General Guardiola fue hostil al Presidente don Doroteo Vasconcelos, el cual se vió precisado a mandar una división a Honduras bajo mis órdenes y a disposición del Presidente de aquella República, don Juan Lindo, la que venció a Guardiola obligándole abandonar el Estado y pedir protección al mismo señor Vasconcelos.

Cesó la hostilidad de Guardiola con su emigración, pero volvió al mando y la continuó conmigo. Los presidentes salvadoreños que dejo mencionados profesaron distintos principios. Los del señor Guzmán no eran los del señor Vasconcelos, y el señor Aguilar fue llamado al mando como un término medio entre aquellos dos. Así que el odio de Guardiola no era a personas ni por principios políticos, era ya odio contra el pueblo salvadoreño".

Aparentemente estos párrafos no son más que un tejido burdo de falsedades.

El General Guardiola dió muestras inequívocas de que nunca odió al pueblo salvadoreño. Y si en tiempos en que gobernaba el General don Joaquín E. Guzmán penetró en son de guerra al territorio de El Salvador, fue por orden de su Gobierno que lo envió allá como una represalia de haber venido a atacar a Comayagua al Presidente Coronado Chávez, el ejército salvadoreño, y como una maniobra obligada en favor del General Malespín. En cuanto al Obrajuelo hay mucha tela que cortar, sobre todo que en esa acción de armas figura la traición de un Barrios.

Cuando subieron al poder Aguilar y Vasconcelos, Guardiola no se dedicaba a guerrear, y era únicamente Secretario de Estado del Gobierno del Dr. Lindo, quien fue amigo y después aliado de este último gobernante. Cuando Guardiola se levantó en armas en Tegucigalpa en 1850, el Presidente Vasconcelos intervino enviando como comisionado para la solución pacífica del caso a don Victoriano Castellanos, y para emplear la fuerza en caso necesario al General Gerardo Barrios, al mando de una fuerza competente. Después del convenio de paz de Pespire, Guardiola, en lugar de elegir a Nicaragua o a Guatemala, en donde contaba con simpatías y prestigios, para retirarse, escogió la República de El Salvador, en donde vivió tranquilamente algunos años, terminando por acompañar al citado Vasconcelos en el desastre militar de La Arada. Parece, pues, que la mentira era el arma principal de Barrios, que algunas veces empleó con buen éxito, como cuando propaló la falsa noticia de que Malespín había sido derrotado en León. Para contar con el apoyo de Rafael Carrera, fue a visitarlo a su propia residencia, y no habiendo podido lograr lo que deseaba, se enemistó con el referido Carrera.

En cuanto a la hostilidad del General Gerardo Barrios con Guardiola, ya veremos adelante que fue motivada por los procederes del primero. El ideal de éste era el dominio de Centro América y así se explica que haya querido intervenir en la política de los países vecinos, llevando su maléfica influencia hasta el Estado de Costa Rica, contra el cual auxilió la invasión ocurrida en septiembre de 1860 y procurándole, a la vez, todos los males que estuvieron a su alcance.

El Dr. Rafael Reyes en su Historia de El Salvador, cuenta un suceso acaecido en esa República en la noche del 3 de marzo de 1858. La narración con pocas diferencias dice lo siguiente: "Las disidencias entre Barrios y el Presidente Santín del Castillo, habían causado alguna agitación en la República temíanse próximos trastornos. Santín, a quien por intrigas había querido retirar la Asamblea, había regresado a San Miguel, en este estado de cosas tuvo que ausentarse de la capital el General Barrios, aprovechando este hecho el partido de la oposición logró que en la referida noche estallase una insurrección en el cuartel de Santo Domingo (San Salvador). Los músicos de la Banda Militar, acaudillados por el cabo de la misma, se apoderaron del cuartel y de los almacenes de guerra. A los pronunciados debían unirse la Guardia de Casa-Mata, la guarnición de Santa Tecla y alguna gente de Cojutepeque. Tales auxilios no llegaron a tiempo, y el Comandante de la plaza, Coronel Eusebio Bracamonte, auxiliado del Coronel Santiago González, de patriotas del barrio del Calvario, San José y Concepción, de los serenos y de algunos soldados del cuartel que se hallaba en poder de los músicos, logró apoderarse de aquel lugar al amanecer del día siguiente, y restablecer el orden. Acentuose después la idea de que el movimiento militar había tenido por fin restablecer la autoridad de Miguel Santín del Castillo, y algunos de los que se hallaban en la conspiración emigraron a la República de Honduras".

Con este último motivo el Gobierno de San Salvador exigió al de Honduras la expulsión de dichos emigrados; pero éste se negó a hacerlo inmediatamente porque la Constitución Política de Honduras concedía el derecho de asilo, mientras que las personas que habían entrado al territorio no dieran muestras de querer penetrar a mano armada en el mismo, no se podía proceder contra ellos en la forma pedida.

La lucha de los disidentes no tardó en principiar y no obstante los esfuerzos del Gobierno de Honduras, partidas armadas entraban y salían del territorio. Parece que este Gobierno por dificultades económicas no podía sostener un ejército permanente en la frontera, y que el Gobierno de El Salvador, por su parte, era impotente para sofocar la rebelión. Habiendo transcurrido algún tiempo, el Gobierno de Honduras decidió comisionar a un Jefe Militar para concluir con aquella difícil, situación y, en efecto, dictó el acuerdo que sigue.

Habiendo transcurrido algún tiempo, y sin poder evitar aquella lucha infructuosa, el Gobierno dio al General José María Medina las instrucciones siguientes:

"Al Alcalde 19 de Santa Rosa. Instrucciones dadas al General José María Medina para obrar en el Distrito de Guarita, para donde se dirige en comisión:

1º- Teniendo datos oficiales de que el General Ciriaco Choto y otros jefes de nombradía se encuentran en el distrito de Guarita, a la cabeza de una fuerza armada, procedente de El Salvador, que intenta engrosarse para hacer una incursión al territorio dé donde proceden, se advocará a Ud. con dichos jefes, haciéndoles ver que el Supremo Gobierno de la República, no permite que en los pueblos de Honduras armen partidas de tropas con el objeto de hostilizar la administración de El Salvador del General D. Gerardo Barrios. Presidente de dicho país, así por el pensamiento de conservar la paz a todo trance, es la única mira, protegiéndolos o disimulando su permanencia en la frontera, bajo una actividad hostil, atraería por supuesto la desconfianza de aquel Gobierno y desaparecería todo vínculo de armonía y conciliación, por tanto, y consecuentes con lo dicho, les intimará Ud. severamente que depongan las armas que tengan en mano y cuanto elemento se encuentre en poder de ellos, obligándolos a que se concentren al interior del Estado, sin excusa ni pretexto.

2º- La fuerza que lo acompaña la dejará al mando del oficial que lleva, en un pueblo donde tenga la correspondiente seguridad, haciéndoles ver a los emigrados que el objeto de su misión está favorecido por la fuerza, y que hará uso de ella en caso de no ser atendido como corresponde, protestándoles que desde aquel momento hará ver a todas las autoridades fronteriza que las órdenes del Supremo Gobierno son desobedecidas por los mismos emigrados y que deben reputarles como personas que buscan el asilo para ponerse al abrigo de su persecución, sino como una fuerza rebelde que desconoce el sosiego público al cual se le debe negar todo auxilio.

3º- Si como no es de esperar llegue el evento de proceder contra dicha fuerza, tendrá presente que no podrá de ningún modo comprometer las armas del Gobierno si no estuviese seguro de obtener el mejor resultado, reuniendo previamente la fuerza de todo el distrito donde se encuentren dichos emigrados.

4° -Ante todas estas cosas, desde que llegue Ud. al pueblo de Tambla, dirá por medio de un expreso al Comandante de la fuerza que estaciona en Chalatenango, el objeto qué lo llama aquella frontera. Los deseos que existen por nuestra parte a fin de conservar la tranquilidad y lo más que crea Ud. Conducentes para acallar los reclamos e inculpaciones que por aquel Presidente pudieran hacerse al de esta República".

A pesar del cumplimiento de esas disposiciones, continuó el malestar y el General Barrios, creyendo que la culpa la tenía el Gobierno de Guardiola, le dirigió una nota llena de insultos y de amenazas, la que fue dirigida en circular por el Gobierno de Honduras a las municipalidades de esta República, las que llenas de indignación contestaron reprobando las injurias y diciendo que estarían listas para el caso de agresión.

El General Barrios apeló también al poder del General Catrera, con quien había intimado relaciones, al grado de que había ido a visitarlo a su propia residencia de Guatemala. Carrera hizo que el Ministerio de Relaciones Exteriores de su país, dirigiera al de Honduras, con fecha 9 de marzo de 1859, una nota en que le manifestaba que si el Gobierno de Honduras no podía por la distancia y otros motivos evitar que los emigrados salvadoreños siguieran inquietando a los pueblos fronterizos de El Salvador, el Presidente de Guatemala había resuelto intervenir, y al efecto había ordenado al Corregidor de Chiquimula vigilara a los referidos emigrados. El Gobierno de Honduras contestó: "Este Gobierno desea verdaderamente la conservación de la paz en todos los estados vecinos, y aunque tiene el sentimiento de que el de El Salvador la haya atribuido, lo contrario, ha querido, por ahora, no fijar especialmente su consideración sino en lo que se conduce a favorecer el orden y la tranquilidad entre aquella y esta República, como podría evidenciarse si fuera necesario. En tal concepto, no puede menos de serle grata la disposición en que se halla el Gobierno de V. S. por la conservación de la paz y el paso que ha dado en ordenar al Corregidor Comandante General de Chiquimula para que vigile sobre la conducta de los referidos emigrados y proceda en su caso a desarmarlos y capturarlos, porque todo lo halla muy conforme con los deseos que abriga y con los principios que ha observado y observa en este particular. Empero, convencido de la ilustración y mesura del Gobierno de V. S., el mío aguarda con sobrado fundamento, que al cumplir con la orden antedicha, el señor Corregidor Comandante sabrá considerar en todos sentidos a los pueblos de esta República, dando previo aviso al Jefe Político y Militar del Departamento de Gracias. Esta nota, permitiendo que un Jefe militar se introduzca en el territorio de Honduras, revela la funesta influencia que el Gobierno de Guatemala ha ejercido siempre sobre el de esta República, abusando de su debilidad y pobreza y la consecuencia también de tratados y compromisos contraídos anteriormente".

Los emigrados salvadoreños fueron concentrados y obligados a salir del país por el lado de Nicaragua, cuyo Gobierno dice al de Honduras, con fecha 29 de julio de 1859: "la multitud de emigrados del Salvador que de este Estado pasaron a aquella República, sus clamores contra la Administración del General Barrios, sus simpatías y conexiones con familias de esta República, producen opiniones y sentimientos que a su vez, y continuando el estado de violencias en El Salvador podrían hacer trascendental su malestar y producir la intranquilidad de que se aprovecharían nuestros enemigos comunes, los filibusteros".

A fin de dar termino a esta difícil y enojosa situación, el Gobierno de Guatemala propuso al de Honduras la celebración de un tratado por cuyo cumplimiento respondería. Al efecto, el General don Vicente Cerna, llegó a Comayagua el 30 de julio del mismo año, en donde celebró el expresado convenio con el represente del Gobierno de Honduras, de acuerdo con las siguientes instrucciones:

"1° —El Gobierno de Honduras, de acuerdo con el de la República de Guatemala, conviene en reconocer como legítimo el actual Gobierno de El Salvador por haberse establecido conforme a las bases de la Constitución de aquel país, guardará con él, así como con todas las de Centro América, una perfecta inteligencia para sostener el principio de legitimidad constitucional. 2° —Se condena toda tentativa que pueda dirigirse a trastornar todo el orden público de El Salvador y atacar las autoridades constituidas. 3° —Relegar a un olvido perpetuo todos los motivos de discordia que hayan ocurrido entre ambos Gobiernos.

4º —Como en virtud de las medidas que antes de ahora tomó el Gobierno de Honduras, los emigrados salvadoreños evacuaron el territorio, dictará prontas y enérgicas medidas para concentrar a los referidos emigrados que ingresen a la frontera y para reprimir toda tentativa de agresión de ellos contra el Gobierno de El Salvador.

5º El Gobierno de Guatemala se constituye garante de reciprocidad".

Las únicas veces que el General Gerardo Barrios se comunicó directamente con el General Guardiola, fueron las siguientes: una en que el General Barrios se refería a la captura y fusilación del filibustero William Walker, y manifestaba su gratitud a Inglaterra por haber contribuido eficazmente a esa captura, encarecía además la conveniencia de la unión de estos países para evitar nuevas invasiones de filibusteros.

La otra es una carta que el General Guardiola le dirigió de Tegucigalpa, con fecha 30 de noviembre de 1860, en que protesta por la idea de dividir el territorio de Honduras para unir los de Guatemala y formar así la República Guanaca, y que dice así:

Exmo. Señor don Gerardo Barrios, Capitán General de la República de El Salvador.

Tegucigalpa, noviembre 30 de 1860.

Muy señor mío:

Recibí la carta de V. E., , fechada el 17 del presente en la cual se sirve participarme la noticia de haber sido aprehendidos los señores General Lope y el Padre Terreros, que proyectaban una invasión contra esta República, según avisos anteriores de V. B. Supongo que a la fecha el expresado General habrá ya salido del territorio salvadoreño, en cumplimiento de las disposiciones de V. E., y que el Padre Terreros estará vigilado como corresponde. Reconozco en las providencias de V. E., relativas a esos trastornadores de la paz de Honduras, mucha justicia y discreción, y las estimaría como una garantía de la armonía que debe haber entre los dos países que nos ha cabido regir, sino fueran hostiles a Honduras, es probable que vengan a turbar la paz de que felizmente han estado disfrutando ambas Repúblicas.

V. E., según carta que he recibido de mi amigo el General Martínez, Presidente de Nicaragua, fechada el 3 del actual, intenta fraccionar a Honduras y ceder una parte a Guatemala, de cuyo plan hasta ahora comienzo a percibirme lo mismo que el Estado. Debo confesar a V. E. la sorpresa y sentimiento que ha causado la revelación de esa idea, de la cual van a surgir tal vez grandes desastres y desgracias, que una política más atinada de parte del Gobierno de V. E. puede sin duda evitar. Tengo hasta ahora la confianza de que V. E., pensando el asunto con la madurez y circunspección que demanda, cambiará la resolución de intentar contra la independencia de la República, de lo cual se escandalizara el mundo por mil motivos que a nadie se le ocultan. Llegado el lance desgraciado de la guerra, que me parece tan difícil, V. E. puede calcular cuanta sería la resistencia de un pueblo que lucharía por su nacionalidad y existencia. Siento escribir a V. E. sobre una especie de suyo desagradable; y espero que se servirá explicarse acerca de un asunto de que luego irá a ocuparse Centro América y el mundo todo. Soy de V. E., muy atento seguro servidor. —Q. B. S. M.

Santos Guardiola".

El General Gerardo Barrios, contestando la nota anterior, manifiesta al General Guardiola, que ha expulsado del territorio salvadoreño al General Lope y al padre Terreros, que intentaban invadir a Honduras; que su carta al General Chamorro era contestación a una excitativa que éste le había hecho para que tomara parte en un movimiento de nacionalidad y que la propuesta que él le hacía sobre formación dedos Estados, no era más que un proyecto que no implicaba ningún compromiso ni necesitaba de Ejércitos y balas; que él no quería dificultades con Honduras como lo probaba el hecho de haber dado orden que no se imprimiesen en papeles públicos contra el Gobierno de S. E., como los que vieron la luz pública con motivo de la Pastoral del Vicario de la Diócesis de Honduras; y concluía diciéndole en estilo semiburlesco: "Cálmese V.E, y calme a esas gentes de Honduras que ya tomaron la prensa para agredirme, y levantar el espíritu público contra el conquistador. —Véanse los hechos y júzguese de su lógica. Si yo deseara la conquista de Honduras, procuraría mover los elementos de anarquía, y en lugar de detener a Lope, lo hubiera auxiliado en sus dos tentativas contra la paz de esa República". Y termina diciendo en el mismo estilo: "Duerma tranquilo V. E. y que no le inquiete la suerte de Honduras, yo le garantizo su confianza con mi honor, pero sí tema mucho de no dejarse arrastrar de las malas inclinaciones nicaragüenses, porque es seguro que yo no me dejaré sacrificar impunemente, y sin pretender adivinar cual sería el resultado, bástame asegurar a V. E. que sería funesto".

En una hoja suelta dirigida a los compatriotas salvadoreños, impresa en la Tipografía Nacional de El Salvador y calzada por veintiuna firmas, entre las que aparecen las de personas distinguidas como Rafael Padilla Durán, Ciriaco Choto, Nicolás Estupinián y Francisco Dueñas, aparecen graves cargos contra el Gral. Gerardo Barrios, sobre todo acerca de los graves perjuicios que ocasionó a las Repúblicas de Costa Rica y Nicaragua y especialmente a la de Honduras.

En esta última se expresan los firmantes de la hoja suelta en la forma siguiente: "En Honduras gobernaba pacíficamente aquellos pueblos el señor General D. Santos Guardiola, pero el genio maléfico de Barrios le perseguía constantemente, porque era un aliado fiel de Guatemala y un óvice para el desarrollo de sus planes; y derrocarlo a todo trance fue el objeto de sus trabajos: unas veces quiso que Honduras desapareciera como cuerpo independiente, repartiendo su territorio: otras intentó invadirlo y siempre sopló el fuego de las facciones favoreciéndolas encubiertamente y se mantuvo en acecho, siempre con el mismo objeto. Al fin el General Guardiola fue asesinado. La opinión pública designa la mano que impulsó su muerte, y la opinión general rara vez se extravía. El desaparecimiento del General Guardiola fue explotado por Barrios obteniendo influencia en la nueva administración; sin embargo, con muy pocas excepciones, puede asegurarse que no cuenta con las simpatías de los hondureños".

El plan contra el Gobernante de Honduras era muy sencillo; en un pueblo minero de El Salvador vivía don Victoriano Castellanos, fanático partidario del General Gerardo Barrios y que se prestaría fácilmente a los proyectos y maniobras de dominación del referido General. Había que obtener un agente que mediante paga pudiera poner fin a la existencia del General Guardiola y esa gente fue encontrada en Pablo Agurcia, jefe de mucha del Gobernante hondureño y que estaba al frente de su Estado Mayor. Como entre los hondureños no era fácil conseguir ejecutores de un hecho abominable como el que se proyectaba, vendrían hombres perversos de El

Salvador a consumar el hecho como efectivamente sucedió. Al desaparecer el Genera Guardiola y para desorientar la opinión pública, se hizo una manifestación ostensible en la prensa oficial de San Salvador, reprobando el asesinato consumado en Comayagua, tanto para que no cundiera allá el mal ejemplo como para ocultar la procedencia del crimen, llegando el General Barrios hasta dar el pésame a la viuda del extinto. Aquí en Tegucigalpa, en cierta ocasión, ocurrió que un vecino de la próxima aldea de Soroguara vino a denunciar ante el Juez de Primera Instancia la muerte de otro vecino de la misma aldea. Una persona que acompañaba al Juez observó lentamente la fisonomía del denunciante y aconsejó que se le detuviera como sospechoso del asesinato. Se ordenó la detención y resultó efectivamente que el denunciante era el autor del crimen. Los propósitos se lograron, vino el señor Castellanos a Guarita, en donde tomó posesión del mando y dió un manifiesto pasando después a Comayagua a ejercerlo; todo con apoyo del General Barrios que no sólo logró quitar a Carrera un apoyo en Honduras sino conseguir un aliado contra él.

El apoyo del General Barrios era tan decisivo que ofreció al Señor Castellanos, en caso de encontrar dificultades, un ejército de 1.000 hombres.

La Presidencia del Señor Castellanos proporcionó al jefe salvadoreño una decisiva influencia, al grado que la Cámara Legislativa de Honduras, el 21 de mayo de 1862, decretó una medalla de oro en su honor.

Las afirmaciones que aquí hacemos son graves pero no gratuitas. Están fundadas en las tradiciones del pueblo hondureño, en los hechos ocurridos y en los documentos históricos encontrados en el "Diccionario Histórico Enciclopédico Miguel a García de la República de El Salvador", en donde pueden encontrarlos aquellos que duden de nuestras afirmaciones. La Historia imparcial y severa pondrá algún día en su lugar las afirmaciones definitivas que se hagan sobre estos hechos.

DOCUMENTO HISTORICO

Carta que el Excelentísimo Sr. Capitán General Presidente de la República de El Salvador, don Gerardo Barrios, dirigió a su Excelencia el Presidente de Honduras.

GERARDO BARRIOS
CAPITÁN GENERAL Y PRESIDENTE DE LA REPUBLICA DE EL SALVADOR

San Salvador, septiembre 22 de 1960.

Excelentísimo Señor Presidente de Honduras, General Don Santos Guardiola.

Muy Sr. Mío que aprecio:

El Gobierno de Guatemala por medio de un extraordinario violento, me ha dado la noticia de la captura de todos los filibusteros en la boca del Río Tinto, y que conducidos a Trujillo en el vapor ICARUS, serán pasados por las armas el día siete del corriente, Walker y el segundo en Jefe de la Expedición. Estas importantísimas noticias han sido dadas por el Coronel Godoy al Gobierno de Guatemala, las que se han insertado en nuestra Gaceta Oficial.

Ha sido terrible el desenlace de este drama para el Filibusterismo, que tendrá más cuidado para emprender campañas desesperadas.

Yo no encontraría expresiones propias para significar mi gratitud a las autoridades inglesas. Su cooperación eficaz contra Walker, ha economizado a Centro América, inmensos sacrificios.

A pesar del feliz término de las cosas, yo desearía que por espacio de dos meses cruzaran las aguas de la costa las goletas, porque en Norte América va a causar alboroto la muerte de Walker, y bien pudieran algunos fanáticos y especuladores que han gastado buenas sumas, aprovechar la irritación para emprender una nueva cruzada. Yo estaba en aquel país cuando llegó la noticia de que en Cuba habían sido fusilados el General López y muchos filibusteros, la exaltación era general, mucho sufrieron los españoles, y aseguro a V. E. que sólo faltó un caudillo y algunos buques para que se hubiese realizado una nueva expedición.

En estos términos he escrito al Gobierno de Guatemala.

Mucho deseo saber los detalles sobre la muerte de Walker; un bandido tan famoso, inspira curiosidad en sus últimos momentos.

Aunque interrumpidas nuestras relaciones con el Gobierno de Nicaragua, a causa de la acogida de aquella prensa a los escritos que contra mí han publicado ciertos filibusteros libertadores de El

153

Salvador, que residen allá, tuve una carta por el vapor del General Chamorro, que es amigo mío, y que ahora está encargado del Poder Ejecutivo, invitándome para la Unión Nacional de los Estados de Centro América, a fin de asegurar la común Independencia. Yo que me he quebrado tantas veces la cabeza queriendo hacer prevalecer esa idea, y que he escollado siempre en los intereses locales, di al General Chamorro una contestación presentándole un proyecto análogo que otra vez nació, en Nicaragua, y es éste, que en lugar de federarse los Estados para obtener un Gobierno débil como el antiguo Federal, se formen dos Repúblicas entre Guatemala y El Salvador, Honduras y Nicaragua, dejando a Costa Rica su modo de ser por la posición topográfica y la distancia. Si el proyecto es descabellado, no es mío, porque recuerdo que Nicaragua, después de la guerra contra los Filibusteros, mandó comisionados al Gobierno de Costa Rica, proponiéndole esa fusión para formar una sola República.

Por los años de 1834 o 35, El Salvador y Honduras quisieron formar un solo Estado, y este negocio se discutió en esta Legislatura, siendo yo Diputado, de modo que recordando estos hechos yo no he tenido embarazo en transmitir ahora la idea, tanto más que soy amigo de la concentración, y de los Gobiernos económicos y fuertes. Mi pensamiento excluye las tropas y los balazos. Si tal pudiera producir, siga la danza de soberanías que este es mejor que guerra civil. Ahora, si para realizar el proyecto es necesario que yo deje el mando en virtud de una nueva organización social, estoy pronto y decidido a hacerlo y con mucho gusto, bien entendido que no entro por arreglos nacionales que no den por resultado la centralización del Poder. Lo demás es impropio para nuestras circunstancias, y no caeré en los defectos anteriores, que pueden traer complicaciones al país que embaracen la marcha que se han trazado los Estados.

Podía proponer una sola República; pero no desconozco que se despertarían los antiguos celos contra Guatemala; lo que vendría a ser, una perturbación peligrosa; por eso hablo de dos Repúblicas, una guanaca y otra chapina, para que queden anonadadas las antiguas odiosidades. Su puesto vamos a entrar en cierta calma después del desenlace de la expedición de Walker, podíamos emplear ese tiempo en compactarnos para lo futuro, y no sólo estar prontos para conservar la integridad de nuestros territorios, sino para que se asegure la paz interior, bajo cuya única base puede prosperar el país.

Yo sé que como están ahora las Repúblicas de Centro América, están mal, porque no tienen medios de una existencia segura y digna; lo digo de una vez, son parodias de nación, y sus gobiernos son parodias.

Tengo derecho para decirlo porque soy al presente Jefe de un Estado, y he andado medio mundo, tanto por Europa como por América, y sé muy bien lo que es, Nación y Gobierno, por tanto creo que somos el ridículo personificado ante aquellos seres políticos que ocupan el Globo.

A Centro América no le faltan elementos para ser como algunos Estados alemanes, o poco menos que Bélgica y Holanda, que aunque de tercer o cuarto orden, en Europa tienen una representación proporcionada sin aparecer despreciables o insignificantes.

Mucho ha hecho la providencia divina por salvarnos de los filibusteros, siendo visibles los milagros; temo que la canse nuestra inercia, y que un día nos abandone y caigamos en el abismo.

Yo no levantaré la voz de nacionalidad, porque lo primero que se iba a decir era: "Ya Barrios quiere guerra". No, Señor, yo no quiero guerra, ni aun quiero que se diga que pienso en ella. Sea V. E., el Jefe de Nicaragua o el de Guatemala, y que levante el pendón de nacionalidad; inspirado por la experiencia y aleccionado por los hechos; yo no haré más que reconocer mi causa y suscribir a todo, hasta deponer el mando que ofrezco en obsequio de la Unión Nacional.

He creído de mi deber hablar a V. E. de estos pensamientos, por haberlos escrito al Jefe de Nicaragua, siempre con el fin de que reine la buena inteligencia por medio de la franqueza.

Deseo a V. E., completa salud, y en medio de ella le felicito por el triunfo adquirido por ese Gobierno, de haber encontrado Walker su sepulcro en el territorio de Honduras.

Soy de V. E. atento, afectísimo S.

S. Q B. S. M.

Gerardo Barrios

ISLAS DE LA BAHÍA

Inglaterra, madre de la piratería, cuya tendencia al expansionismo la ha llevado hasta querer adueñarse de todo el Orbe. Para imperar sobre él, trató de apoderarse a todo trance de las Islas del Golfo de Honduras, luchando primero contra España, en la época de su dominación en América, después contra el Gobierno Federal de Centro América y por último con el Gobierno de Honduras. Veamos, si no, lo ocurrido en los diversos períodos de la historia de las Islas a que nos vamos a referir.

Período Colonial

A principios de 1642 una partida de filibusteros se apoderó de Roatán y Guanaja, de donde fueron expulsados por el Gobierno de Guatemala, el Gobierno de La Habana y el Presidente de la Audiencia de Santo Domingo.

En 1796 Inglaterra ocupó las Islas, formando un establecimiento penal. Pero tan pronto como se tuvo noticia de la ocupación de estas Islas, el Capitán General de Guatemala dio orden al Intendente de Honduras para que rescatara dichas Islas, lo que realizó el 17 de Marzo de 1797.

El 28 de agosto de 1814, se ajustó un tratado entre España e Inglaterra y en el cual el Gobierno español quedaba en posesión de las Islas y el territorio Mosquito. Después de la Independencia del Gobierno español las Islas de la Bahía quedaron bajo la jurisdicción de Honduras; pero en mayo de 1830 el Superintendente de Belice irritado por no haberse accedido a una petición suya, para vengarse, tomó posesión de Roatán en nombre de la Corona Inglesa.

Pero como en aquella época los estados Centroamericano formaban la Federación, ésta dirigió al de Inglaterra una enérgica protesta, la cual fue atendida y las Islas se desocuparon.

Roto el Pacto Federal, Honduras como estado independiente ejerció su soberanía en aquellas comarcas, pero el Superintendente de Belice, que se proponía adueñarse de aquellas Islas con un fútil pretexto, obligó al Comandante de Roatán, Juan Bautista Laustalet, a que admitiera cierta clase de inmigrantes, pero se negó a ello por ser necesario el permiso del Gobierno de Honduras. El Superintendente Mc. Donal se dirigió en persona a Roatán y arrió la bandera hondureña, izando la inglesa; como al retirarse la autoridad inglesa la

156

hondureña volviese a ocupar la Isla, izaron de nuevo la bandera del país, arriando la inglesa.

Tal hecho costó a Laustalet la expulsión al puerto de Trujillo, limitándose Honduras a protestar.

La reocupación de Roatán en 1839 por los Ingleses, dio lugar a que se firmara un tratado entre el Estado de los Altos y El Salvador, en el que se estipuló "que no se admitiría ninguna mercancía inglesa en el comercio de los Estados pactantes mientras el Gobierno Inglés no devolviese la Isla de Roatán a Centro América". El Cónsul Mr. Federico Chatfield prevalido del poder inglés quiso exigir la derogación de dicho convenio, sin conseguirlo.

Posteriormente, la reocupación de las Islas de la Bahía, el protectorado de los indios mosquitos y otros abusos cometidos por el Gobierno Británico y su Cónsul Chattield, dieron por resultado el tratado Clayton-Bulwer, celebrado en Washington el 19 de abril de 1850 en el que se estipulo: "Ni los Estados Unidos ni la Gran Bretaña podrán ocupar, fortificar, colonizar ni ejercer dominio sobre parte alguna de Centro América, ni hacer uso de protectorado de ninguna clase", pero a pesar de lo terminante de este tratado, el 11 de Julio de 1852, el Superintendente de Belice declara: "que S. M. B. se había dignado constituir una colonia, de Roatán, Bonaca, Utila, Barbareta, Elena y Morat, designada con el nombre de "Colonia de las Islas de la Bahía".

La organización de aquella colonia contra lo dispuesto en el tratado Clayton Bulwer, llamó la atención del Congreso de los Estados Unidos, y después de conocer oficialmente el asunto el Senado declaró: "que las Islas de la Bahía eran de Honduras y que su ocupación por la Gran Bretaña constituía una violación del mismo tratado. Comprendiendo entonces el Gobierno Británico la gravedad de tan injustificable procedimiento, y la amenaza que envolvía un hecho que podía comprometerlo en serias cuestiones, especialmente con los Estados Unidos, comisionó a Mr. Carlos Lennox Wyke en calidad de Enviado Extraordinario y Ministro Plenipotenciario, para arreglar con el Gobierno de Honduras el asunto de las Islas de la Bahía y protectorado de La Mosquitia. El Plenipotenciario Wyke, llegó a Comayagua, capital de la República de Honduras, y presentó al Gobierno sus credenciales. Verificada la recepción del Plenipotenciario Inglés, el Presidente General don Santos Guardiola, nombró por su parte para firmar el convenio, al Canónigo don

Florencio Estrada, quien en su condición de Sacerdote del culto católico, encontró inaceptable la libertad de cultos que se trataba dar a los isleños, renunció su nombramiento que fue conferido entonces a don Francisco Cruz, que cumplió su cometido, quien firmó con el representante inglés el tratado de 29 de noviembre de 1859, cuyo primer artículo dice así: "Considerada la posición peculiar geográfica de Honduras y en orden a asegurar la neutralidad de las islas adyacentes, con referencia al ferrocarril u otras líneas de comunicación que pueda construirse a través del territorio de Honduras, en la tierra firme, S. M. B. conviene en reconocer las Islas de Roatán, Guanaja, Elena, Utila, Barbareta y Morat, conocidas como Islas de la Bahía de Honduras, como una parte de la República de Honduras".

Ratificado y canjeado el anterior convenio, el Poder Ejecutivo de Honduras expidió un decreto con fecha 22 de abril de 1861, en que declara que las Islas de la Bahía y territorio mosquito, en la parte de Honduras, queda de hoy para siempre, bajo el dominio y soberanía de la República; que los habitantes de dichas islas quedan sujetos al Gobierno del Estado, y como súbditos serán eficazmente protegidos en sus personas, propiedades y derechos. Se faculta al señor Comandante del puerto de Trujillo, Licenciado don Rafael Padilla Durán y al señor don Francisco Cruz, para que, a nombre del Gobierno, tomen posesión de los indicados territorios, y establezcan en sus diversos ramos, el régimen que juzguen más conforme a las necesidades e intereses de aquellos habitantes.

En consecuencia las autoridades civiles, militares y de hacienda del Departamento de Yoro, auxiliarán puntualmente a dichos señores en todo lo relativo al desempeño de su misión. Dos días después, el Señor Presidente de la República Gral. Santos Guardiola, dirigió a los Isleños la siguiente proclama:

"Santos Guardiola, Capitán General y Presidente de la República de Honduras, a los habitantes de las Islas de la Bahía.

Las islas que habitáis han sido restituidas a Honduras, su legítimo dueño, como ya sabéis, por medio de un tratado con la Gran Bretaña; y estando ahora la República para asumir sobre ellas su soberanía, me corresponde a mí, como Supremo Magistrado de la Nación, el expresaros las seguridades que es muy natural aguardéis de mí, sobre el mantenimiento de vuestros derechos, y sobre la promoción de vuestro bienestar.

Es mi firme resolución impedir que este cambio en vuestra condición sea la causa de que os sobrevenga el menor mal; y más bien procuraré que vuestra incorporación a la nacionalidad hondureña, marque la inauguración de una era de más prosperidad, aun para vosotros que la habéis disfrutado bajo el Gobierno liberal de la Gran Bretaña. Es verdad que vais a cesar de pertenecer a un imperio grande y poderoso, pero también es cierto que ahora tendréis la noble misión de contribuir con vuestra lealtad y con vuestra industria, al engrandecimiento y progreso de este país favorecido, del cual vais a formar una parte integrante.

Vosotros marcháis a la vanguardia de la civilización, y el ejemplo que daréis a vuestros hermanos del continente y las relaciones y comercio mayores y más extensas que se desarrollarán entre vosotros y el resto de Honduras, pronto estrecharán más los vínculos de fraternidad y armonía que deben siempre uniros a los habitantes de una patria común.

Vuestros fueros y estatutos serán mantenidos fielmente. Vuestra lealtad, asimismo, estoy seguro, corresponderá a los deseos de mi Gobierno, que no aspira a otra cosa que a procurar vuestro progreso y bienestar. Comayagua, abril 24 de 1861.

Santos Guardiola".

Los comisionados Cruz y Durán visitaron las Islas y recorrieron la costa hasta donde llegaba la Mosquitia hondureña, dando este último el siguiente informe:

"Coxen Ole, en Roatán, Junio 2 de 1861. Señor Ministro de Relaciones del Supremo Gobierno de la República. —Del Coronel Comandante de Trujillo.

Señor:

En cumplimiento de lo prevenido en el decreto 22 de abril del corriente año, salí de Trujillo el 26 de mayo en la noche, con dirección a esta Isla, acompañado de los señores Vicecónsul don Eduardo Prundot, don Francisco Bernárdez y de algunos oficiales.

El 27 fondeamos en este Puerto.

Como la entrega de las Islas no podía tener lugar sino hasta ayer 1°, ocupé el tiempo transcurrido desde mi llegada en desvanecer las prevenciones que personas malévolas habían sembrado contra el Supremo Gobierno, esparciendo noticias alarmantes entre los vecinos y preparándolos de una manera indirecta para la rebelión; pero las aclaraciones que he hecho con respecto a ellas, los trabajos de Mr. Moir, exgobernador, las predicaciones del Reverendo Mr. Sykes, Sacerdote Metodista, quien convencido por nosotros de las miras benéficas del Supremo Gobierno, se ha constituido en su más firme apoyo, y los esfuerzos privados de los señores Prundot, Bernárdez y Mazier para tranquilizar los ánimos, han logrado allanar las dificultades que se preparaban.

En este estado, se encontraban los espíritus el 31 del pasado, cuando llegó el Vapor de Guerra "Spiteful" trayendo a su bordo a S. E. Mr. Price y Superintendente de Belize. —Inmediatamente pasé al cayo, donde desembarqué aquí acompañado de los expresados señores Prundot y Bernárdez y de dos oficiales, a felicitarle por su llegada, y a las tres de la tarde del mismo día vino a esta Isla a corresponder la visita, trayendo consigo al señor Moir, al señor Comandante del Vapor y un Ayudante.

Después de haberle obsequiado de la manera que permite el país, se dirigió a la casa de Gobierno en donde reunió a los más notables del vecindario, y con sus discursos acabó de disponer los ánimos en favor de nuestra causa.

Ayer 1º de junio, a las once de la mañana, me embarqué acompañado de los señores Prundot, Bernárdez y el Ayudante don Juan Manuel Valle, en dirección a la casa del exgobernador, en donde aparecía enarbolado el Pabellón Británico, dejando en esta Isla la Oficialidad y Guarnición. Allí estaba ya S. E. con el señor Gobernador, el señor Comandante y Oficialidad del Vapor, todos de gran uniforme. Después de los saludos de costumbre, poco antes de las doce, se leyeron las exposiciones dirigidas por el Párroco y por el pueblo al señor Gobernador, y la contestación de este alto personaje.

A continuación nos dirigimos todos rodeados de un inmenso pueblo al lugar donde está el asta de la bandera, en donde se leyó la proclama de S. M. la Reina de la Gran Bretaña, y después de esta lectura se arrió el pabellón Británico, y se enarboló el de esta República. En el acto fue saludado por la artillería del Vapor con veintiún cañonazos. Concluido el saludo, mandé arriar el pabellón nacional, e izé yo mismo el Británico, que fue saludado en esta Isla por mi guardia con otros veintiún cañonazos. Acto continuo nuestra bandera volvió a ocupar su puesto sin solemnidad.

Como durante la ceremonia se notó alguna exaltación y desagrado de parte del pueblo, se leyó en inglés la pequeña proclama que creí indispensable dirigirles. El señor Bernárdez leyó también en inglés otra proclama. En efecto, el desagrado se calmó: los más notables nos rodearon y han trabajado de consuno en nivelar la opinión.

La proclama de S. E. el señor Capitán General, que se había fijado con anticipación en los lugares públicos, fue repartida durante el acto y fue recibida con entusiasmo.

S. E. el señor Superintendente manifestó la urgencia que tenía de regresar a Belice, por lo que no le era posible permanecer más tiempo ni acompañarnos a la Isla, y me invitó a pasar a bordo en donde fuimos obsequiados por el señor Comandante. Permanecí a bordo solamente el tiempo que exigía la etiqueta y me retiré con mis acompañantes después de haber recibido las más lisonjeras muestras de aprecio de parte de S. E. Una hora después de mi salida, el vapor zarpó de este puerto. El día de mañana se formalizará la posesión de don Francisco Bernárdez, a quien nombré Gobernador con aplauso general del vecindario: a continuación se nombrarán y posesionarán a los nuevos jueces de paz, y pronto se reunirá el pueblo para que elegir al Ayuntamiento.

Aunque con este acto creo terminada la misión con que el Supremo Gobierno tuvo a bien honrarme, permaneceré unos días más en las islas para cooperar con el señor Gobernador al completo arreglo de los asuntos, no obstante que no habiendo hecho variaciones notables, el señor Bernárdez puede completar por sí solo la obra comenzada.

No creo demás añadir, que el Reverendo Mr. Sykes, no solamente ha ayudado con sus consejos y sermones al restablecimiento del orden, sino que el día de ayer suprimió en las oraciones públicas el nombre de S. M. la Reina de la Gran Bretaña y la sustituyó por el de S. E. el General Presidente. Haciendo también rogar por el que suscribe y el Gobernador nombrado.

Concluyo manifestando al Supremo Gobierno, que actualmente todos se muestran satisfechos de la manera con que se han dejado los asuntos: muy contentos con el Gobernador nombrado y que este día se han presentado los más notables a manifestar, que si el Supremo Gobierno no varía lo establecido y cumple sus promesas, no tendrá en toda la República súbditos más fieles. A mi regreso a Trujillo informaré con minuciosidad acerca de las instituciones, empleados, fondos, mejoras, costumbres y manera en que quedan las cinco islas restantes.

El señor Ministro tendrá a bien elevar lo expuesto al conocimiento de S. E. el señor Capitán General, aceptando las protestas de aprecio y respeto de su atento y seguro servidor.

Rafael Padilla Durán".

Se observará que transcurrieron dos años y cinco meses entre el tratado celebrado con Inglaterra, devolviendo las Islas y el Decreto dado por el Ejecutivo hondureño, dándolas por recibidas, pero eso no se debió a incuria de éste, sino a las dificultades que surgieron por las especiales circunstancias que trajo consigo el traspaso del territorio y el cambio de autoridades. A lo que hay que agregar las amenazas de una nueva invasión de Walker a Centro América por la Costa Norte de Honduras y la excitativa del Gobierno de Costa Rica por medio de su Ministro de Relaciones Exteriores, para que se retrasara el recibo de las islas por motivos de conveniencia para aquel país.

La conducta patriótica y sensata del General Guardiola, le trajo consigo una excomunión mayor que le decretó el Vicario Capitular don Miguel Del Cid, que ambicionando la Mitra de Honduras y sus miras partidaristas, tomó como pretexto la libertad de cultos concedida a los habitantes de las Islas de la Bahía.

A él le importaba muy poco que el país perdiera una parte de su territorio por una concesión muy justa y que en realidad no afectaba hondamente la Constitución que regía en aquella época y que prescribía la religión Católica para los habitantes del país.

Los isleños profesaban de antemano las doctrinas protestantes y no podía imponérseles por la fuerza convicciones contra las a su conciencia, y formaban además una parte ínfima de la población.

Es de notarse también que el elemento clerical ha sido tenido como retrógrado, y en el presente caso se ve al Vicario Capitular Del Cid, amalgamado con el partido llamado liberal con el objeto de arrojar a Guardiola del Poder Público, para adueñarse de dicho poder; pero esas anomalías no son raras en Honduras y así se ha visto como el Presbítero Ramón Meja y el mismo Del Cid, fueron Ministros del General Trinidad Cabañas y del Dr. Coleo Arias, respectivamente, ciudadanos de ideas avanzadas.

CAPÍTULO IX: LO EXCOMULGAN

Inglaterra, nación expansionista, MADRE DE LA PIRATERÍA, se apoderó con fútiles pretextos en el año 1839, de los territorios de las Islas de la Bahía y de La Mosquitia.

Pero los empresarios londinenses lograron por interés la construcción del ferrocarril interoceánico de Honduras, consiguieron que su Gobierno decidiera la devolución de los territorios usurpados, y al efecto se celebró el 28 de noviembre de 1859, un tratado con ese objeto y que fue firmado en Comayagua por don Carlos Lennox Wike, representante del Reino Unido, y don Francisco Cruz representante del gobierno de Honduras. En ese tratado se estipuló la libertad de cultos para los habitantes de las referidas Islas. Por ese tiempo estaba al frente del Gobierno eclesiástico hondureño el Bachiller Miguel del Cid, sacerdote incomprensivo, ignorante y fanático, protestó contra la referida concesión sosteniendo que con ella se violaba la Constitución Política vigente en Honduras, que disponía en su Artículo 16 que la religión del Estado de Honduras sería la CRISTIANA, CATOLICA Y APOSTÓLICA ROMANA, con exclusión del ejercicio de cualquier otra, sin fijarse que esta disposición se refería a un número limitado de hondureños; que era inicuo imponerles distintas creencias religiosas; que era de la incumbencia del clero nacional el enviar misioneros que propagaran entre los isleños la religión católica, y que era una falta de patriotismo no aprovechar la ocasión propicia que se presentaba para obtener la integridad del territorio de Honduras.

Con el motivo antedicho, Del Cid presentó un memorial a la Cámara de Diputados para pedir la revisión del tratado de referencia, violatorio de la ley fundamental y, que en caso de ser justas las observaciones contenidas en la petición, dicha Cámara reformara al Art. 1º del referido tratado, quedando así derogado el decreto de aprobación emitido el 17 de febrero de 1859.

Viendo el propio Sr. Del Cid que no obtuvo buen resultado su petición ante la Cámara Legislativa, se dirigió al Poder Ejecutivo manifestándole que la dicha Cámara había desoído y desechado sus peticiones en relación con la libertad de cultos, concedida a los habitantes de las Islas de la Bahía, protesta y quela que después de 55 días fue contestada simplemente de enterado por el Sr. Ministro General.

Para mayor Claridad en este asunto, vamos a dar algunos datos personales acerca de Presbítero don Miguel Del Cid, como Jefe de la Iglesia hondureña y a narrar los acontecimientos que se desarrollaron después de la indiferencia con que los poderes públicos recibieron las quejas del referido P. Del Cid.

Habiendo fallecido en su palacio de Comayagua, el 29 de septiembre de 1857, de un ataque fulminante de cólera morbus el Ilustrísimo y Reverendísimo Obispo Hipólito Casiano Flores, el Cabildo Eclesiástico se vio en la precisa necesidad de elegir un jefe, con el título de Vicario Capitular, y designó para tal al Bachiller don Miguel Del Cid, quien estando en ese puesto, aspiró a la mitra de la Diócesis. Se valió para ello de toda clase de trabajos e influencias hasta el grado de proponer al Presidente Guardiola que lo recomendara ante la Corte Romana. Se asegura que un día Guardiola lo recibió en uno de los aposentos privados de su casa de habitación, sentado en una hamaca con su pequeño hijo Gonzalo. El P. Del Cid le trató resueltamente el asunto y como Guardiola se negara a interponer su influencia para que Del Cid fuera designado Obispo, éste se encolerizó y salió violentamente del aposento diciendo: ¡YA LO BOTÉ, YA LO BOTÉ!, exclamaciones que repitió cuando escribía en el pueblo de San Antonio, Gracias, su terrible edicto de excomunión. Confiaba al hacer tal pronóstico en las armas espirituales que le daba la iglesia y el apoyo del llamado partido liberal a quien pertenecía.

Y para poner en práctica sus proditorios designios procedió a redactar su primera Pastoral en la ciudad de la Paz, no sin haber trabajado antes en la elección de tres canónigos de su confianza, que podían colocarlo en la terna episcopal, maniobra que le resultó vana porque el Gobierno puso el veto a tales nombramientos.

Dicha carta pastoral, firmada el 1° de noviembre de 1860, está contenida en un folleto, en octavo mayor de 15 páginas. El texto de la dicha carta es cansado y monótono por sus infinitas repeticiones y su mal gusto, a lo que se agrega la incorrección del lenguaje.

Por punto general la argumentación es ilógica, ya que queriendo probar demasiado, nada prueba. Cita muchos textos y autores haciendo así alarde de una erudición barata.

Son muchos los errores en que incurre, así científicos como literarios, da a conocer sus pretensiones infundadas y su crasa ignorancia, aun tratándose de los asuntos de religión. No tiene un concepto claro del cristianismo, pues según Del Cid, los protestantes no son cristianos; y todo mundo sabe que la religión de Cristo se dividió en el siglo XVI en dos grupos; católicos y protestantes, lo que indica claramente que los habitantes de las Islas de la Bahía son cristianos como el resto de los habitantes de Honduras.

La Pastoral contiene las siguientes partes:

I.	Las exposiciones que Del Cid, como Vicario Capitular de la Diócesis de Honduras en sede Vacante, presentó a la Cámara de Diputados y al Poder Ejecutivo para pedir la revisión y declarar la nulidad del tratado celebrado entre el Gobierno de Honduras y el de la Gran Bretaña.

II.	De gran número de observaciones inconducentes, aviesas y apasionadas, dirigidas a los creyentes hondureños para concitar su odio, lanzándolos a una guerra de exterminio. Todo esto disimulado con numerosas citas de los padres de iglesia.

III.	De una contestación virulenta para el autor de un folleto publicado en New York, referente al tratado celebrado para la devolución de las Islas de la Bahía; y, como el texto de dicho folleto fuera publicado en la Gaceta Oficial, la emprende contra el Gobierno de aquella época; no contribuyó al progreso de la República y antes bien fue destructor.

Despechado el Vicario del Cid por sus fracasos, desfogó toda su cólera en el Presidente Guardiola y los miembros de su gabinete, lanzando desde San Antonio de Intibucá, cerca de la frontera de El Salvador, con fecha 25 de diciembre 1860, un terrible edicto de excomunión contra ellos, que creyó decisivo para lograr sus perversos intentos de levantar al pueblo hondureño y dar en tierra con el poder constituido.

Creyó equivocadamente, que amedrentado el General Guardiola iba a imitar a Enrique IV de Alemania, presentándose en las puertas del Palacio de Canosa, residencia de Gregorio VII, con la cabeza llena de ceniza en señal de arrepentimiento y de enmienda, y lo que en efecto ocurrió fue que el Presidente Guardiola dictara un decreto mandando arrancar de las puertas de los templos el consabido edicto, y que el 5 de enero de 1861, se dictara un decreto expulsando al Vicario Del Cid del territorio de Honduras por sus trabajos sediciosos.

En los primeros siglos del cristianismo la iglesia disponía de dos armas terribles: la excomunión y el entre dicho. En el siglo XVI la excomunión había perdido mucho de su eficacia, y Lutero y demás jefes reformistas hicieron poco caso de ellos. En la administración del

General Guardiola, nadie se preocupaba de esa censura, y el Lic. Crescencio Gómez, talentoso civilista y docto en cánones, a pesar de ser católico, cuando llegó a su noticia la excomunión, sonrió socarronamente y se puso la mano en el pecho.

El 30 de enero de 1861, y como un recurso más para que Guardiola desapareciera del Poder, Del Cid dictó en Suchitoto, El Salvador, una segunda Pastoral más ofensiva que la primera. En ella hace directamente el blanco de sus iras al General Guardiola, tratándolo de desmoralizado, criminal y panteísta, epíteto. Este último, cuyo significado ignoraba el autor. Esa Pastoral es una verdadera diatriba contra el gobernante, llena de sutiles aumentos, de alardes literarios de mal gusto y de citas impertinentes de diversos comentaristas.

Los principales puntos tratados en este documento son: Una relación de las disposiciones que el Gobierno dictó contra dicho Vicario.

Una refutación acerca de que el Gobierno eclesiástico se encontraba aquellos días acéfalo.

Una defensa de su primera Pastoral rechazando el cargo de sedicioso y firmando que no existe el intento de sobreponer las autoridades eclesiásticas a la civil.

Una acusación contra el Gobierno pretendiendo que era ilegal el decreto en que se dispone su expulsión del país.

Un rechazo de la imputación de querer el poder eclesiástico derrocar la administración pública y convertirse en instrumento de las maquinaciones exteriores. Una serie de divagaciones insustanciales acerca del concepto de Filosofía y del significado de libertad de cultos.

Una recriminación contra el Presidente Guardiola por la muerte del Sr. Obispo Flores, atribuyendo al primero el envenenamiento de este último, a pesar de reconocer el valor científico de la certificación extendida por el eminente médico Dr. Holland, empleado competente de la compañía del Ferrocarril Interoceánico, y hombre imparcial.

De la acusación que se hace al Gobierno de Guardiola de haber ocupado algunos edificios pertenecientes a la Iglesia, cuando es bien sabido que se ejecutó ese acto por la necesidad de alojar allí la tropa que levantaron para combatir al filibustero Walker.

Las letras del Papa Pio IX, a quien el Vicario Del Cid trató de sorprender pintándole a su modo los hechos referentes a la mal llamada libertad de cultos, cuando no se trataba sino de respetar las creencias religiosas de los habitantes de una porción ínfima del país, en cambio de recuperar un territorio perdido.

El Gobierno en su órgano oficial, La Gaceta de Honduras, rebatió los argumentos y comentarios del Vicario del Cid, quien escribió al Cabildo Eclesiástico de Comayagua a fin de que revocara el nombramiento de Vicario Capitular recaído en el citado Del Cid; pero dicho Cabildo se consideró sin facultades para ello. Por ese mismo tiempo el ilustre Obispo de Camaco, en su carácter de Arzobispo de Guatemala, dirigió una comunicación al Sr. Del Cid, con fecha 31 de enero de 1861, lamentando los sucesos ocurridos en la Diócesis de Honduras, haciéndole, a la vez, sensatas observaciones, sobre todo, por el hecho de haber obligado a los señores curas a salir del país, con lo que había privado a los fieles de los recursos espirituales. El Vicario se negó, por el momento, a atender las referidas observaciones, y por este motivo el citado Obispo de Camaco, e ilustre jefe de la Iglesia, se vio obligado a dirigir a Del Cid una segunda comunicación, en la que haciendo uso de los poderes que le conferían los Cánones de la iglesia, ordenó a Del Cid que dentro del perentorio término de 20 días delegase en un eclesiástico de su confianza las facultades necesarias para el gobierno y administración de la Iglesia, encargando hacer efectiva esta intimación al Sr. Obispo de El Salvador, don Tomás Miguel Pineda y Zaldaña. Ignoramos en que fecha se hizo la delegación de los poderes de que estaba investido el Vicario Capitular en el Canónigo Pedro Boquín, quien ejerció sus funciones hasta la toma de posesión del Obispado por Fray Juan de Jesús Zepeda y Zepeda.

En vista de los hechos y para cortar el mal de raíz, el Gobierno dispuso ocurrir a la Santa Sede para solicitar su determinación suprema, y a ese efecto, nombra al Sr. Ministro en Londres, don Carlos Gutiérrez, para que se trasladara a Roma a hacer las gestiones del caso. Con fecha 25 de mayo se arregló satisfactoriamente la cuestión. El Papa facultó al Sr. Obispo de Camaco para absolver al General Guardiola y su gabinete de la excomunión y demás censuras fulminadas por el Vicario Del Cid; al propio tiempo el Papa dirigió una expresiva comunicación al Presidente Guardiola. La nota a que nos referimos dice a la letra:

Ilustre, honorable y amado hijo nuestro, salud y bendición apostólica.

Antes que recibiésemos vuestra carta, que con fecha 20 del próximo febrero nos dirigiste, sabíamos ya los tristes acontecimientos que habían tenido lugar en la Diócesis de Comayagua, y que entre muchos otros gravísimos asuntos nos causaron el mayor dolor. Sin embargo, en medio de tanta amargura, tuvimos un pequeño consuelo: luego que llegó a esta ciudad nuestro amado hijo don Carlos Gutiérrez, que ha sido enviado por Vos como Delegado Extraordinario y Ministro Plenipotenciario de esa República de Honduras, cerca de Nos y de esta Sede Apostólica, para que conferenciando con Nos, pudieran arreglarse los asuntos eclesiásticos de la propia República. Y como el mismo Ministro y Delegado extraordinario, con amplios poderes nos ha confirmado bien que, Vos, ilustre, honorable y amado hijo nuestro, os halláis animado sinceramente allí en procurar la autoridad de la iglesia católica, ha llegado a esperar que podrá ajustarse un Concordato conforme a nuestros deseos y los vuestros. Así es que hemos ordenado a nuestro amado hijo, el cardenal Ministro de Relaciones, que sin tardanza alguna, entrase en las conferencias con el Delegado Extraordinario y Ministro Plenipotenciario vuestro y de esa República, Nada, en verdad, deseo tanto como que ellas lleguen a tener lo más pronto el fin tan apetecido, pues se trata de un asunto que, con la protección divina, habrá de ser no solo para bien y tranquilidad de la Iglesia Católica y de esa República, sino también para honor y encomio vuestro. Y estándonos muy persuadidos que para restituir inmediatamente la tranquilidad a los fieles y atender a la concordia con ese Gobierno conviene mucha la presencia de un Obispo digno, sabed: que nos, accediendo gustosamente a vuestros deseos y ruegos, preconizaremos en el próximo Consistorio, por Obispo y Pastor de la expresada Diócesis de Comayagua, al Rev. Fray Juan Félix, actualmente Obispo de Arindele *in partibus in fidelium*. He aquí, ilustre, honorable y amado hijo nuestro, lo que hemos juzgado deber contestaros, y que manifiesta bastantemente cuán solícitos estamos por la utilidad espiritual de los fieles de esa República. Finalmente, como una prenda de nuestro amor paternal, te damos muy afectuosamente a ti, ilustre, honorable y amado hijo nuestro, la bendición apostólica unida con un voto de toda felicidad verdadera.

168

Dado en Roma, en San Pedro, el día 1° de julio del año de mil ochocientos sesenta y uno.

Documentos de Nuestro Padre Pío Nono.

Así terminó al parecer la enajosa cuestión promovida por Del Cid, por despecho e intereses bastardos y de partidos.

La noticia de haberse levantado la excomunión y censuras fulminadas contra Guardiola y su gabinete, fue celebrada con pompa y regocijo en la capital de la República, la ciudad de Comayagua, y especialmente en la mansión Presidencial.

El General Guardiola no fue enemigo de la religión católica ni de sus sacerdotes; pero como gobernante trató de sostener la supremacía, dignidad y decoro del Estado. Esa actitud le acarreó la mala voluntad de sus opositores, al grado de que se incluyó su nombre en un libro publicado en Barcelona, después de haber sido asesinado traidoramente en Comayagua, titulado "FIN FUNESTO DE LOS PERSEGUIDORES DE LA IGLESIA".

Es hasta dónde llega el fanatismo religioso que, como el político, ha causado muchos males en Honduras.

TERCERA INVASIÓN DE WILLIAM WALKER A CENTRO AMERICA POR EL ESTADO DE HONDURAS

Frustrado el intento del filibustero William Walker para dominar la República de Nicaragua, a fin de establecer en ella la esclavitud, realizó un segundo intento de invasión a Centro América, aprovechando la ruptura de Nicaragua con Costa Rica, pero el Comodoro Norte Americano Paulding, al tener noticia de tal propósito, lo arrestó en Punta Castilla y lo condujo a los Estados Unidos.

En el mes de junio de 1860 circuló la noticia de que el jefe filibustero Walker haría una tercera invasión por el territorio de Honduras.

E1 7 de julio de ese mismo año, el Cónsul de S. M. B. en Comayagua, Mir. Eduardo Holl, dirigió al Ministro de Relaciones Exteriores de esta República una comunicación en que le manifestaba que el Superintendente de Belice y Teniente Gobernado Interino de las Islas de la Bahía, Mr. Price, le participa que el filibustero Walker se encontraba de nuevo en las aguas de Centro América, con un número de sus secuaces que este jefe filibustero, con una fuerza de 52 hombres, había salido de la Isla de Roatán el 21 del mes de junio pasado en un buque llamado el "J. A. Taylor"; que inmediatamente después de la salida de los aventureros llegó a Roatán la goleta Decodrop con 17 hombres que se suponía pertenecían al partido de Walker, conduciendo a su bordo varios cajones con armas y municiones, juntamente con un saco de camino dirigido al mismo Walker y que esperaba la llegada de algún buque de guerra para despacharlo inmediatamente a la costa, que probablemente él se embarcaría en dicho buque.

El expresado Ministro de Relaciones Exteriores en su contestación a la ya citada nota manifestó al señor Cónsul, que el Gobierno le rendía las gracias por las importantes noticias que le trasmitía relativas a la nueva amenaza que los filibusteros, acaudillados por William Walker, hacía a Centro América, y cumpliendo instrucciones del señor Presidente de la República, le manifestaba también su deseo de que Ud. dijera al señor Superintendente de Belice, que el Gobierno consecuente con las compromisos contraídos por el último tratado sobre la reincorporación de las Islas de la Bahía y el territorio de la Mosquitia, al dominio y soberanía de esta República, había dietado las providencias para tomar la posesión de aquellos lugares, como era notorio, pero que en presencia del serio incidente a que aludía su citado despacho, confirmado por otros datos que recientemente habían llegado al Ministerio de mi cargo, el referido Jefe de Estado, no creía prudente ni debido proceder al recibo de los expresados territorios, porque tal acto llevaba la obligación de garantir intereses y derechos propios y británicos; que en la actual, emergencia, sería difícil llenar eficazmente y que por otra parte, las antiguas miras de Walker se extendían a la dominación de todo Centro América y no podría sin grave responsabilidad aumentar el peligro, allanándose este Gobierno a recibir las Islas y la Mosquitia en las presentes circunstancias.

Algunos de las anteriores noticias y avisos se confirmaron, y el Poder Ejecutivo, en presencia de ellas, ordeno la vigilancia de las costas y el aumento de las fuerzas militares en los puertos de Omoa y Trujillo. Walker no se hizo esperar mucho tiempo, así es que, a mediados del mes de junio de 1860 logo de incógnito a Roatán, en donde se encontró con un número considerable de compañeros de aventuras. Como el 21 del expresado junio los filibusteros y su jefe salieron de Roatán y después de algunos rodeos por las islas vecinas resolvieron atacar el puerto de Trujillo, el que lograron tomar el 6 de agosto del mismo año, a pesar de la resistencia de los heroicos soldados que la defendían, ante la noticia de que Walker atacaría a este puerto, el General Guardiola nombró para defenderlo a Norberto Martínez, con 30 hombres, que a los primeros tiros huyeron con tanta presura, que Martínez dejó abandonado el sombrero que llevaba, y que fueron a refugiarse al lugar denominado Buena Vista.

Walker dio una proclama a los hondureños, haciéndoles ver que hacía la guerra a Honduras porque las Islas de la Bahía se encontraban en las mismas condiciones que Nicaragua cuando a él lo llamaron de esa República.

Por falta de prontas comunicaciones, hasta el 13 del expresado mes de agosto el Gobierno tuvo noticia de la toma del puerto de Trujillo, y entonces mandó a levantar fuerzas, dispuso el reclutamiento de milicianos de 15 a 60 años, expidió una proclama llamando a los hondureños a las armas, para rechazar al invasor; decretó una contribución de $ 9.000 y procedió en todo con rapidez y energía. Al propio tiempo, por medio del Ministro de Gobernación, se expidió una circular a las municipalidades para que éstas pusieran en conocimiento de los pueblos lo ocurrido y los excitaran para tomar parte activa en la defensa del país.

El Presidente Guardiola dispuso también depositar el Poder en el Consejo de Ministros para ponerse personalmente al frente del ejército, nombrando, mientras tanto, jefe de las fuerzas al General Mariano Álvarez.

Al saber Walker que este Jefe se acercaba con rapidez al puerto de Trujillo, con 400 hombres, desocupó la plaza el 22 del anunciado agosto, en la madrugada, yéndose hacia la laguna de Guaymoreto y después por el litoral de la costa, para pasarse a Nicaragua, objeto de esta su nueva expedición.

El mismo día 22 de agosto, a las once de la mañana. El Comandante Martínez ocupó a Trujillo, de donde destacó 80 hombres, en persecución de los filibusteros, y el 31 del mismo mes de agosto se embarcó con 200 hombres en la goleta nacional "Trujillo", protegida por el buque "Icarus" del Comandante Salomón, que consiguieron por fin rodear a Walker y a sus compañeros, frente a la barra del río Tinto, en donde se rindió el Jefe filibustero con sus secuaces, el 3 de septiembre, sin disparar un tiro, entregando las armas y municiones. En seguida por no tener capacidad la goleta, en que navegaba el General Álvarez, los prisioneros y elementos de guerra fueron trasladados al "Icarus", en que el expresado Coman. dante Salomón lleva a Trujillo, en donde los entregó al Sele expedicionario.

Como se ve, Honduras, en esta emergencia, no estuvo sola, pues además del concurso del Superintendente de Belice y del Comandante Nowel Salomón, de la Marina Inglesa, contribuyeron también con su apoyo los demás países de Centro América. El pueblo hondureño se colocó también en esta emergencia a la altura de su deber patriótico.

El 6 de septiembre se inició el proceso correspondiente a los jefes de los aventureros, por el Comandante principal don Norberto Martínez, quien concluido el sumario y de conformidad con las leyes de aquella época, pasó los antecedentes al Comandante departamental de Yoro, General Álvarez, quien, con fecha 12 del mismo mes, pronunció sentencia, condenando a Walker a ser pasado por las armas; y a su segundo, Antonio Francisco Rudler, a cuatro años de presidio en la Capital de la República.

La sentencia se cumplió en la persona de Walker, quien fue fusilado el 12 de septiembre de 1866 en la plaza de Trujillo, habiéndosele dispensado toda clase de consideraciones los auxilios del catolicismo, religión que adoptó últimamente. Su cadáver fue sepultado entre las ruinas de un edificio de la época colonial. Con la muerte de Walker terminó la grave amenaza de conquista para la América Central; pues el General Henningsen vio frustrado su último intento de dominación. En cuanto a Rudler fue indultado por la Cámara Legislativa por recomendación oficial del Señor Presidente Guardiola. Así terminó este memorable incidente.

GUERRA DE LOS PADRES

Con motivo de las pastorelas violentas fulminadas por el Vicario Capitular don Miguel Del Cid, y las órdenes también violentas que dio a los clérigos que estaban bajo su jurisdicción, se promovió una guerra entre dichos sacerdotes y el gobierno republicano de Honduras. La guerra se preparó en el Estado de El Salvador y tuvo gran resonancia en este Estado. El historiador Dr. Antonio R. Vallejo ha hecho un resumen de la mencionada guerra, que nosotros tomamos de la obra "Necrología" del Presbítero Miguel A. Bustillo, para nuestra narración por creerlo bien escrito y de la mayor importancia. El trabajo a que nos referimos es el que sigue: "En el mes de abril de 1861, una bandada de sacerdotes, de los más ignorantes y corrompidos, que se trasnochaban con frecuencia en cosas ilícitas, que hedían a herrumbre, porque se habían petrificado en el vicio, seguida de algunas gavillas rústicas y feroces, invadió la República, dividida en varias secciones: una que se internó por el oriente, en el Departamento de Choluteca, hasta la ciudad de Nacaome, que fue saqueada, y se fortifico en el atrio de la iglesia, teniendo a su cabeza al Presbo. Yanuario Reyes y a un manteísta; otra por el norte, en el Departamento de Gracias, fuera de pequeños grupos que, comandados por el Presbo. Nicolás Madrid, se introdujeron a Ocotepeque, y el Presbo. Néstor Grau, que se colocó en el pueblo de San Fernando para atisbar la primera ocasión favorable e internarse en los pueblos de la Sierra, Similatón, Santa Ana de Cacauterique y Opatoro.

A ese tiempo, una pequeña pandilla que se había ido de Tegucigalpa y llegado a la ciudad de Choluteca, se pronunció el 15 de abril, a las ocho de la mañana, con motivo de habérsele incorporado el Presbo. Ramón Villalobos y el coronel Felipe Espinoza, procedentes de Nicaragua, apoderándose inmediatamente de unas pocas armas que estaban en la casa del Juez, y de la pólvora que había en la Intendencia.

Después de algunos desórdenes cometidos en la ciudad y de ultrajar al honrado propietario don Bibián Corrales, marcháronse para el pueblo del Corpus, y de allí al de San Marcos, buscando salvarse en la frontera nicaragüense.

Los facciosos que habían ocupado el pueblo de Aramecina fueron derrotados, dirigiéronse al de Goascorán, donde fueron batidos el 20 de abril, a las once a. m. por el valiente coronel don Samuel Cáceres, quien, a pesar de haberse retirado dejando a los facciosos dueños de la plaza, la evacuaron sin que las fuerzas del gobierno al ocuparla se hubieran entregado a excesos crueles y feroces. Los insurgentes pasaron los límites salvadoreños y descansaron allí sus armas, dejando en Goascorán muerto al Capitán Prudencio Rivas y tres heridos.

Los Presbos. Jerónimo Palma y Lorenzo Hernández, que habían llegado al pueblo de La Virtud, con veinticinco hombres, corrieron peor suerte que los de Goascorán, porque el pueblo en masa se echó sobre los bandoleros del fanatismo, de una manera tan resuelta y terrible, que los cabecillas se vieron obligados a huir, llevando Palma un machetazo en el brazo y dejando en el campo cinco muertos, dos prisioneros, siete bestias, ocho fusiles y dos carabinas que se habían llevado de la villa de Guarita.

De los vecinos de La Virtud, solamente Vicente López y Gregorio Márquez fueron heridos levemente.

El coronel Pineda, que voló a proteger aquel pueblo, capturó a seis de los facciosos, de los cuales tres fueron pasados por las armas.

No le valió al Presbo. Del Cid recurrir a promesas de inmortalidad para entusiasmar a las turbas, ni de que bajarían legiones de ángeles a pelear con ellos, porque los tales ángeles no bajaron y porque los infelices que, mal aconsejados en el sendero desgraciado que llevó, perecieron sin que la Iglesia ni la Patria sacaran ningún partido provechoso del derramamiento de su sangre.

Así acabaron las estúpidas expediciones del Vicario Del Cid, que costaron algunas vidas, que estuvieron a punto de causar un trastorno casi general en el país y que dieron un escándalo, una deshonra más…".

No había terminado la GUERRA DE LOS PADRES, cuando se inició otra contienda bélica por el General Francisco López, que, por despecho y ambiciones, se lanzó a la guerra. He aquí los partes que detallan la invasión proyectada por el referido General Lopez.

Choluteca, marzo 29 de 1861. —A Comandante General del Departamento de Tegucigalpa. He estado recibiendo avisos de una expedición que el Gral. Lope intenta hacer de Nicaragua sobre este Departamento y aun me dirigí en días pasados al Gobernador de Chinandega, manifestándole el enganche que dicho General hacía.

Hoy he llegado a esta ciudad para tomar providencias de defensa, porque se me ha asegurado que en la semana de pascua será invadida esta ciudad, y se dice que el mismo movimiento se hará por la frontera de El Salvador, por lo que pido auxilio al Gobierno lo más pronto posible.

León, abril de 1861. —A Ministro de Guerra. —Le informo del resultado de las diligencias que instruyó el Coronel Felipe Espinoza, el Sargento Cesáreo Anduray, el Cabo Feliciano Valle y Soto, Narciso Valle han andado solicitando la compra de armas nacionales para auxiliar un movimiento del Gral. Lopes contra Honduras. Ayer mismo dispuso poner en detención a Lope.   —(Cutacha).

Ojojona, abril 10 del 61.-A Ministro de Relaciones. He recibido tres comunicaciones: 1°. -Hacer evacuar del territorio a toda persona conocida que no ejerza un oficio honesto. 2° -Los avisos que el Gob. tiene de que los clérigos asilados en El Salvador maquinan una rebelión: 30-A la invasión que el Gral. Lope intenta en unión con los mismos clérigos y otros descontentos. Se me ha dado noticia de que los facciosos evacuaron el Estado, internándose en El Salvador por el Departamento de San Miguel, yendo en número que no baja de 50, llevándose los das las armas que había en Nacaome. -L. Romero.

Mangua, 3 de abril del 61. - Bi Gobierno de Nicaragua ordena la captura del Gral. Lope. —José Pérez.

Managua, 3 de abril del 61. Señor Ministro: Habiendo corrido los rumores que en León, el Gral. Francis Lope, asilado en República, trataba de engañar cierto número de hombres con objeto de revolucionar al Estado de Honduras, las autoridades encargadas de la policía interior, instruyeron las informaciones del caso de las cuales resulta culpable dicho Gral. De todo esto dieron cuenta por medio del Prefecto departamental al Jefe Político de Choluteca. Sin embargo, mi gobierno que desea el bienestar de Honduras y la seguridad de su administración tiene a bien participar directamente este suceso, añadiendo al mismo, que los planes de los perturbadores quedan completamente frustrados. El Gral. Lope fue residenciado en la capital,
—Jerónimo Pérez.

Managua, abril 12 del 61.- A señor Ministro de Relaciones Exteriores del Supremo Gobierno de la República de Honduras. Se confirma la noticia de la invasión del Gral. Lope sobre esa República. Sobre estas tentativas mi Gobierno ha dado cuenta al de Ud., y no dudo que a la fecha habría recibido la correspondencia informativa de las diversas ocurrencias y de las medidas tomadas por las autoridades de esta República y que completamente han frustrado los planos del referido Gral. Lope y sus secuaces. El Gral. Lope se encuentra en esta capital en donde nada podrá hacer en favor de sus miras sediciosas.
—H. Zepeda.

Pespire, abril 17 del 61. —A Jefe Político de Tegucigalpa. En este momento, las nueve de la mañana, se me ha dado parte que el lunes antepasado, a las nueve de la mañana, entraron a la ciudad de Choluteca, por el camino de Nicaragua, los facciosos Presbítero Ramón Villalobos, el Coronel Felipe Espinoza y todos los emigrados de esa ciudad: Mendieta, Bonilla, Girón a la cabeza de veinticinco soldados armados de carabinas y que se han acuartelado en casa de don Pastor Midence, quien está incluido entre los invasores; que se han tomado cinco carabinas que había en casa del señor Intendente y once que tenía el Comandante Local José M. Matute, como igualmente han puesto en manos unas cuantas espadas y pistolones que el P. Villalobos tenía de antemano ocultos en su casa, y también hacen recluta de tropa.

Los reclutas están en combinación con los de la frontera de Goascorán. Los subalternos del Gobierno de El Salvador auxilian a los facciosos de la frontera de Goascorán. Hubo rebelión en la ciudad de Choluteca.

Nacaome, mayo 2 del 61. He recibido por las autoridades de Goascorán parte que dice que nuevamente será invadido este Departamento por los facciosos con un número de tropas considerable, bajo la protección y auxilio del mandatario salvadoreño. Urge que el Gobierno haga marchar una fuerza capaz de escarmentar a los enemigos. —Víctor Matamoros.

Juticalpa, 18 de junio del 61.-Los emigrados que están en Dipilto no podrán llevar adelante sus proyectos porque carecen de los recursos necesarios……..

Danlí, julio 8 del 61.- Al Comandante General de Armas de Olancho.-B1 Capitán efectivo, M. Arriaga, Comandante del Departamento. He recibido parte del Alcalde 1° de Alauca, que el señor Comandante del mineral de Yuscarán sabe que en el mineral de Dipilto, preparan los emigrados de Honduras, en compañía de algunos nicaragüenses, una invasión a este Estado; los pueblos con que deben tocar primero serán Alauca y Danlí, y estando éstos tan indefensos dirijo este exprofeso para que el Alcalde y Comandante dicten las providencias necesarias.-.

Choluteca, julio 15 del 61. Se reciben partes que los facciosos de La Unión y Departamento de Segovia, proyectan invadir el Departamento de Tegucigalpa.

Dipilto, Choluteca, agosto 19 del 61.- He tenido parte que Rafael Padilla y Céleo Arias, intentarán desembarcar unos cuantos cajones de armas en el puerto…con dirección a Segovia. Felipe Espinoza, Juan López, Guadalupe Lagos, Luis Muñoz, Jasé María Fiallos y los Girones, están en aquel Departamento elaborando parque y reuniendo armas en el punto de Platanarcito, cerca del valle de Santa María

(Tempisque) Planes de los facciosos. El Gral. Lope con sus fuerzas hará un movimiento sobre Yuscarán, de donde pasaría a Tegucigalpa, lugar de reunión con los que deben venir de Nacaome y dirigirse para Olancho, y de allí sobre Comayagua

El Gral. Lope, escapando la vigilancia de las autoridades nicaragüenses, se trasladó al puerto de La Unión, de donde emprendió algunas excursiones por los pueblos de la frontera de Honduras, esperando que éstos lo apoyarían, pero no sucediendo así, el Gobierno de El Salvador que comprendió el desprestigio del Jefe revolucionario, aparentó expulsarlo de aquel Estado.

FACCIÓN DEL GENERAL FRANCISCO LOPE

En la segunda Administración del General Santos Guardiola el General Francisco Lope, fue nombrado Director de Caminos puesto que sin duda no le fue grato por su poca remuneración. Renunció de tal empleo y apareció levantado en armas en el Departamento de Choluteca, acompañado del Padre Terreros.

En Nacaome se entregó al pillaje con más de trescientos hombres. Lope paso en seguida a Nicaragua con el intento d realizar sus propósitos, pasando en seguida a El Salvador es donde obtuvo cierta cantidad de armas y municiones; pero estorbado por las autoridades tuvo que desistir de su intento.

GUARDIOLA UNIONISTA

En la época en que figuró Guardiola no había idea clara ni precisa acerca las banderías políticas, como tampoco las hay en la actualidad. Se ignoraba completamente por la generalidad, el credo y tendencias de estas banderías.

En el llamado conservador o cachureco, no existían las intransigencias ni las inclinaciones al clericalismo ni demás formas de retraso. También no existían ideas exactas acerca de la Federación, a la que llamaban en Honduras CENTRALISMO.

El General Ferrera que fue, y es tenido como un enemigo implacable del sistema federal, obedecía únicamente, según se asegura, al odio que le profesaba al General Morazán, odio tan exagerado que si "Morarán iba al cielo, Ferrera se arrojaba de cabeza en el infierno".

Comprueba nuestro aserto el hecho elocuente de que Ferrera al llegar a la Presidencia de Honduras, contribuyó eficazmente a la reunión de la Dieta Confederal de Chinandega. Cuando fue Ministro del Dr. Juan Lindo, secundó los esfuerzos de este gobernante en favor de la Unión de Centroamérica y, cuando ya exilado en El Salvador, el Presidente don Doroteo Vasconcelos se alió con el referido Lindo para llevar la guerra a Guatemala que combatía la Federación, Guardiola se alistó en el ejército del Jefe salvadoreño y peleó en la desgraciada acción de armas de San José de la Arada, el 2 de febrero de 1851.

Según el historiador Rómulo E. Durón, al llegar Guardiola al poder reconoció la necesidad de la unión para el mantenimiento de la paz. Hizo reproducir en la GACETA OFICIAL DE HONDURAS un discurso que el Presidente del Poder Legislativo de El Salvador, Gral. don Trinidad Cabañas, dirigió el 19 de mayo de 1858 al Presidente de aquella República don Miguel Santín al cerrarse las sesiones extraordinarias de aquel cuerpo. Y con esta ocasión dijo LA GACETA, "se hace sentir siempre, imperiosamente, la necesidad de otro vínculo, como es el de la buena inteligencia diplomática entre naciones del todo extrañas y la unión nacional de aquéllos que el destino ha colocado sobre un mismo suelo, con las mismas necesidades e intereses, como sucede a las diversas secciones de la América Central". Convencido Guardiola de la verdad del viejo aforismo de que la "unión hace la fuerza", y pensando en el medio más eficaz de salvar a Centroamérica de la invasión de los filibusteros norteamericanos, dice en su primer mensaje presidencial de 20 de enero de 1857 lo siguiente:

"Teniendo en mira la guerra nacional a que nos provocaba la permanencia de aventureros en la República de Nicaragua, solicité y obtuve tratados de amistad y alianza defensiva y ofensiva con las Repúblicas de Guatemala, El Salvador y Costa Rica".

En su mensaje de 31 de marzo de 1858 expresa otros conceptos:

"Los otros gobiernos del Centro están enterados del riesgo que nos amaga, y no dudo que escogerán medios de estrechar la unión entre los estados, con el fan de organizar la defensa de modo más a propósito para repeler y escarmentar a aquellos bandoleros. Me he mostrado siempre anuente a las medidas que han propuesto con aquel objeto; pero desgraciadamente, ninguna se ha podido realizar. Llamo fuertemente vuestra atención sobre este punto que es el de mayor interés de que por ahora puede ocuparnos.

Es inútil comprender cuán grande sería nuestro infortunio si los piratas del Norte llegaran a conquistarnos; pero por fortuna la América Central tiene recursos suficientes para hacer respetar su nacionalidad, a la vez que sepa hacer uso de ellos de la manera que demanda la gravedad del peligro".

En la siguiente comunicación expresa:

"Ministerio de Relaciones del Gobierno de Honduras. Tegucigalpa, septiembre 20-1858.

Señor Ministro de Relaciones Exteriores del Supremo Gobierno de la República de Nicaragua.

He tenido el honor de recibir la estimable comunicación de Vos, datada el 13 de agosto último, en que os servís participarme que S. E. el señor General Presidente de esa República, convencido de la necesidad de constituir a todo Centroamérica bajo un solo Gobierno, y en consideración a que el de Costa Rica ha manifestado ser más conveniente que la reunión de los presidentes o mandatarios se tenga en la capital de Guatemala, por su parte conviene en el mismo punto, y está dispuesto a que se verifique en noviembre, en el mismo lugar la expresada reunión. Si ese pensamiento, señor Ministro, mereció el agrado de mi Gobierno desde que Ud. se sirvió trasmitírmelo en abril próximo anterior; hoy que comenzaba a ponerse en duda, aplaude debidamente la reproducción de él, por qué está persuadido que habiendo, como espera, una voluntad bien determinada, se hace posible su realización que tanto desean los buenos centroamericanos ansiosos de ver a su patria más grande, más fuerte y más dignamente considerada en el exterior. A la verdad, todo el que dirija una mirada atenta hacia el pasado, podrá columbrar porvenir de Centroamérica, debe conmoverse en presencia del triste destino que han sufrido y tienen que sufrir todos los pueblos, si en vez de unirse convenientemente como hermanos, continúan en el fraccionamiento actual, de que sólo podrán salir si las jefes supremos respectivos hacen como observa V. E., un esfuerzo simultáneo, franco, desinteresado y patriótico, obsequiando sentimiento que esos mis pueblos han demostrado en distintas épocas sobre el particular. En tal consideración, S. E. el Señor General Presidente de esta República, que comprende sus verdaderos intereses y la necesidad que hay de establecer un gobierno nacional que promueva; desarrolle y afiance todos los elementos de pública y general prosperidad, tendría a honor y gran ventaja la circunstancia de reunirse en Junta con sus

Excelencias los señores Presidentes de las otras secciones respectivas, para iniciar y llevar a su término tan grande obra; no obstante, aunque parecen necesarias algunas disposiciones conducentes al mejor acierto, el que sea bastante considerable la distancia que hay de esta ciudad a la capital de la República de Guatemala, para reconocer que este país reúne todas las comodidades indispensables al intento. Muy de acuerdo con las ideas del Gobierno de Costa Rica, y deseoso de obsequiar los patrióticos sentimientos del de V. E., el Supremo Gobernante de este Estado se haya dispuesto a concurrir a otro punto si los Excelentísimos señores Presidentes de las otras Repúblicas convienen en designarlo. Así es como S. E. el señor Presidente me ha dado orden de contestar su muy apreciable ya citada, y al hacerlo, quédame el placer de renovarle las consideraciones con que soy de Ud. Muy atento servidor. -P. Alvarado".

En el mensaje presentado en 1859 se agregan estas siguientes frases: "Los testimonios de sincera consideración y fraternidad que he recibido, me llenan de fe y esperanza, tanto más cuanto se refieren al interés que tengo por la paz.

Se me ha excitado a la unión nacional que yo he visto siempre como la única garantía de nuestro porvenir, y he accedido con franqueza creyendo cumplir con el deber de una necesidad bien palpitante.

En consecuencia, hubiera deseado adherirme a unos dos tratados de con alianza que últimamente se nos ha querido favorecer de parte de nuestros vecinos y hermanos; pero resintiéndose en puntos de alta gravedad, he creído oportuno someterlos a vuestro soberano conocimiento".

GUARDIOLA CIVILIZADOR

El General Guardiola al llegar a la Presidencia de la República probó con hechos indubitables su acendrado amor al pueblo hondureño, trató de ejercer un gobierno paternal y se entregó de lleno con entera solicitud a promover por cuantos medios estaban a su alcance la felicidad de sus mandantes. Entre otros empeños dedicó sus esfuerzos a fomentar la ilustración de la parte civilizada y a la catequización de las tribus incultas que vagaban por bosques y montañas en una situación precaria, casi desnudos y viviendo a la intemperie.

Hacían grandes fogatas para dormir con los pies dirigidos hacia ellas, y cuando eran atacados por enfermedades, como las fiebres eruptivas, se bañaban en los pozos de agua fría, lo que los diezmaba notablemente.

Aprovechó el General Guardiola la llegada al país del eminente misionero catalán Manuel de Jesús Subirana, que a su vasta ilustración unía un claro talento y un corazón bondadoso.

A este notable personaje lo acogió con entusiasmo prodigándole toda clase de atenciones y ayudándole eficazmente con todos los recursos necesarios para su obra.

El Padre Subirana procedió a la evangelización de los indios, enseñándoles a leer, escribir y los rudimentos de aritmética. Luego los instruía en las prácticas religiosas y los bautizaba y confirmaba conforme a los ritos de la Iglesia Católica. Era un predicador insigne, usaba comparaciones o símiles sencillos para la mejor comprensión de sus prédicas.

Por todas partes levantaba ermitas y construía cementerios, reducía a poblados a los indios. Los principales departamentos a que extendió su obra cristiana, eminentemente civilizadora, fueron los de La Mosquitia, Olancho, Yoro, Comayagua y Santa Bárbara, que guardan el dulce recuerdo de la santidad de aquel apóstol de Cristo, sabio, humilde y caritativo.

El señor Misionero, por su parte, informaba con frecuencia al Poder Ejecutivo acerca de los progresos de su misión, dándole cuenta de los neófitos y catecúmenos y de los lugares en donde plantaban la cruz como símbolo de redención.

El General Guardiola, en su mensaje de 1858, consigna lo siguiente: "Debo aquí, en obsequio de la justicia, hacer mención honorífica de los servicios últimamente prestados por el Sr. Presbítero don Manuel de Jesús Subirana, a favor del orden público y de la instrucción. Cuando la pastoral referida (la del Obispo Flores), se esparcía con profusión en el Estado, provocando en los ánimos una subversión de ideas que refluía contra el Gobierno, y cuando en el Departamento de Olancho, algunos eclesiásticos, generando de su institución, predicaban, contra la administración pública para no perder la oportunidad favorable de promover un trastorno, el Señor Subirana, que por sus virtudes había merecido granjearse la estimación de todos en aquel Departamento, refutaba sus doctrinas anárquicas y anticristianas, y predicaba la sumisión y adhesión al gobierno y demás autoridades.

Son muy importantes los servicios que aquel buen Sacerdote presta actualmente al Estado en su empresa eminentemente evangélica y civilizadora de cristianizar y atraer al estado social las diferentes tribus de indios selváticos que andan errantes por los puntos de Culmí, La Criba y otros de la Costa Norte. Hasta el 1 de enero próximo pasado ya contaba con más de setecientos catequizados entre Xicaques y payas. Ha logrado reunirlos formando poblaciones en donde les inspira amor al trabajo y a la vida en sociedad, y les va inculcando las verdades de nuestra religión según el grado de capacidad intelectual de aquellos desgraciados.

Estoy dispuesto a proteger esta empresa de que más tarde sacará el Estado ventajas de consideración, con cuyo objeto he mandado suministrar de los fondos públicos algunas cantidades".

En su segundo mensaje de 1859 consigna:

"Algo más se ha hecho en favor de los indios selváticos que habitan las montañas del norte en los departamentos de Yoro y Olancho. Mil doscientos hasta ahora entre xicaques y payas han sido instruidos y bautizados por el señor Presbítero Misionero Don Manuel de Jesús Subirana, que continúa prestando de buena voluntad tan importantes servicios a la República.

Resuelto como estoy a favorecer la conquista y cristianización de esos seres desgraciados, y contando con los oficios y deferencias del Prelado Diocesano, mis deseos son que dictéis cuantas medidas sean a propósito para castigar las depredaciones y crueles tratamientos que reciben de algunos malos hondureños, según estoy informado".

Para mayor éxito en los trabajos de catequización, el Gobierno nombró a las diversas tribus selváticas unos empleados llamados curadores para que vigilaran y protegieran a esas mismas tribus. Y para mayor éxito, y deseando cortar los abusos e injusticias de los que celebraban contratos con los indios selváticos del Departamento de Yoro, el Gobierno, por medio de la Gobernación Política, autorizó al Misionero Subirana para que dictara un reglamento eficaz que diera por resultado la protección que se intentaba.

El señor Misionero dio o dictó, en forma reglamentaria, las disposiciones convenientes a fin de conseguir la protección que se proponían dar las autoridades que son las siguientes:

"Yoro, octubre 14. -1861. -Señor Ministro de Relaciones de la República.

Con el objeto de cortar los abusos e injusticias que cometen los que celebran contratos con los indios selváticos de este Departamento, me avoqué con el Reverendo Padre Misionero don Manuel de Jesús Subirana, el cual animado de los buenos sentimientos que lo distinguen a este respecto, formuló el Reglamento que en copia autorizada tengo el honor de adjuntar a Ud. para que se sirva llevarlo al alto conocimiento de su Excelencia el Sr. Capitán General Presidente de la República, con la mira de que si lo creyere digno de aprobación, se sirva dársela, porque aunque yo le he puesto la mira juzgándole de gran utilidad, conveniencia y justicia para aquella parte de hondureños desgraciados por la falta de civilización en que se hallan, será mejor el acatamiento y cumplimiento que dicha medida recibirá, en cuyo caso si Ud. Lo tuviese a bien se podría publicar en La Gaceta Oficial. -M. Álvarez".

Copia al Público: Don Manuel Subirana Presbítero Misionero como cristianizador, civilizador y Curador General de los indios selváticos del Centro de América, prevengo lo siguiente:

1° Los indígenas selváticos catecúmenos y neófitos por causa de su incapacidad para tratar por sí mismos, son y han sido siempre considerados como menores de edad, por tanto los contratos que hagan sin permiso, los pegares u otra cosa, no se les abonarán,

2° Habiéndose observado que algunas personas después que han cobrado alguna deuda de los indios, la venden a otra para que ésta de nuevo vaya cobrando; declaro que de aquí en adelante no se pagarán deudas más que al propio acreedor.

3° También se ha observado que algunos alegan deudas de los indios cayanos, alguna circunstancia por la cual son nulas, resultando al cobrarlas injustamente; por tanto, de aquí en adelante no pagarán los indios, los cuales deberán presentarse ante el Misionero u otro curador general acompañado de su curador particular, quien deberá hablar por ello.

4° Si alguno exige deudas contra los indios, se mirará si antes había quitado algo injustamente a los mismos y se tendrá en cuenta contra él en caso que esto se verifique.

5° Los contratos injustos siendo nulos por el derecho aunque uno se haya comprometido a ellos, prevengo que si alguna persona prueba en debida forma que le deban algo los indios, se le pagará el valor

183

material de la cosa que les entregó con un rédito legal del seis por ciento por cada año de retardo. Dado en Yoro a nueve de octubre de 1861. —Manuel Subirana, Presbítero Misionero".

Gobierno Político del Departamento de Yoro.

Aprobadas por mí las anteriores estipulaciones. Yoro, octubre 10 de 1861. A pesar de todo, los indios de Yoro siguieron explotados inicuamente, no sólo por sus curadores sino también por los gobernadores políticos, que los obligaban a extraer gratuitamente de la montaña grandes cantidades de zarzaparrilla que mandaban vender ventajosamente en los mercados de los Estados Unidos.

Algunos escritores han caído en el error de afirmar que el famoso Misionero Subirana, murió en el Potrero de los Olivos, siendo así que el lugar de su fallecimiento fue efectivamente el Potrero de Olivar, título este último tomado del apellido del Cura párroco de Santa Cruz de Yojoa.

Como dijimos en la Biografía de este Santo Misionero, que su cadáver fue llevado a la ciudad de Yoro, en donde se le rinde el culto de un bienaventurado.

GUARDIOLA Y CÉLEO ARIAS

El General Santos Guardiola ejerció un gobierno paternal y de allí sus grandes prestigios populares. El afecto del pueblo era tan grande, que dos veces que tuvo necesidad de ocurrir a él por exhaustez del erario, pidiéndole un donativo voluntario, casi todos respondieron a ese pedimento.

A pesar de esto, se vio obligado a proceder con energía cuando así le exigieron el orden público y la salud de la nación. Además de las medidas que tomó para hacer efectivos los decretos que emitió el poder Legislativo, en 1857, que decían en relación a la Iglesia Católica hondureña; esa actitud trajo como consecuencia alguna fricción entre las potestades civil y eclesiástica y una grosera calumnia contra el Jefe del Estado; y además de las medidas drásticas que tuvo que dictar contra el Vicario Capitular Miguel del Cid, hasta expulsarlo del territorio de la República, porque habiéndose ligado dicho Vicario con el llamado Partido Liberal, para quitar del poder al Presidente Guardiola, llegó hasta consumar actos bélicos; se vio también obligado a proceder contra el Licenciado Céleo Arias, no por el odio personal que éste le profesaba si no por sus trabajos públicos contra el Estado. La Gobernación Política del Departamento de Comayagua, con fecha 3 de julio de 1859, con motivo de las noticias que circulaban acerca de que el Licenciado Céleo Arias maquinaba contra el Gobierno, mandó a seguir una información de la cual resultó que efectivamente el referido Arias trabajaba contra la paz pública. Como consecuencia de esta información el Poder Ejecutivo se dirigió a la Corte Suprema de Justicia, por medio del siguiente oficio: "Comayagua, julio 5-1859. Del Ministro de Relaciones. Señor Secretario de la Suprema Corte.-Hace algún tiempo que su Excelencia el señor General Presidente sabía que -el actual Juez de 1ª Instancia de este Departamento, Licenciado Céleo Arias, abusando del empleo estaba en inteligencias con varios demagogos de otros puntos, y que a propósito de promover más tarde un trastorno, fomentaba la división y descontento contra este Gabinete; pero descansando en la política suave y moderada que ha observado, se había abstenido de dar crédito a tan semejante especie. Más ahora que aparece comprobado que ese funcionario es enemigo del Gobierno; que se reúne en su casa con los desafectos de la administración; que tiene con ellos sus orgías, y que de éstas resultan escándalos y defecciones políticas, según se ve por la información que en copias autorizadas le acompaño, no puedo poner en duda el designio que revela y lo perjudicial que sería para la Sociedad diferir por más tiempo la represión de tal proceder, con ese motivo y siendo su principal deber conservar la paz y tranquilidad interior del Estado, S. D. el señor General Presidente usa de todo punto necesario la separación del referido empleado, dentro del menor término posible, sobre lo cual excita fuertemente la atención de la Suprema Corte, esperando se sirva acordar de conformidad, pues en caso contrario, está resuelto a proceder como corresponde sobre el particular".

El Secretario del Supremo Tribunal contestó este oficio trascribiendo el acuerdo de la Corte, que a la letra dice: "Que no obstante de ser de todo punto estricto el deber de ese Supremo Tribunal de Administrar justicia, solamente en grado le corresponde, según la ley, tomar conocimiento del asunto a que se refieren las diligencias testimoniadas, atendidas su naturaleza, esto es porque no tiene relación con el ejercicio en las funciones oficiales del señor Juez Licenciado Arias:

Que por lo tanto, para que se haga el uso que al Supremo Gobierno pareciese conveniente, se le devuelvan dichas diligencias". L. Rodas, Secretario.

Esta negativa rotunda que dio la Corte, por entereza o imparcialidad, puso al Ejecutivo en el caso de expulsar al Licenciado Arias del territorio del país, señalándole para salir de él, el perentorio término de ocho días. Este acuerdo se fundó en el conocimiento que tenía el Gobierno de que el expresado Licenciado Arias era enemigo del Gobierno y de que era necesario al orden público alejar su presencia, no sólo de Comayagua, sino también del Estado.

El Licenciado Arias se retiró a la República de El Salvador, de donde hizo circular violentos escritos en hojas sueltas contra el Presidente Guardiola y su Gabinete, que se publicaron libremente en Honduras.

MENSAJE QUE LEYÓ EL SEÑOR PRESIDENTE DEL ESTADO ANTE LA ASAMBLEA GENERAL, EL DÍA DE SU INSTALACIÓN.

Honorables Representantes:

Mi corazón se llena de regocijo al ver nuevamente instalada la representación del pueblo hondureño. -Desde el año anterior que cerró sus sesiones, cuando el Estado se hallaba todavía conmovido por el sacudimiento revolucionario exigido por los pueblos para restablecer el imperio de las leyes, cuando aún no se habla acabado de afianzar el orden público, fuertemente alterado por las agitaciones anteriores, cuando las pasiones políticas fermentaban halagadas con la protección y el apoyo de los bandidos que tenían la plena posesión de Nicaragua, bajo la sombra del gobierno de aquella República, que en parte les habla confiado sus destinos; entonces a mí se me dio el grande y difícil encargo de gobernar este país; de mantenerlo en paz y libertad, y de cooperar con las demás Repúblicas del Centro a la salvación de su nacionalidad audazmente acometida por esos hombres que acopian todos los elementos de destrucción y de maldad, para dominar sobre nuestras ruinas y envilecer y degradar nuestra raza.

Emprendí con placer y confianza una tarea de tan penosos sacrificios, porque así lo demandaban los intereses de mi patria, aunque bien conociese que tal empresa era superior a la medida de mis capacidades. Me dediqué a ocupar en los destinos a ciudadanos de probidad, y, para asegurar más el cumplimiento de la ley, como este era el primordial objeto de mi Administración, borré de todo punto las distinciones de partido y elegí el mérito y el talento. No he querido en tan augusto encargo, que se confunda el funcionamiento público con el individuo privado; he querido a fuerza de sufrimiento y constancia, probar mi verdadera adhesión a esta Patria sacrificada tantas veces por odios y parcialidades; si no he logrado hacer todo el bien que deseara, esto consiste y es preciso decirlo en esta vez, consiste en nuestro modo de ser, en nuestra organización política que embaraza el curso progresivo de la sociedad e impide su desarrollo en sus principales mejoras y adelantos.

Hay en nuestra legislación grandes vacíos que llenar; en la parte criminal de la Administración de Justicia, los ministros encargados de cumplirla encuentran insuperables obstáculos, no sólo en las leyes secundarias, sino particularmente en la fundamental; de aquí nace que muchos atroces delitos no se pueden averiguar, otros aún averiguados quedan impunes, y otros, en fin, sepultados para siempre en la complicada y difícil tramitación. La sociedad tiene que soportar el peso de estas funestas consecuencias y tiene que gemir bajo el yugo que su misma legislación le ha impuesto, yugo tanto más abominable, cuanto que tiene su origen en la ley.

Con la repetición de hechos escandalosos que han quedado sin castigo, con el aliento de la impunidad, con la falta de policía para suprimir los delitos, sino se aplica un pronto remedio, luego desaparecerán nuestra seguridad y con ella todos los goces y prerrogativas de nuestra vida social. Las providencias que dictéis sobre este grave asunto influirán poderosamente en el progreso nacional, agotarán los trastornos y las inquietudes familiares, fomentarán el trabajo, desterrando de la sociedad el crimen y la vagancia; aumentará la riqueza individual y con ella el engrandecimiento del Estado.

En la parte civil de la administración de Justicia, es también incalculable el mal que resulta, por la lentitud de los procedimientos y por la falta de una ley que castigue velozmente las defraudaciones con penas eficaces; así es que con frecuencia el comercio, la industria y los demás ramos, sufren quebrantos que no los dejan prosperar. La creación de un Consulado sería muy oportuno para llenar estas necesidades, y además se lograría la plantación de caminos, puentes, calzadas; la composición (de caminos) que los que existen están generalmente en el mayor abandono, por confiarlos la ley a personas que no están bajo la inmediata inspección de un Tribunal, se lograría el fácil transporte de las producciones agrícolas, ya en el interior, ya en el exterior; se lograría, en fin, que la administración de Justicia se descargase en mucha parte de los negocios civiles, dedicándose con tesón a los criminales que merecen mayor preferencia; y una vez sujetos los intereses del comercio a sus propios impulsos, libres de las trabas de la Administración ordinaria, se encaminaría con más prontitud al bien de la sociedad.

La sociedad continúa difundiendo luces en proporción de sus recursos y de la infancia en que se halla; sin embargo, como se nota una carencia absoluta de cátedras de Medicina y ciencias accesorias, sería muy conveniente la organización de un Protomedicato como fundamento de éstas. Hay en el Estado número suficiente de profesores para darles ser y estabilidad, y para remediar los frecuentes abusos que se cometen en el ejercicio de estas facultades.

Teniendo en mira la guerra nacional a que nos provocaba la permanencia de aventureros en la República de Nicaragua, solicité y obtuve tratados de amistad y alianza defensiva y ofensiva con las Repúblicas de Guatemala, El Salvador y Costa Rica; el Ministro del Exterior os dará cuenta con ellos y asimismo os informará de las buenas relaciones que cultivan con Honduras.

Además de mis trabajos oficiales en este respecto, cuando el Gobierno Provisorio de la República de Nicaragua se sirvió acreditar en ésta al Dr. don Rafael Jerez, Comisionado y Ministro Plenipotenciario; antes de recibirlo en su carácter público, me pareció conveniente formarle ciertas bases de acuerdo con el plan político adoptado por Honduras y las Repúblicas aliadas, excitando ellas a dicho Gobierno para que se desprendiese de Walker y sus agentes, confiriese el poder militar en los hijos de aquel país, ofreciéndole todo el poder de Honduras y sus oficios amistosos con las Repúblicas del Centro, para ayudarle en el propósito de arrojar a los filibusteros, le declaré francamente que Honduras no tenía con Nicaragua motivos de hostilidad y que solo los aventureros lo pondrían en la imperiosa necesidad de llevar sus armas a aquella República. Con harta satisfacción vi después realizados mis deseos y, hoy día, las fuerzas de todos los gobiernos, inclusive el Provisorio, luchan victoriosamente contra los aventureros; pero no obstante los grandes y repetidos triunfos, la campaña está abierta y los enemigos huellan todavía el suelo de Nicaragua, sin haberlos exterminado en su totalidad. Una guerra heroica se sostiene contra ellos acreditándose en todas partes el sufrimiento y el valor.

Ha sido muy sensible la falta de un centro de acción en las operaciones militares; acaso con sólo esto se habría alcanzado va el término de la guerra con menores sacrificios. Honduras por su parte llamó la atención de los demás gobiernos y se mostró deferente para aceptar el General en Jefe que la mayoría se dignase escoger.

Para contribuir el Estado con su contingente de tropa necesitaba de recursos extraordinarios, y esto lo obligó, de acuerdo con el Consejo de Estado, a derramar un empréstito en los términos que el Ministro General os dará un pleno informe.

El sentimiento de Independencia Nacional, que se ha despertado con celo y entusiasmo, impulsó al Gobierno a acreditar agentes públicos cerca de Francia e Inglaterra, para hacer reconocer esta República en su carácter soberano e independiente; negociar tratados de amistad y comercio y reclamar de Gran Bretaña las Islas de la Bahía, sobre las cuáles Honduras tiene un dominio indisputable. Las negociaciones celebradas con estas dos potencias, las sujetará el Ministro a vuestra soberana deliberación, dando cuenta al mismo tiempo con las instrucciones relativas al reclamo de las referidas islas, porque según el sentir del Gobierno no corresponden con lo estipulado, ni está en los intereses de Honduras que una mar cerrada puesta por la naturaleza y por el derecho de gentes bajo su jurisdicción y siendo necesaria para su seguridad y defensa, se declare libre para el comercio universal sin reportarle ningunos beneficios. Los grandes asuntos que acabo de mencionar al S. C. L. son un motivo suficiente para felicitarme de su aparición en tan oportunas circunstancias.

La consolidación del orden interior y la necesidad de encaminar la sociedad al progreso requiere eficazmente. Leyes adecuadas; la guerra nacional que se sostiene con los filibusteros exige iguales medidas activas, capaces para conducirla a una feliz terminación; los tratados celebrados con las potencias extranjeras demandan también un profundo examen.

Quiera el Ser Eterno ilustrar la inteligencia de esta Soberana Representación para que todas sus disposiciones lleven el acierto que merecen y sean dignas de la aprobación de los hondureños.

Comayagua, enero 20 de 1857.

SANTOS GUARDIOLA.

MENSAJE PRESENTADO POR EL BENEMERITO GENERAL SANTOS GUARDIOLA, PRESIDENTE DEL ESTADO DE HONDURAS, A LAS CÁMARAS LEGISLATIVAS, EN SU REUNIÓN ORDINARIA DE 1858.

SS. DD. Y SS:

Os felicito por vuestra instalación; me felicito a mí mismo por la satisfacción que siento al verme entre los ciudadanos escogidos por el pueblo hondureño, para que, con sabias y acertadas disposiciones promuevan su ventura y engrandecimiento. Difíciles vuestra misión; grandes son los deberes que tenéis que llenar, pero confío en vuestra ilustración y patriotismo, y en que la divina providencia os dará acierto en vuestras importantes tareas.

Después de vuestro receso, el Gobierno se ocupó en organizar un nuevo ejército, atendidos los recursos que le facilitastéis, para que, en unión de los refuerzos que se alistaban en los demás estados, acelerase la terminación de la campaña que estaba abierta en Nicaragua, la cual, de día en día, se hacía más difícil a causa de que las fuerzas aliadas habían quedado reducidas a un número insuficiente.

Tan luego que se logró proveer a esta segunda división de los elementos necesarios para su marcha, se verificó ésta, y muy pronto se tuvo aviso de haberse incorporado a las demás de Centro América, habiendo tenido la satisfacción de saber que fue la primera que, aquella vez, llegó al teatro de la guerra.

Esta lucha, la única que en nuestra historia puede calificarse de justa y necesaria, terminó a principios de mayo próximo pasado, con la expulsión de los invasores del territorio nicaragüense. Nuestro ejército, al mando del General don Florencio Xatruch, regresó entonces lleno de gloria, porque aunque en pequeño número, adquirió merecidos aplausos por su constancia y valor.

Os recomiendo muy particularmente a este digno General lo mismo que a los demás jefes, oficiales y tropa.

Terminada esta campaña, y amenazada aún Nicaragua por nuevas tentativas filibusteras, se suscitó entre aquella república y la de Costa Rica, una cuestión de límites, para cuya decisión, se apeló por parte de ambas, al ruinoso y desacreditante medio de las armas. Deseoso de que el acuerdo tuviese una solución pacífica, por el convencimiento de que, en esas circunstancias, sería más funesta que nunca una guerra entre aquellos dos países, de cuyas consecuencias participarían las demás secciones de la América Latina, ofrecí la mediación de este Gobierno, la que no tuvo efecto, porque afortunadamente aquellas diferencias concluyeron por un arreglo celebrado entre comisionados de una y otra república, el ocho de diciembre próximo pasado, quedando así establecidas las buenas relaciones que deben existir entre los pueblos hermanos, identificados en intereses y peligros y, aunque posteriormente, se supo que el arreglo no había sido ratificado por Nicaragua, a causa de rozarse con compromisos anteriormente contraídos por dichos gobiernos, se advierte el más sincero deseo de arreglar aquellas dificultades fraternal y amigablemente.

Como por avisos de personas fidedignas, recibidos de los E.E. U. U., y en comunicaciones del Gobierno de Costa Rica, se me anunciáse que los filibusteros intentaban apoderarse de los puertos de Omoa y Trujillo, y no careciendo estas noticias de probabilidades, dicté algunas medidas para la defensa de puntos tan interesantes, habiendo sido la principal aumentar considerablemente la guarnición en uno y otro, lo que ocasionó exceso de gastos bastante fuerte.

No escarmentado el aventurero Walker con lo ocurrido en Rivas, en donde generosamente se le concediera un perdón inmerecido, e insistiendo en su propósito de adueñarse de estos países, invadió por segunda vez el territorio de Nicaragua a principios de diciembre próximo pasado, con gentes y elementos de guerra a su juicio suficientes, para coronar su empresa. Se había apoderado ya de algunos puestos militares del Río San Juan y de dos o tres vapores que por allí estacionaban, cuando el Comodoro Paulding, Comandante de la Flotilla Americana, surta a la sazón en las aguas de aquel puerto, con orden de su gobierno o sin ella, capturó al aventurero y comparsa y los remitió a los Estados Unidos.

A la llegada de aquéllos a Nueva York, y al presentarse el primero en Washington, se levantó un grito de reprobación contra la conducta de aquel oficial y contra el mismo gabinete, que se suponía haber ordenado el procedimiento. Walker encontró simpatías en el mismo seno de la Legislatura. Casi en todos los estados del sur de la unión, ha causado un descontento general el entorpecimiento de aquel pirata; y, en muchas de aquellas poblaciones, se hacen reclutamientos voluntarios para emprender con más formalidad la cruzada sobre Centro América. Se cree que el Gobierno puede llegar a ser impotente para reprimir aquel des orden y evitar el quebrantamiento de las leyes de neutralidad de aquel país, las que de un momento a otro pueden ser derogadas. Según escriben de los Estados Unidos, tendremos que sufrir muy en breve una nueva invasión, más formal y peligrosa que las precedentes.

Los otros gobiernos del Centro están enterados del riesgo que nos amaga, y no dudo que escogerán medios de estrechar la unión entre los estados, con el fin de organizar la defensa del modo más a propósito para repeler y escarmentar a aquellos bandoleros. Me he mostrado siempre anuente a las medidas que se han propuesto con aquel objeto, pero desgraciadamente ninguna se ha podido realizar. Llamo fuertemente vuestra atención sobre este punto, que es, el de mayor interés que por ahora puede ocuparnos. Es inútil comprender cuán grande sería nuestro infortunio si los piratas del Norte llegaran a conquistarnos; pero por fortuna la América Central tiene recursos suficientes para hacer respetar su nacionalidad a la vez que sepa hacer uso de ellos de la manera que demanda la gravedad del peligro.

Me es satisfactorio informaros que con los estados hermanos se conservan las mejores relaciones de amistad y buena correspondencia, las que procuraré mantener, evitando la desconfianza, y ojalá que no sólo esto se lograra, sino estrechar fuertemente la unión de los pueblos centroamericanos, poniéndoles, si posible fuera, bajo la autoridad de un solo gobierno, para que pudiera defender con buen éxito su nacionalidad y su raza.

Respecto a nuestro interior, os diré, que la Compañía a quien ha sido trasladada la concesión para la apertura y construcción de un camino de hierro interoceánico o a través del territorio del Estado, mandó un cuerpo de Ingenieros para que reconozcan la ruta e informen sobre la practicabilidad de aquella empresa y los gastos que demanda su realización. En mayo próximo pasado dieron éstos principio a sus tareas, que aún no han concluido hasta la fecha; motivo porque no se sabe a cuánto ascenderán los gastos de esa empresa gigantesca; pero todos creen que es practicable a la vez de querer llevarla a cabo.

El Gobierno ha procurado llenar escrupulosamente los compromisos que impuso al Estado la aprobación de la contrata; y ha conservado la mejor inteligencia con los agentes de la Compañía, quienes le tributan los respetos debidos. Como el ejército regresado de Nicaragua viniese por desgracia infestado del cólera morbus, esta terrible epidemia se desarrolló en algunos pueblos de este Departamento, el de Choluteca, Gracias y Santa Bárbara, haciendo más estragos en estos dos últimos. Felizmente no se propagó en todo el Estado, y a la fecha, gracias a la Divina Providencia ha desaparecido. El Gobierno dicto con este motivo las medidas que le parecieron oportunas y mandó suministrar algunas cantidades para socorrer a los desvalidos.

Con pesar tengo que informaros que vuestro decreto de 3 de febrero próximo pasado, que establece los medios de reducir a poblado a los habitantes de los campos, no ha sido bien recibido, contra su ejecución se han hecho Varias representaciones al Gobierno; este, pulsando inconvenientes las fa trascendencia, en su severo cumplimiento, ha emitido algunas disposiciones de conformidad con las susodichas exigencias, mientras Vuestra Soberanía, con el acierto y madurez conveniente, determina lo que a bien tenga. El Ministro de Gobernación os dará cuenta con los documentos del caso.

La misma o más activa resistencia encontró de parte del Ilustrísimo Obispo Flores (Que en paz descanse) la ley del 17 del mismo mes de febrero; y, no obstante la deferencia que el Gobierno le manifestó oficialmente a empeñarse porque la modificaseis de la manera más conforme a sus deseos, publica la Pastoral de que os habéis impuesto. Este nuevo germen de inquietud me obligó a emitir algunas providencias preventivas, para contener o destruir las tendencias revolucionarias a que diera margen aquel documento. A pesar de la moderación con que el Gobierno se condujo en este negocio, no ha dejado de notarse cierto malestar en la sociedad de que se valen los enemigos del orden y de todo progreso social, para extraviar a la gente sencilla y promover un desconcierto.

Con esta mira criminal, algunos descontentos han propalado, y esforzándose en hacer creer especies tan subversivas y calumniosas como absurdas, con que ha querido herir la delicadeza y el honor del personal de la Administración. Os recomiendo atinadas medidas sobre el particular, para cortar de raíz este desacuerdo, y quitar a los trastornadores ese pretexto. El Ministro os informará con los documentos correspondientes.

Debo aquí en obsequio de la Justicia hacer mención honorífica de los servicios últimamente prestados por el Señor Presbítero Manuel

Subirana. Cuando la Pastoral se esparcía con profusión por el Estado, provocando en los ánimos una subversión de ideas que refluía contra el Gobierno, y cuando en el Departamento de Olancho, algunos eclesiásticos, degenerando su Instituto, predicaban contra la Administración, para no perder la oportunidad favorable de promover un trastorno, el Sr. Subirana, que por sus virtudes había merecido granjearse la estimación de todos, en aquel Departamento refutaba sus doctrinas anárquicas y anticristianas, y predicaba la sumisión y obediencia al Gobierno y demás autoridades.

Son muy importantes los servicios que aquel buen sacerdote presta actualmente al Estado en su empresa eminentemente evangélica y civilizadora de cristianizar y atraer al Estado social las diferentes tribus de indios selváticos que andan errantes por los Puntos de Culmí, La Criba y otras de la Costa del Norte. Hasta el primero de enero próximo pasado ya contaba más de setecientos catequizados entre jicaques y pasas. Ha logrado reunirlos formando poblaciones en donde les inspira amor al trabajo y amor a la vida en sociedad y les va inculcando las verdades de nuestra religión según el grado de capacidad intelectual de aquellos Desgraciados. Estoy dispuesto a proteger esta empresa de la que más tarde sacará el Estado ventajas de consideración, con cuyo objeto he mandado suministrar de los fondos públicos algunas cantidades.

A pesar de estos acontecimientos he tenido especial esmero en inspirar a los hondureños confianza en la Administración, asegurándoles el perfecto goce de las garantías constitucionales, el Estado no deja de prosperar bajo la sombra de la paz que felizmente disfruta; el comercio se aumenta y la agricultura hace progresos de consideración atendidos los pocos elementos con que cuenta el país para el desarrollo de esa gran fuente de riqueza y prosperidad.

Es sensible tener que manifestaros: que la justicia sigue mal administrada por las razones que, otras veces, se os han hecho presentes en este mismo lugar. La falta de un Código de Procedimientos motiva el que los Tribunales Superiores anulen en segunda y tercera instancia los expedientes civiles de mayor importancia, con gravísimos perjuicios de los interesados que, cuando creen que van a ver la conclusión de sus asuntos, se encuentran en la necesidad de comenzar de nuevo a abandonar sus derechos después que han gastado en balde su dinero y el tiempo que quizá es más precioso. No menos grave es la falta de un Código Penal para la represión y castigo de los delitos.

Como estos trabajos demandan tiempo, sería de desearse que antes de vuestro receso, nombréis una comisión para que los redacte, y dé cuenta con ellos en vuestras sesiones siguientes.

Convencido de que un Estado no puede existir sin Hacienda, pues las rentas son indispensables tanto para el sostén de la Administración, como para el reparo y construcción de obras de común utilidad, me he dedicado eficazmente al incremento de las que componen el Tesoro Público de la Nación, dando a algunas de ellas distinta organización, la más a propósito, a juicio del Gobierno, para que sus productos sean más cuantiosos; la mira que en esto lleva el Gobierno es cubrir los gastos del servicio público sin gravar a los pueblos con empréstitos y contribuciones directas que tanto los abruman y disgustan. Hice suspender la recaudación del último empréstito, aun antes de terminada la guerra contra los filibusteros; y desde entonces no son molestados los ciudadanos con exigencias de aquella naturaleza. Por desgracia entre nosotros, siempre se había hecho sentir esa clase de gravámenes aun en tiempos bonancibles, por la deficiencia de Tesoro Público; pero me lisonjeo con que no se sufrirá más si logramos conservar la paz. De que hoy felizmente disfrutamos. También he tenido en mira el promover el aumento de las rentas la amortización de la deuda extranjera que, por la acumulación de intereses, sube ya a una suma enorme, según os informó el año próximo pasado el Ministro de Hacienda.

La Instrucción Pública no ha sido desatendida; aunque el Ilustrísimo Señor Obispo mando errar el Colegio Tridentino, continuó abierto de orden del Gobierna y servidas las cátedras lo mismo que antes. La Universidad del Estado o sus directores se ocupan actualmente en levantar un edificio capaz de llenar el objeto a que se le destina. Se ha dado principio con entusiasmo a su construcción, la que se prosigue con actividad, debido al celo y perseverancia del digno Rector Dr. don Hipólito Matute. Este establecimiento que debe llamar de preferencia vuestra soberana atención permanece estacionario a causa de la escasez de sus rentas. Es necesario proveer el aumento de éstas, para poder traer del exterior algunos profesores necesarios para la enseñanza de ciencias que muy poco o nada se conocen entre nosotros y que son indispensables para la mejora social.

Nuestras vías de comunicación no mejoran a pesar del celo con que he ordenado se cumpla el reglamento sobre composición de caminos. Mientras éstos sigan siendo lo que ahora son, no podrá desarrollarse la agricultura en el interior, porque no teniendo salida sus productos ni consumo en los lugares inmediatos al cultivo, por lo escaso de la población, nadie querrá entregarse o una especulación en que la pérdida sería segura. Por desgracia hay dificultades hasta cierto punto insuperables por ahora que imposibilitan la ejecución de obras tan necesarias; la escasez de población y lo fragoso del terreno, que no se prestan a la apertura de carreteras, sino es con inmensos gastos y empleando muchos brazos.

Pero para hacer siquiera transitables por bestias los caminos que actualmente tenemos, creo necesario que se dicten otras providencias porque me parecen insuficientes las que se rigen sobre la materia. Lo que se llama fondo de caminos aunque no deja de producir algo en los puertos de Omoa y Trujillo, es apenas suficiente para la composición de los que parten de aquellos lugares al interior, así es que los departamentos no reciben las sumas que la ley ha dispuesto que se les remitan de aquel fondo para la apertura y reparación de cada uno; y aunque las reciban son esas tan mezquinas comparadas con los gastos que es preciso hacer, que para la muy imperfecta composición que hoy se hace a los caminos, es necesario compeler a cierta clase de ciudadanos, quizá la más menesterosa, a que presten este servicio sin retribución alguna.

Podía, pues, votarse una ley que obligue a todos los habitantes del Estado, de tal a cual edad, a trabajar cuatro días en el año en la obra pública de que vengo hablando, pudiendo el que no pueda o quiera prestar este servicio, compensarlo con una cantidad de dinero equivalente al valor de cuatro jornales. Concluyo, señores Representantes, haciendo votos al Ser Supremo porque os conceda el mejor acierto en vuestras deliberaciones.

Comayagua, marzo 31 de 1868. *Santos Guardiola.*

CAPÍTULO X: LA REELECCIÓN

Estando para terminar el período presidencial de 1856 a 1859 para que fue electo el General Santos Guardiola, la Cámara Legislativa dictó un decreto, convocando al pueblo hondureño para que eligiera el Mandatario que debía gobernar en el nuevo período de 1860 a 1863. Este hecho se verificó en la fecha indicada, saliendo reelecto el General Guardiola por una abrumadora mayoría. Las elecciones presidenciales de 1859 tenían escasísimos precedentes en la Historia de Honduras. El pueblo gozó en ellas de una libertad absoluta, especialmente en la expresión del pensamiento por medio de la prensa que, desbordada en algunos casos, prorrumpió en insultos para el candidato Guardiola. Cuando algunos de sus partidarios le aconsejaron dar disposiciones drásticas contra sus enemigos, él les manifestó que estaba sin cuidado por los injustos ataques que se le hacían, y que los danos que causaba la palabra impresa se debían curar con la misma palabra y en la misma forma.

En estas elecciones sucedió lo contrario de lo que generalmente ocurre, de que la imposición no partió de arriba sino de abajo, pues el pueblo se impuso en ocasiones propicias a las autoridades partidarias de don José María Lazo. Los secuaces de este último fundaron para su propaganda el periódico titulado «El Elector», dirigido por el Licenciado Adolfo Zúñiga que atacaba con mucha dureza al Gobierno de Guardiola, mientras que los otros partidarios de éste publicaron "El Vigilante", que respondía enérgicamente a las acusaciones hechas por sus contrarios.

Estas elecciones se verificaron en paz y a satisfacción de la casi totalidad de los pueblos, que después felicitaron espontáneamente al candidato triunfante. Esto confirma lo que dijo el Dr. Rosa con motivo de la muerte del General Miguel García Granados: "El instinto de los pueblos pocas veces se extravía". El General Guardiola fue reelecto por 20.530 votos en una. base de 22.873 electores, según lo prueba el siguiente documento: "Sr. Srio. Municipal de esta ciudad. Con fecha 4 del mes corriente, el Sr Ministro General del Supremo Gno. del Estado me comunicó el decreto que copio.

"Su excelencia el Señor Senador Presidente con ésta se ha servido dirigirme el Decreto que sigue: El Senador Presidente en que reside el S. P. E. del Estado. Por cuanto la Asamblea general decretó lo siguiente: La Asamblea General del Estado de Honduras

Considerando: que del escrutinio de la votación General en la elección de Presidente del Estado ha resultado el Benemérito General D. Santos Guardiola con 20.530 sufragios, siendo la base 22.878. Y que practicada la elección de Vicepresidente, resultó por mayoría de votos el Sr. D. Victoriano Castellanos.

DECRETA

Artículo 1° Se declara popular y constitucionalmente reelecto Presidente del Estado en el período de 1860, 61, 62 y 68 al Benemérito General D. Santos Guardiola. Art. 20-Asimismo se declara Vicepresidente en el propio período al Señor Don Victoriano Castellanos. Pase al S. P. E. Dado en el Salón de Sesiones a 3 de Fbro. de 1860. -Norberto Martínez R. P. -Manuel Fernández R. S. -Rafael Tijerino R. S. Por tanto: ejecútese. Lo tendrá entendido el Ministro del despacho y dispondrá se imprima, publique y circule. Dado en Comayagua en la casa de Gno. á 4 de Fbro. de 1860. -Francisco Montes. Al Sr. Ministro General y lo transcribo a V. E. para que con la Solemnidad posible lo haga publicar y circular en los pueblos de su mando, esperando me dé aviso de su recibo y que admita mi aprecio Colindres".

Y lo comunico a V. E. para inteligencia de esa honorable Corporación, esperando me conteste de recibo y que me tenga por su atento servidor.

Pedro Xatruch.

En vista del anterior decreto, el General Guardiola tomó posesión de la Presidencia, en la fecha indicada, con las formalidades legales.

VISITAS PRESIDENCIALES

Las visitas presidenciales son prácticas y muy útiles para la buena administración de un país, pues ellas, por medio de sus autoridades o directamente, ponen a los pueblos en contacto con sus gobernantes, quienes deben conocer sus necesidades y buscar los medios prácticos de remediarlas; pero resultan contraproducentes, y más bien onerosas, cuando no se llevan a cabo con la debida corrección y con intenciones patrióticas. Así se ha visto hace algunos años con las últimas visitas practicadas que se convirtieron en espléndidos paseos, de los cuales no se sacó provecho alguno para los gobernados y que sí costaron cuantiosas sumas de dinero.

Las primeras visitas, de que nos hemos dado cuenta, las practicó el Presidente Coronado Chávez, a los pueblos del Departamento de Tegucigalpa. El 8 de agosto de 1857 el Presidente Guardiola se trasladó de Comayagua a Tegucigalpa, a donde llegó el 10 del mismo mes.

Las municipalidades de esta ciudad lo invitaban todos los años para pasar en ella las fiestas de Mercedes y las de la Independencia y de San Miguel. El que quería tanto a su pueblo nativo, en donde vivía una parte de su familia y tenía muchos amigos y admiradores, atendía con mucho gusto las referidas invitaciones y muchas veces alargaba su permanencia en ella hasta pasar el 1º de noviembre, fecha de su cumpleaños, que era celebrado espléndidamente.

En el expresado año de 1857 dispuso hacer una visita oficial al Departamento de Olancho, pero antes de hacerla permaneció un mes en el mineral de San Antonio de Oriente, gozando allí de los beneficios de un clima dulce y suave De San Antonio se trasladó a Yuscarán, ordenándose previamente al Alcalde 10 y Jefe de Distrito, que alistaran cuarenta bestias de bagaje, doce de carga y el resto de silla y que, como éste debía hacerse por Güinope dieron aviso con anticipación a aquellas autoridades.

De Yuscarán, con fecha 5 de noviembre, se avisó a los Jefes de Distrito que, preparándose el Gobierno a salir hacia Danlí, preparasen un número determinado de bestias, y, al propio tiempo se ordenó al Administrador General de Correos, que habiendo el Supremo Gobierno dispuesto trasladarse a Olancho, en visita el mes que regía, dirigiera a Juticalpa la correspondencia que recibiera de otras administraciones.

De Yuscarán el Presidente salió con su séquito para Danlí donde el 26 de noviembre, recibió una comunicación de don Víctor Herrán, Ministro Plenipotenciario de esta República cerca del Gobierno de la Gran Bretaña, en que participaba haber tenido lugar el canje de tratados el 26 de octubre anterior, manifestando al mismo tiempo que Lord Clarendon se quejaba de la indiferencia con que este Gobierno había mirado unas negociaciones de tanta importancia para la América Central, y las razones con que él excusara a este Gobierno respecto del silencio que se creía había guardado, con que Su Majestad la Reina de la Gran Bretaña lo había recibido en su carácter de Ministro Plenipotenciario. En su visita se acordó contestarle que le es satisfactorio, tanto el canje de los tratados como la recepción en su carácter de Ministro Plenipotenciario; pero que le son sensibles y no puede pasar en silencio las inculpaciones que el noble Lord Clarendon le hace, aunque no desconoce la justicia que le asiste: que desde el mes de abril que se le comunico la no ratificación por parte de la Soberanía de esta República de los tratados de las Islas de la Bahía y costa de Mosquitia, y que, como al efecto se le instruyó para que abriera nuevas conferencias, este Gobierno descanso en que cumpliría exactamente; pero que con sorpresa observaba que nada se ha indicado a este respecto a Lord Clarendon; motivo por el que no ha dejado de resentirse el honor nacional.

Las municipalidades de esta ciudad lo invitaban todos los años para pasar en ella las fiestas de Mercedes y las de la Independencia y de San Miguel. El que quería tanto a su pueblo nativo, en donde vivía una parte de su familia y tenía muchos amigos y admiradores, atendía con mucho gusto las referidas invitaciones y muchas veces alargaba su permanencia en ella hasta pasar el 1° de noviembre, fecha de su cumpleaños, que era celebrado espléndidamente.

En el expresado año de 1857 dispuso hacer una visita oficial al Departamento de Olancho, pero antes de hacerla permaneció un mes en el mineral de San Antonio de Oriente, gozando allí de los beneficios de un clima dulce y suave De San Antonio se trasladó a Yuscarán, ordenándose previamente al Alcalde 1o y Jefe de Distrito, que alistaran cuarenta bestias de bagaje, doce de carga y el resto de silla y que, como éste debía hacerse por Güinope, dieron aviso con anticipación a aquellas autoridades. De Yuscarán, con fecha 5 de noviembre, se avisó a los Jefes de Distrito que, preparándose el Gobierno a salir hacia Danlí, preparasen un número determinado de bestias, y, al propio tiempo se ordenó al Administrador General de Correos, que habiendo el Supremo Gobierno dispuesto trasladarse a Olancho, en visita el mes que regía, dirigiera a Juticalpa la correspondencia que recibiera de otras administraciones.

De Yuscarán el Presidente salió con su séquito para Danlí donde el 26 de noviembre, recibió una comunicación de don Víctor Herrán, Ministro Plenipotenciario de esta República cerca del Gobierno de la Gran Bretaña, en que participaba haber tenido lugar el canje de tratados el 26 de octubre anterior, manifestando al mismo tiempo que Lord Clarendon se quejaba de la indiferencia con que este Gobierno había mirado unas negociaciones de tanta importancia para la América Central, y las razones con que él excusara a este Gobierno respecto del silencio que se creía había guardado, con que Su Majestad la Reina de la Gran Bretaña lo había recibido en su carácter de Ministro Plenipotenciario. En su visita se acordó contestarle que le es satisfactorio, tanto el canje de los tratados como la recepción en su carácter de Ministro Plenipotenciario; pero que le son sensibles y no puede pasar en silencio las inculpaciones que el noble Lord Clarendon le hace, aunque no desconoce la justicia que le asiste: que desde el mes de abril que se le comunico la no ratificación por parte de la Soberanía de esta República de los tratados de las Islas de la Bahía y costa de Mosquitia, y que, como al efecto se le instruyó para que abriera nuevas conferencias, este Gobierno des canso en que cumpliría exactamente; pero que con sorpresa observaba que nada se ha indicado a este respecto a Lord Clarendon; motivo por el que no ha dejado de resentirse el honor nacional, y que no pudiendo el Gobierno rechazar aquel soberano mandato, se veía en el caso de suplicarle su cumplimiento; sean cuales fueren los resultados a que pueda dar lugar, no obstante, las razones que exponía en favor de la ratificación que se ha negado.

De la ciudad de Danlí salieron los miembros del Poder Ejecutivo para Juticalpa, en donde fueron recibidos con grandes muestras de regocijo, haciéndolos pasar bajo arcos triunfales y obsequiados con el tradicional refresco que se ofrece a los viajeros distinguidos y que se sirvió esta vez en la casa destinada para el alojamiento de los visitantes.

Como se ha visto anteriormente, el Presidente Guardiola llevó consigo a los miembros de su gabinete para actuar con ellos en las diversas poblaciones del tránsito y no interrumpir así el despacho de los negocios públicos. Así se explica que en aquella ciudad recibiera el Gobierno noticias importantes, tales como los conatos revolucionarios, en Tegucigalpa; los avances de los filibusteros en Nicaragua; la invasión de los mismos por Omoa; la propagación del Cólera Morbus en algunos lugares, etc., y dictara las disposiciones que juzgó convenientes sobre esos asuntos. En Juticalpa se convocó también a las Cámaras Legislativas para su reunión en la Capital de la República del 15 al 20 de marzo del año entrante.

Estando para terminar la permanencia del Gobierno en Olancho, el 13 de enero de 1858 se comunicó a los Jefes Políticos de

Tegucigalpa y Comayagua, que debiendo el Supremo Gobierno hacer su ingreso a la Capital del Estado el 19 de febrero, tuvieran listo el suficiente número de bestias en los puntos donde el Gobierno tuviera que tocar.

Nota: -Debemos hacer constar en este punto, que el General Guardiola, sólo visitó la ciudad de Juticalpa en su carácter de Presidente; y que nunca funcionó como jefe militar para recorrer e inspeccionar esta sección de la República. El Autor.

CAPÍTULO XI: EL ASESINATO

Terminado el movimiento bélico conocido con el título de GUERRA DE LOS PADRES y frustrados los intentos del General Francisco Lope (a) Cutacha, para derrocar del poder al Presidente Guardiola, pareció que Honduras había entrado en una época de tranquilidad y bienestar, y que se dibujaba en su horizonte político el iris de la paz; pero desgraciadamente no fue así; allende el Goascorán y del Lempa se fraguaba un plan tenebroso cuya ejecución conmovió hondamente el orden social y político de la República.

Las circunstancias que contribuyeron al hecho fueron propicias, el General Gerardo Barrios quiso congraciarse con el Gral. Carrera, y como hemos visto, hizo un viaje de visita amigable a Guatemala, pero algún tiempo después hubo desavenencias entre los dos mandatarios y Barrios necesitó entonces un auxiliar que contribuyera a sus planes y propósitos, y ese auxiliar no podía ser el Gral. Guardiola, amigo del gobernante de Guatemala. El Gral. Barrios sentía odio profundo por Guardiola y hasta se rumoraba en ese tiempo, que Barrios había manifestado en más de una ocasión que existían dos hombres antagonistas en Centro América, de los cuales uno de ellos debía desaparecer.

Don Victoriano Castellanos, que según se afirma, se había criado con la familia de Barrios, era amigo íntimo de éste, y residía en esos días en Suchitoto por motivo de enfermedad, pero estaba en condiciones de servir como instrumento pasivo a la realización del hecho proyectado que debía dar por efecto el encuentro del aliado que se buscaba. Por otra parte, aunque el pueblo salvadoreño, que es laborioso y honrado, se pudieron encontrar en su seno los ejecutores inmediatos de un crimen, que dio por consecuencia la adquisición de un apoyo positivo: la muerte del General Guardiola.

Este vivía confiado en Honduras y en el amor de su pueblo, en su valor personal y en la fidelidad de los militares que lo rodeaban. Entre éstos se encontraba el Capitán Pablo Agurcia, sujeto que gozaba de todo su cariño y confianza, a tal grado, que cuando sus amigos le dijeron que desconfiara de Agurcia que podía mandar a quitarle la vida, Guardiola se lo comunicó a él acompañando la noticia con una carcajada que manifestaba claramente su incredulidad a la vez que su confianza absoluta; y, sin embargo, Agurcia lo traicionó vilmente, seducido por una fuerte cantidad de dinero que se le daría si mandaba a quitarle la vida al Gral. Guardiola. Se dice que a la muerte de Pablo Agurcia ese dinero fue traído a Tegucigalpa a sus familiares, y que había sido depositado antes en el puerto de La Unión, en poder de un comerciante de apellido Courtade la mayor parte de los asesinos del Gral. Guardiola eran de origen salvadoreño, siendo Cesáreo Aparicio hombre de conocida ferocidad. Un día antes de que se consumara el asesinato se trató de privar al Gobernante de un personaje que le era completamente fiel.

El Coronel tegucigalpense Hipólito Zafra Valladares, Jefe de la Guardia Presidencial, fue asaltado y herido la víspera del asesinato, hecho que lo dejó fuera del campo de acción. Aunque Guardiola había recibido de muchas partes aviso del plan que se tramaba para privarlo de la vida, el las creyó falsas y de su parte no tomó ninguna medida para frustrar dicho plan.

La noche anterior al asesinato, el Capitán Pablo Agurcia, Mayor de Plaza del Cuartel Principal, mando cambiar la Guardia de Honor, enviando los individuos que la formaban a cumplir comisiones imaginarias a lugares distantes. La nueva guardia que estaba formada por hombres perversos y por presidiarios fue emborrachada y llevada al Cuartel Principal en donde se le armó y municionó, y se le declaró el propósito que se tenía, llevándola en seguida a la Casa Presidencial para ocupar los puestos respectivos.

A la mañana siguiente, el 11 de enero de 1862, se notó la actitud sospechosa en que estaba la nueva guardia. La costurera de Palacio, Aniceta Lemus, a quien familiarmente decían MI CHETA lo advirtió así a la esposa del Capitán General Guardiola. En una pieza contigua al dormitorio del Presidente vivía un hijo natural de éste, llamado Hipólito, de quien los asesinos se apoderaron violentamente. Le pusieron una mordaza en la boca para que no pudiera dar ningún aviso y lo llevaron al Cuartel Principal en donde fue puesto en el cepo.

El aviso de la señora Lemus llenó de temor a la referida esposa del Capitán General, quien tomó tal sospecha como presagio de un funesto acontecimiento, y de allí que cuando Cesáreo Aparicio tocó la puerta del ya referido dormitorio del Presidente, se opuso a que éste se levantara de su lecho, suplicándole que no fuera abrir la puerta. El señor Capitán General se escapó hábilmente y se dirigió con presteza al lugar de donde se le llamaba. Fue en ropas menores y completamente desarmado, pues no creyó que se atentaba contra su vida. Para lograr mejor su intento, Aparicio le manifestó que había novedades en el Cuartel y al abrir la puerta tantas veces referida, los enemigos huyeron, a excepción del mencionado Aparicio, que disparó su carabina hiriendo mortalmente en el abdomen al Presidente. Este, al sentirse lesionado y con la audacia que mostró siempre en los momentos de peligro, arrebató a Aparicio la bayoneta de su carabina, pero no pudiendo ya sostenerse de pie cayó al suelo y principió a agonizar en brazos de su hija Guadalupe, y como Aparicio oía todavía algunas voces del moribundo, tomó un puñal para terminar su obra, pero la víctima le dijo: "Basta, ya no es necesario".

El Capitán General murió todavía joven, a los cuarenta y seis años de edad, cuando aún podía realizar nuevos e importantes beneficios a su Patria.

Los únicos que celebraron el atroz crimen de su muerte fueron sus eternos enemigos, los forjadores de la Leyenda Negro los que habían contribuido a que desapareciera de la escena de los vivos, y era tanto el dio que sus adversarios tenían por el Capitán Guardiola, que según el escritor Juan Vicente Martínez Aybar en su libro titulado "Breves Apuntes Históricos", páginas 21 y 22, por las noches de lunas veraniegas del 63, iban mujeres y hombres a San Sebastián a profanar la tumba del muerto.

La esposa del Capitán General Guardiola, enloquecida por el dolor, huyó con sus hijos del lugar del crimen y fue a refugiarse en la casa de doña Mercedes Montes, que les facilitó vestidos; por ir en ropas menores, y todo cuanto creyó necesario. Se asegura que el señor Canónigo don Pedro Boquín también protegió, a la afligida familia, y el cadáver del occiso fue trasladado a la Iglesia Catedral, en donde se procedió a embalsamarlo y a extraerle el corazón que se colocó en un frasco lleno de alcohol para conservarlo, el que aún se encuentra con los otros restos en el sitio en que aquéllos están depositados en la Catedral frente al de su antagonista político don José María Lazo.

Como trajo mucha confusión y pánico aquel acontecimiento trágico e inesperado, y durante algún tiempo estuvo dominando Pablo Agurcia, poco se sabe acerca de los detalles del enterramiento y demás circunstancias que siguieron a aquel hecho violento y criminal.

El joven y talentoso literato Dr. José Reina Valenzuela, ha escrito un relato hecho por una anciana de Comayagua, de 76 años de edad, llamada Juana Aguiluz, a quien su madre le contaba con todo detalle éste como otros acontecimientos importantes. El relato de la anciana, que contiene algunas exageraciones es el que sigue:

"Cuando el Gral. Guardiola fue asesinado, vivía en la casa que es hoy el Presidio en la ciudad de Comayagua, situada al oriente de la población, hacia el lado del río Chiquito. Esta casa es la última de la población en el camino del río y está en la cima de la llamada ´Barranca de Guardiola, o sea la cuesta que conduce al río Chiquito, en el ´Paso de Guardiola´, quizá llamado así después de la muerte del Presidente.

Al saberse el asesinato del Presidente, el Dean del Cabildo Presbítero Pedro Boquín, se hizo presente en la casa del duelo y llevó a la viuda a su casa, que es la que hoy ocupa el ´Colegio León Alvarado´, situada entre la calle de la Enseñanza y la de la Estación, una cuadra al occidente del parque de la ciudad. El cadáver del General Guardiola fue trasladado a la Catedral, donde se oficiaron pomposas honras fúnebres y se mantuvo en capilla ardiente todo el día, haciendo guardia los miembros del Gabinete y altas personalidades de la sociedad y del ejército.

En las esquinas de la plaza León Alvarado se colocaron túmulos enlutados y a la salida del féretro de la Catedral, se hicieron estaciones en cada esquina, cantando salmos y música fúnebre los Maestros de Capilla de la Catedral.

El féretro era negro, como se usaba antaño, y de la cabecera y los pies del ataúd pendían largas cintas negras que portaban los Ministros del Gabinete, presidiendo las ceremonias el Vicepresidente en ejercicio. Los cánticos y los actos religiosos tuvieron fin en la Iglesia de la Merced, habiendo seguido el cortejo las calles siguientes: de la Catedral hacia el norte hasta la esquina del hoy Cabildo Municipal (Palacio del Distrito); de allí hacia el occidente hasta la esquina de la casa que fue de don Mauricio del Pech (hoy de Francisco Siercke); de esta esquina, hacia al sur, hasta la esquina de la casa de los herederos de don Calixto Valenzuela y esta esquina hacia el oriente hasta la esquina del Palacio Episcopal. De esta esquina continuó por la calle 2 de Junio hacia el sur, doblando hacia el oriente hasta la puerta de la Iglesia de La Merced, en la esquina de la casa de Manuel Colindres (hoy de la familia Boquín).

De la Iglesia de La Merced siguió el cortejo hacia el Cementerio, que en ese entonces estaba localizado en la parte occidental de la Iglesia de San Sebastián (es decir al lado occidental del actual Camposanto, teniendo de por medio con éste, el templo mencionado).

El Cementerio Viejo está entre la carretera que entra de Tegucigalpa y el camino viejo hacia la Villa de San Antonio, frente a la llamada Cruz de Lejos, que queda al pie de la loma de San Sebastián donde se levanta la Iglesia.

Tegucigalpa, profundamente conmovida por el asesinato del General Guardiola, se levantó una fuerza de 300 hombres para vengar su muerte y restablecer el orden de la República. Esa fuerza, mal armada, por carencia de rifles en el Cuartel de esta ciudad, se dirigió a Comayagua, al mando del Coronel Antonio Escobar (a) Zarco Antonio. Se habló en aquellos días de una acción de armas en la Villa de San Antonio, en donde se decía que Pablo Agurcia había dejado en depósito una regular cantidad de aguardiente para emborrachar a la fuerza contraria; que se había armado una emboscada para que cayeran en ella los hombres mandados por Escobar; pero lo cierto es que en Comayagua se levantó una tropa de 30 hombres al mando de Pablo Agurcia y el General Casto Alvarado para combatir a la que llegó de Tegucigalpa y que se encontraron en las Lomas de Capiro, siendo los Tegucigalpas completamente derrotados el 18 de enero. Parece que el propósito del General Alvarado al venir con Agurcia era el de apoderarse de la persona de éste, aprovechando la confusión de la lucha bélica.

CAPTURA Y FUSILAMIENTO DE LOS ASESINOS

Restablecido el orden con la llegada a Comayagua del General José María Medina con un ejército graciano, a hacerse cargo del poder, en su carácter de Senador segundo, tomando posesión de la presidencia el 5 de febrero, fecha de su llegada a Comayagua. Medina ejerció el Poder Ejecutivo de Honduras por muy poco tiempo, pues al saber que don Victoriano Castellanos, Vicepresidente de Honduras, había tomado posesión del mando en la Villa de Guarita, Departamento de Gracias, protestó sumisión al poder constituido.

Por la Proclama del General Alvarado se verá que uno de los verdugos del Presidente Guardiola, el oficial Juan Antonio Pantoja (a) MACHUCA, logró escaparse por la noche del 30 del pasado enero, habiendo sido aprehendido el 1° de febrero por el Alcalde Chávez de La Paz, ayudado por una escolta de Opoteca.

Los infames perpetradores de tan horrendo crimen han muerto ya en su mayor parte, decía la proclama. Aparicio pereció una semana después cosido a puñaladas en un lugar excusado de los suburbios de esta ciudad. Su muerte tuvo lugar en el silencio de la noche, que sin disputa era el más malvado de todos. Lucio Mónico pereció también a los tres días, fusilado sin la más pequeña forma de juicio, de orden de Agurcia. Torres, según se dice, también murió en el camino a Omoa, a cuyo Castillo fue remitido por el mismo Agurcia con recomendación de matarlo por cualquier pretexto. El atroz crimen del asesinato del General Guardiola no podía quedar impune. El 30 de enero de dicho año, 1862, el Licenciado Rafael Padilla convino con el General Casto Alvarado en capturar a Pablo Agurcia y sus cómplices en el referido crimen del Capitán General Guardiola. El hecho debía verificarse en casa del señor Presidente Montes, por medio de golpes de valor y de astucia, lo que efectivamente se llevó a cabo y con buen éxito. En la residencia de Montes quedaron presos el mencionado Pablo Agurcia y Nicolás Romero, quienes fueron conducidos al Presidio y entregados a Máximo Cortés, oficial de Guardiola.

El 10 de febrero siguiente se terminó el proceso criminal seguido contra los asesinos del General Guardiola, por el Consejo de Guerra organizado para juzgar el crimen cometido en la persona del señor ex Presidente de la República, llenados todos los trámites que la ley prescribe, el referido Consejo dictó la sentencia que sigue:

FALLO DEL CONSEJO DE GUERRA

Visto y examinado el proceso formado por el Fiscal Coronel don Manuel Cáceres contra los reos militares Pablo y Ubence Agurcia, Nicolás Romero, Juan Antonio Pantoja, Pedro Amador y Miguel Juanes, por delito de traición y sedición contra el Gobierno y asesinato ejecutado el 11 de enero de este año, en la persona del Excelentísimo Capitán General y Presidente de la República, señor don Santos Guardiola, concluido el proceso en todos sus trámites y después de haber hecho relación de todo el Consejo de Guerra y de haber oído a los reos Pablo Agurcia y Nicolás Romero, menos a los demás por haber manifestado que nada tenían que exponer; todo bien examinado con las conclusiones del Fiscal y alegato del defensor del Consejo, presidido por el General de Brigada señor don Liberato Guerrero, de conformidad con la ley 1ª T. 70. R. Sa T. 13 P. a. y 1ª y "a. T. 20 P. 7ª, condena a los, reos referidos por tales delitos a la pena de ser pasados por las armas por las espaldas. Comayagua, febrero 10 de 1862.

Liberato Guerrero.

El fallo antedicho se cumplió estrictamente.

VICTORIANO CASTELLANOS VICEPRESIDENTE DE LA REPÚBLICA DE HONDURAS, EN EJERCICIO DEL EJECUTIVO SUPREMO, A SUS CONCIUDADANOS,

Hondureños:

Si el atroz atentado del 11 de enero ha dejado una mancha en nuestra historia, también hemos vindicado nuestro honor nacional con dos grandes hechos. Los autores de aquel horrendo crimen sufrieron el castigo que la ley les impuso; y el Gobierno se encuentra establecido según nuestra Carta fundamental, sostenido por la opinión entera de un pueblo que comprende sus derechos y sus obligaciones.

Demos gracias a la Providencia Divina que ha salvado a Honduras, y un voto de agradecimiento a los Gobiernos de las Repúblicas hermanas que abrazaron como suya nuestra causa.

Conciudadanos: Ningún elemento de trastorno existe en la República, la paz aparece en todos sus ángulos. Os lo he dicho y lo repetiré siempre: Ante mi Gobierno no hay más que hondureños, de quienes exijo cooperación para labrar la felicidad de nuestra patria; Que se extingan esas odiosas denominaciones de partido y que sólo nos una el deseo de que Honduras sea un pueblo próspero y feliz, ocupando un puesto digno entre las naciones cultas.

Hondureños: Estos son mis votos, verlos realizados es la única recompensa a que aspiro por el sacrificio que he ofrecido a mi patria.

Santa Rosa, marzo 5 de 1862.

Victoriano Castellanos.

MERECIMIENTOS DEL GENERAL GUARDIOLA

Los positivos merecimientos de este ilustre militar y los homenajes que se le rindieron, son un rotundo mentís para sus implacables detractores que han querido acumular en la persona de Guardiola todos los vicios y defectos, y que para medir su valor hay que tomar en cuenta si sus errores son menores que sus cualidades. Buscar personas absolutamente temperantes y militares sin energías para poder triunfar y linchar, es una verdadera simpleza. Con el intento de oscurecer y dañar una reputación bien sentada.

Entre los hechos realizados por el gobernante de que nos ocupamos, está la admirable organización que dio al cuerpo militar llamado Los Pericos, por la cinta verde que llevaban en la copa de sus sombreros. Parece que los primeros eran originarios de Opoteca y que se fueron renovando a medida que pasó el tiempo.

Estos subalternos seguían a su jefe a todas partes y podían dar su vida por él. Si hubiera sido Guardiola un jefe cruel y despótico de seguro no lo hubieran acompañado, en sus excursiones militares, los llamados Pericos, a los que alude el General Francisco Ferrera cuando dice:

> "Y los valientes Pericos,
> que grabaron con sus picos
> páginas de oro en la Historia".

Desempeñó con satisfacción algunos puestos importantes como los de Presidente de la República, Capitán General y Consejero de Estado.

Habiendo sido también Ayudante de la Aduana de Omoa, Jefe del Batallón permanente de la capital (Comayagua), Comandante de Comayagua, Tegucigalpa y Choluteca, y Jefe Expedicionario en varios lugares del país.

Guardiola recibió muchos homenajes de sus contemporáneos. Fue declarado dos veces Benemérito de la Patria y sus hazañas o proezas fueron celebradas por numerosas composiciones en versos. Si Guardiola hubiera sido el monstruo que pretenden dibujar sus enemigos, no hubiera merecido ningún elogio y aplauso de los pulsadores de la lira hondureña, lo que puede verse en las publicaciones periódicas de aquella época: Ya muerto este caudillo fue objeto de verdaderas apoteosis, sin que haya sido tomado en cuenta el favoritismo de los mandatarios.

Léanse sino los editoriales de la Gaceta Oficial publicados en los años en que gobernó a Honduras el General José María Medina.

LOS RESTOS MORTALES DEL CAPITÁN GENERAL GUARDIOLA

Aunque hacía poco tiempo que se había verificado el asesinato del Capitán General Guardiola, un grupo de Representantes de la Cámara Legislativa solicitó y obtuvo de ésta permiso para trasladar los restos del expresado Capitán General, al Cementerio de la aldea de Suyapa. Entre los peticionarios se encontraba don Bernardo Inestroza, dueño del terreno denominado "El Trapiche", en donde se encuentra la expresada aldea; pero se ignoran las causas que impidieron la traslación solicitada.

El 13 de octubre de 1864, el Presbítero Miguel Ángel Bustillo hizo una solicitud al Prelado Diocesano, relativa a obtener la correspondiente licencia para trasladar los restos del Capitán General Guardiola a la Iglesia Parroquial de Tegucigalpa. La licencia que con ese motivo expidió el Prelado Diocesano literalmente dice:

"Gobierno Episcopal de Honduras, Comayagua octubre trece de mil ochocientos sesenta y cuatro. Visto el anterior escrito en que el Señor Presbítero don Miguel Ángel Bustillo, a nombre y por recomendación especial de su hermana política, doña Ana de Guardiola, solicita permiso para exhumar y trasladar los restos del finado General, Señor ex Presidente, don Santos Guardiola, a la Iglesia parroquial de Tegucigalpa, (hoy Catedral) inconvenientes que se presentan para sepultarlos en el Santuario de Nuestra Señora de Suyapa, como se había concedido anteriormente; damos por nuestra parte la licencia expresada para inhumarlos en dicha Iglesia Parroquial, con tal que se haga fuera del Presbiterio, y a distancia, por lo menos, de tres varas de las mesas de los altares. Comuníquese al interesado. -El Obispo. -Por mandado de S. S. Iltma. -José Araque.v- Pro. Srio":

Se ignora también el motivo que impidió que por algún tiempo esta licencia no se cumpliera, sino años más tarde, en que su viuda consiguió traer los restos de su finado esposo a su casa de habitación, en donde permanecieron, por mucho tiempo a su cuidado. Allí los conservó en una capillita especial, adornada con negros cortinajes y con la veneración que se da en los tempos a las imágenes sagradas, hasta que en 1895 se trasladaría las cenizas del difunto Capitán General Guardiola a la Iglesia Metropolitana de esta capital, para

211

reposar allí indefinidamente con la cabeza rodeada por el halo luminoso que corona la cabeza de los hombres ilustres.

Su sepulcro queda bajo el arco del coro musical, al lado izquierdo, frente al de su adversario político don José María Lazo, con una inscripción Que dice: "Santos Guardiola, Capitán General y Expresidente de Honduras -Nació el 1º de noviembre de 1816 y falleció el 1 de enero de 1862".

CONCLUSIÓN

El General Guardiola es y será uno de los hombres más notables de la República de Honduras. Supo cumplir estrictamente sus deberes en los puestos que le tocó desempeñar, y su principal tendencia fue la de glorificar el nombre de su patria. Se dice que la grandeza de un hombre se mide por el número de sus enemigos, y el General Guardiola los tenía en gran número, implacables y despiadados que trataban de enlodar su insigne personalidad para oscurecer su merecida fama y exhibirlo como un monstruo, pero la Historia imparcial y serena se ha encargado de limpiar su figura para mostrarla en toda su grandeza y esplendor, en todos los contornos de su figura astral; realizó números hechos, el número de sus fracasos fue reducido y algunos de sus errores pueden atenuarse y disculparse.

El General Guardiola no pertenecía a bando político alguno, y falsean la verdad los que le quieren exhibir como retrógrado y enemigo del adelanto de Honduras. Sentía repugnancia por el partidarismo y sus esfuerzos se dirigían todos a la realización de hechos militares importantes que colocaron sobre su frente la aureola del talento o los gajos del laurel inmarcesible; su única culpa fue la de haber militado bajo las órdenes de gobernantes atribiliarios y despóticos, cuyos actos censuró y estigmatizó, disculpándolo su ideal acariciado, de ser un militar insigne en los campos de batalla, lo que realizó llegando a ser el héroe de cien combates.

La vida de Guardiola fue muy precoz, pues contaba apenas 46 años de edad cuando fue cobardemente asesinado. En esa época aun le sonreían las ilusiones y la idea de poder realizar beneficios en favor de su patria.

Sin que nos cieguen los vínculos familiares, podemos decir que, con la muerte del célebre caudillo militar, perdieron mucho los elementos que constituyen la vida humana de relación: las democracias de América, un ciudadano esclarecido; la América Central un baluarte inexpugnable para su defensa; Honduras, un timbre de gloria inmaculada; el Unionismo, un fuerte lazo de confraternidad; el Ejército del país, un soldado valeroso y audaz; el Hogar, un Jefe solícito y abnegado; y sus admiradores relacionados un amigo fiel de positivos y subidos méritos.

CAPÍTULO XII: APÉNDICE

Mensajes del Presidente Guardiola

MENSAJE LEÍDO POR EL PRESIDENTE DE LA REPÚBLICA
DE HONDURAS, GENERAL DON SANTOS GUARDIOLA, A
LAS CÁMARAS LEGISLATIVAS REUNIDAS EN
COMAYAGUA EL VEINTISIETE DE ENERO DE 1859.

S.S. D.D. y S.S.

Es tanta más cumplida mi satisfacción al veros reunidos en el Santuario de las Leyes, cuánto que puedo congratularme sinceramente con vosotros, de que la República se haya en plena paz.

Gracias a vuestra cooperación en el trabajo que ha emprendido el Gobierno, de hacer a los pueblos el mayor bien posible, el orden y la tranquilidad van dando frutos de día en día, que todos saborean con gusto, sin más al efecto que mantener a los ciudadanos en el goce de sus respectivos derechos, observar una conducta firme y resuelta que sin salir de la legalidad ni traspasar los principios de justicia y moderación, pudiese en cuanto es dable como a la vez restablecer la confianza y reanimar la sociedad, trayéndola a un sólo pensamiento, el de su verdadero bienestar que nunca será realizable en medio de la luz que produce los incendios, sino bajo el Influjo saludable de la calma y buena inteligencia.

Nuestras relaciones, señores, con los demás países, si bien no progresan continúan en un pie amistoso. Por mi parte, he cuidado de darles toda la atención que se merecen; y, como ahora, siempre estaré dispuesto a no omitir nada para que se cultiven y aumenten. Muy grato es para mí, el informaros que entre Honduras y las demás repúblicas de Centro América reina la mejor armonía. Los testimonios de sincera consideración y fraternidad que he recibido, me llenan de fe y esperanza tanto cuanto más se refieren al interés que tengo por la paz. Se me ha excitado a la unión nacional que yo he vista siempre como la única garantía de nuestro porvenir, y he accedido con franqueza creyendo cumplir con el deber de llenar una necesidad palpitan-

En consecuencia, hubiera deseado adherirme a unos tratados de alianza con que últimamente se me ha querido favorecer de parte de nuestros vecinos y hermanos; pero resintiéndose en puntos de alta gravedad, he creído oportuno someterlos a vuestro soberano conocimiento. Como de todo os dará cuenta el Ministro respectivo.

Por lo que hace al interior de nuestra República, las cosas ofrecen cuando no un aspecto bastante lisonjero, una disposición tan favorable a toda clase de adelantos, que mediando vuestros patrióticos esfuerzos, como corresponde, muy posible considera el Gobierno el engrandecimiento del país; hay genio, y la naturaleza nos convida a llenar el destino de las naciones más felices.

Debo aquí no obstante haceros presente, que las reformas constitucionales decretadas el año de mil ochocientos cincuenta y siete (1857), han sido desatendidas por varios tribunales de Justicia, como es de pública notoriedad. Si han traspasado el principio a que han debido limitarse, calificándolas de impropias o interpretándolas en vez de atenerse a su texto, y si esta conducta es o no, voluntariosa o alarmante, ya porque desconozcan o porque invada las atribuciones del soberano Poder Legislativo, es de vuestra incumbencia el considerarlo atentamente. Pienso que para evitar escándalos y desacuerdos sobre el cumplimiento de esas reformas se hace indispensable una solución atinada y justa que remueva desde luego las complicaciones que pueden resentir la actualidad. El Ministro del Despacho os presentará los documentos que se han podido recoger sobre el particular.

El Decreto que emitisteis el nueve de febrero del mismo año, estableciendo jueces del crimen en todos los departamentos, en muy pocos ha tenido buena acogida. Como los capitalistas no han querido satisfacer el sueldo de esos empleados, a falta de regla para compelerlos al pago se ha visto en la necesidad el Gobierno de obsequiar las representaciones que han dirigido los pueblos, pidiendo la supresión de tales funcionarios, mientras resolvéis lo que mejor convenga.

Me es sensible manifestaros que la Administración de Justicia se halla en un estado poco satisfactorio. El mal está, menos en los jueces que en la imperfección de nuestras leyes. Siendo en su mayor parte oscuras y contradictorias, no puede ser fácil el acierto en cuanto a la inteligencia y aplicación que reciben, en cuyo sentido la sociedad sufre más de lo que a primera vista se puede considerar. Llamo, como debo, vuestra atención hacia este importante punto, recomendandoos de nuevo, la emisión de los Códigos Penal y de Procedimientos que hace notable falta, como bien lo sabéis. Empero a través de tales inconvenientes, no deja de pronunciarse una vez más el amor al orden y a las buenas costumbres. Varias municipalidades, comprendiendo quizás la ineficacia de la legislación criminal, se han puesto de acuerdo en perseguir constantemente a los famosos malhechores y en no consentirlos, según parece, en sus respectivas demarcaciones. Cuando así se haga cumplidamente por todas las del Estado persiguiendo al criminal y reuniendo sus esfuerzos en uno sólo, para desenvolver los gérmenes de riqueza que encierren en sus localidades, se habrá acelerado el peso en la vía del progreso.

Algo más se ha hecho este año en favor de los indios selváticos que habitan en las montañas del norte en los departamentos de Yoro y Olancho. Mil doscientos hasta ahora entre xicaques y payas han sido instruidos y bautizados por el señor Presbítero, Misionero, don Manuel de Subirana, que continua prestando de buena voluntad tan importantes servicios a la República. Resuelto como estoy a favorecer la conquista y civilización de esos seres desgraciados, y contando con los oficios y deferencias del Prelado Diocesano, mis deseos, son que dictéis cuantas medidas sean a propósito para castigar las depredaciones y crueles tratamientos que reciben de algunos malos hondureños, según estoy informado.

No he dejado de proteger la instrucción pública, ni de impulsar la agricultura en cuanto me ha sido permitido, puedo decir lo propio de varias edificaciones de pública utilidad, si los medios con que debo contar correspondientes a los fines de buena voluntad siempre creciente en todo lo que mira al bien de la patria, ya hubiera ensayado el sistema de premios para estimular la industria en toda su comprensión; el estado de los caminos y situación del comercio serían evidentemente mejores, empero las leyes que hay son insuficientes al efecto.

En cuanto a la Hacienda Pública, he dirigido mis esfuerzos a conservarla en buen término. Los ingresos que ha tenido en el año económico ante próximo dan en su favor comparadamente hablando un aumento o diferencia bastante considerable pienso no será así en el presente.

Varios ramos han caído por desgracia en un doloroso abatimiento debido al imperio de ciertas causas que no ha estado en mi mano, ya no digo vencer, ni siquiera atenuar. El Ministro de Hacienda os dará cuenta del asunto.

Por último previendo el extremo a que puede conducirnos la crisis monetaria que vamos atravesando, he dado algunas disposiciones a efecto de prevenir un mal que más tarde debe desarollarse indefectiblemente.

Creo, señores, habéros informado fielmente de todo. Espero, pues, que el bienestar del país sea vuestro único pensamiento, que el orden, la paz y la moralidad sea el fin a que en caminéis en primer lugar vuestros trabajos y últimamente con la justicia y buena intención de que confío estáis animados os ocupéis de todo, cuanto más demanda el bienestar de nuestra querida Patria,

MENSAJE LEÍDO ANTE LAS CÁMARAS LEGISLATIVAS EL 10 DE ENERO DE 1860.

Señores Diputados y Senadores:

Vuestro periódico advenimiento ha llenado siempre mi ánimo de gratas y lisonjeras esperanzas, porque representáis la viva expresión de los grandes intereses de la república; pero hoy al saludaros por última vez con positiva cordialidad cumple a mi posición oficial despedirse de vosotros llevando a la vida privada, si bien una conciencia tranquila el profundo sentimiento de no haber podido hacer todo el bien que constantemente deseo a esta patria predilecta que, como sabéis, ha recogido el amargo fruto de la inexperiencia de un país naciente, habiéndome cabido la suerte de encargarme del mando supremo en circunstancias de agotamiento interior y serias amenazas exteriores.

Sin desatender la inminencia del peligro que corría la existencia de la nación, mis esfuerzos debían encaminarse a la adopción de una política reparadora y mesurada. Si mi solicitud por la conservación de la paz que, en mis convicciones es la primera necesidad del pueblo, ha correspondido a la confianza y al deseo de la sociedad, si ella ha marchado por segura senda al favor de una conducta atenta pero desdeñosa de verdaderos intereses de la comunidad y si he comprometido sus futuros destinos caiga sobre mi vuestro fallo imparcial, os devuelvo, pues, vuestro fallo imparcial. El Estado goza de los beneficios de la tranquilidad pública después de la asidua dedicación del Gobierno a conjurar los elementos de perturbación que con más o menos gravedad parecían envolvernos en las calamidades de la guerra.

II

Nuestras relaciones con las potencias extranjeras continúan en el mismo pie de inteligencia en que se hallaban al comenzar el año próximo anterior y como mi perseverante intención ha sido conservarlas y fomentarlas convenientemente, he nombrado ministros y cónsules generales para las varias plazas y naciones en que se sentía aquella necesidad. Como es público la cuestión más trascendental que desde mucho tiempo ha sostenido el Gobierno de Honduras con el de la Gran Bretaña, en lo referente al archipiélago de nuestro mar del norte, conocido con el nombre de Islas de la Bahía y el territorio mosquito; empero últimamente se ajustó un tratado en esta capital que a mi comprensión pone término conciliatorio a los opuestos pareceres que han dividido a los dos Gabinetes. Recomiendo muy especialmente al S. C. L. el examen del referido tratado con todo el interés que demanda su naturaleza y debe esperarse de vuestra ilustración y patriotismo.

Conformándome con los principios de una justa reciprocidad y animado del deseo de proceder en perfecta y posible armonía con el mismo Gobierno inglés, he eximido del servicio militar forzoso a los hijos de súbditos británicos nacidos en la república que no hayan llegado a la edad de veintiún años, y que cuando haya de exigírseles dicho servicio puedan poner un sustituto.

Habiendo presentado en esta ciudad un comisionado de S.M. C. con la mira de remover las futuras dificultades que pudieran surgir de los derechos de aduana a que estaban sujetos los buques españoles, y queriendo impulsar y ensanchar nuestro comercio con la península y sus posesiones en las Antillas, emití el acuerdo que a mi entender satisfacía la mutua conveniencia y felizmente concluía la cuestión suscitada por el Capitán del bergantín goleta española: «Franco». Los directores de la compañía del ferrocarril interoceánico de esta república solicitaron y obtuvieron del Tribunal de Arbitramento que en su caso establece la contrata respectiva una prórroga de siete años para dar principio a la obra propuesta.

III

La prueba de aciagas épocas pasadas y los consejos de una prudente y previsora política van encarnándose de tal modo en el pensamiento de los gobiernos de las repúblicas vecinas que, con excepción de la incidencia ocurrida con la de El Salvador, ningún motivo de queja ha dado con las fraternales relaciones que dichosamente mantenemos. Por mi parte he correspondido con franca lealtad a ese mismo propósito porque así lo reclaman todas las consideraciones que se refieren al bienestar general de Centro América.

Aun en medio del calor con que la administración salvadoreña abrió la cuestión de emigrados de aquella república asilados en ésta, no abandoné la firmeza y la templanza en asunto que de instante a instante iba tomando proporciones de graves con consecuencias, hasta que renaciendo la confianza desapareció en peligro de un próximo conflicto de armas, habiendo tenido en este feliz desenlace bastante parte la amistosa cooperación que a éste interpuso el Gabinete de Guatemala, con el cual se celebró en esta ciudad una convención que consagra el principio de no intervenir en los negocios interiores e impide los ilegales trastornos que puedan promover los emigrados que por motivos políticos soliciten asilo en una u otra república. Es de esperarse que los oficios empleados hasta ahora con la noble mira de alejar todo espíritu de alteración hagan establecer cual corresponde las buenas disposiciones de mantener la paz general.

A este propósito, el Gobierno de la república de Nicaragua invito también al de ésta para tratar sobre varios asuntos de conveniencia pública y comercial, dando por resultado estos pasos la conclusión de un tratado hecho con nuestro representante diplomático cerca de aquel Gabinete.

IV

Como decía, el orden y la tranquilidad están hoy asegurados en toda la república, y el Gobierno apoyado en repetidos testimonios de amor y obediencia que los pueblos le dan constantemente ha seguido sin zozobras el curso de los últimos sucesos y visto sin intimación los impotentes gérmenes de discordia que de vez en cuando se han hecho notar.

Muy al contrario de repugnar como perjudicial la razonable discusión que califico de útil y provechosa por la luz que presta en el manejo de los negocios que entran en el dominio del público. Bajo el influjo de estas ideas y mientras tenían lugar las últimas elecciones he permitido una amplia libertad a los ciudadanos pasando en silencio el abuso a que por una desgracia conduce la exaltación de las pasiones.

Hube sin embargo, de dictar una providencia severa, pero necesaria para contener en tiempo las perniciosas tendencias del Juez de Primera Instancia de este departamento que escudado con su carácter oficial propalaba especies subversivas y aun meditaba punibles atentados.

Muy doloroso fue al Gobierno tener que ocurrir al medio que la ley deja a su disposición para sacar en salvo el orden y la quietud pública que le están encomendados cuando son insuficientes y estériles los medios ordinarios; pero la desatención con que la Suprema Corte de Justicia de esta Sección recibió la denuncia de la irregular conducta de aquel empleado, fue sobrado significativa y confirmaba que se abrigaban designios que el Gobierno debía de sofocar en su principio para escusar así mayores males. Es penoso, señores, que mientras el sentimiento de vivir en par es general e indeleble en el corazón y en el espíritu del pueblo algunas aisladas individualidades sin comprender tal vez la ingente responsabilidad que contraen se empeñan en extinguir los instintos saludables de ese mismo pueblo, mostrándose hasta ilógicos en el cumplimiento de los deberes que la ley y la sociedad les han impuesto.

La imperfección de las leyes que miran al importante ramo de administrar justicia, será siempre una rémora para garantizar eficazmente la persona, el honor y la propiedad mientras no se establezca un cuerpo de legislación que brote de las peculiares necesidades del país.

En punto a las de imposición que forman el tesoro público hay vacíos e inconveniencias que demandan llenarse y removerse entretanto se crean sistemas de hacienda que al paso que no aniquilen la riqueza particular hasta satisfacer obligaciones de la administración y se puede atender a obras de utilidad moral y material.

Doce años hace que existe la junta de crédito público y esta indefinida permanencia acarrea al Fisco males incalculables, no sólo por los lucros ilegales que pueden deducirse de la lasitud que deja la ley sino por la falta de calificación de la deuda nacional. De ahí es que a pesar del aumento que en la cifra de ingresos ha tenido la hacienda, el Gobierno lucha con perentorias urgencias, habiéndose visto precisado a ocurrir a las prestaciones voluntarias del patriotismo.

Convencido de que en la ilustración se funda la dicha de los pueblos, el bienestar de las familias y el perfeccionamiento individual, he velado por la conservación de los establecimientos literarios que hasta ahora tenemos, dando mi especial atención a las escuelas primarias porque es en ellas donde se forma el corazón y se inspiran las buenas costumbres a la juventud. Cuéntase hoy con una enseñanza elemental en varios pueblos de la república que honra a sus preceptores y promete óptimos frutos.

Me es grato anunciaros que existe la más cumplida armonía entre el Gobierno y el Prelado de la Iglesia y que trabajando en su línea de acción las dos potestades se dirigen naturalmente al objeto de su misión que consiste en el bien de los habitantes de la República.

Tales son, señores representantes, los acontecimientos y los actos más notables que han tenido lugar desde que cerrasteis los últimos trabajos legislativos.

El Ministro General del Despacho los dará cuenta pormenorizada de ellos y someterá, además, a vuestra deliberación cuanto el Gobierno ha obrado de un orden secundario y sea digno de vuestra consideración.

Que el Todopoderoso os ilumine en las importantes tareas que vais a comenzar para bien y prosperidad de nuestra patria.

Santos Guardiola.

Contestando el Presidente de la Asamblea.

El acto de instalación estuvo muy animado y las galerías bastante ocupadas. Se echó de menos la asistencia de la Corte de Justicia cuyos magistrados aun en el caso de tener particulares motivos de incomodidad o de temer, no debieran faltar a un acto a que la ley y la urbanidad los llamaba imperiosamente. Sensible es que los hombres confundan sus deberes públicos con sus afecciones personales; y más sensible es aún que se cometan estas faltas por empleados constituidos en los primeros puestos.

Por lo demás, las cámaras se componen de patriotas y propietarios que abundan en deseos de servir a su país. Calculamos que la elección de Supremo Jefe, el conveniente reconocimiento y pago de la deuda nacional, la instrucción pública y los caminos sean los objetos de la preferente atención del Gobierno.

Como en toda asamblea tal vez uno o dos representantes se extraviaron de la opinión común, pero no sin traicionar sus convicciones anteriores a la razón y respetables simpatías, y si así fuere ellos llevarán sobre sí la responsabilidad moral de su propia conciencia ante los pueblos, sus comitentes sin que por eso los intereses de la mayoría hayan sufrido cosa alguna.

A consecuencia del decreto de instalación de la Asamblea General por medio de una comisión de su seno, hizo notificar al Poder Ejecutivo que el Legislativo se había instalado y estaba dispuesto a recibir a S. E. y habiendo contestado satisfactoriamente, éste con las personas de su gabinete, el clero y las autoridades locales concurrieron al salón de las sesiones.

MENSAJE LEÍDO POR EL PRESIDENTE DE HONDURAS, GENERAL DON SANTOS GUARDIOLA EN LA INSTALACIÓN DEL CONGRESO NACIONAL EL 4 DE FEBRERO DE 1861, EN COMAYAGUA.

Señores Diputados y Senadores:

OS FELICITO CORDIALMENTE POR VUESTRA solemne instalación, en circunstancias que el Ejecutivo tiene tanta necesidad de la ilustrada y leal asistencia del Soberano Cuerpo Legislativo para conllevar los negocios públicos, con el acierto y conveniencia que demandan.

Me complazco en anunciaros que después de los sucesos ocurridos en la Costa Norte, la República se mantiene en una situación tan pacífica que ni las pretensiones exageradas con que el Prelado de la Diócesis ha querido sublevar las animosidades des del pueblo contra la autoridad civil, han sido bastantes a arrebatar ese don precioso y condición indispensable para todo progreso. Estos dos acontecimientos notables, merecen consignarse en la Historia del país: el uno como el triunfo más brillante de la civilización y la justicia; y el otro, como un abuso tenebroso que la potestad de aquel Ministro del culto, se ha permitido sin consideración a los verdaderos intereses de la Iglesia y del Estado; pero en medio de esas conmociones y lamentables extravíos, es muy satisfactorio, señores, contemplar de cuanto es capaz el heroico patriotismo y buen sentido que los hondureños han sabido mostrar. Ni el peligro más inminente ha podido intimidarlos, ni las siniestras sugestiones han logrado apartarlos de la senda del deber. Esto es sólo una prueba inequívoca del adelanto moral del pueblo y de que los principios que conservan las sociedades son ya un elemento infiltrado en la conciencia pública.

La ejecución del tratado concluido con el Gobierno Inglés, el 28 de noviembre de 1859, embargó con especialidad la atención del Gobierno en los días siguientes a la clausura de vuestros últimos trabajos legislativos: la reincorporación a la Soberanía de la República de los territorios regidos por sus propias leyes, entrañaba la necesidad de crear un sistema administrativo peculiar y adecuado. Comprendiendo en toda su extensión las dificultades con que iba a encontrarse mi Gobierno, pero en el deber de llenar los compromisos contraídos, dicté las providencias conducentes a la toma de posesión de aquellos apartados lugares. Cuando esto sucedía, supuse que los filibusteros acaudillados por William Walker, habían concebido el designio de apoderarse de las Islas de la Bahía, para establecer allí el centro de sus expediciones ilegales, sobre las Repúblicas de la América Central. En presencia de estos avisos ordené la vigilancia de nuestra costa y el aumento de las fuerzas militares en los puertos de Omoa y Trujillo. Walker no se hizo esperar mucho tiempo y así es que a mediados del mes de junio llegó de incógnito a Roatán, en donde encontró un número considerable de compañeros de aventura que desde abril le habían precedido. Como el 21 del expresado mes de junio los filibusteros y su Jefe salieron de Roatán, y vagando en el marcaron en algunas de las pequeñas Antillas, hasta que persuadidos de que el Gobierno había concertado con las autoridades Inglesas diferir el recibo de las referidas Islas, resolvieron agredir la Plaza de Trujillo, en la mañana del 6 de agosto, tomándola a pesar de la resistencia que hizo la guarnición de aquel puerto. El 13 era yo sabedor de le hecho tan grave y trascendental, e inmediatamente me ocupó de la salvación del país. No es el caso enumerar Señores Representantes las providencias dictadas para llegar al término feliz que el público ha presenciado.

Sin embargo, no puedo dejar de repetir aquí, la importancia de los oficios amistoso que en ocasión tan crítica prestaron a esta República y a las demás de Centro América, el Superintendente de Belice

Comandante Nowell Salmon de la Marina Inglesa. Es un deber nuestro reconocer los servicios hechos al país.

Tampoco debo pasar en silencio la espontaneidad con que los habitantes del Estado se aprestaron a la defensa, con una decisión que siempre será honrosa y la buena disposición que encontré en los Gobiernos vecinos y hermanos, para no abandonarnos en la lucha en que iban a disputarse comunes intereses, anticipándose el de Guatemala con el pronto auxilio de cincuenta hombres, que destinó a nuestros puertos para obrar en conexión con la goleta armada en guerra que puso para cruzar las aguas del golfo.

Walker y los suyos amenazados de muerte por todas partes, abandonaron a Trujillo en la madrugada del 22 del enunciado agosto; la más cruda persecución se les hacía a lo largo del litoral y por el mar una fuerza respetable al mando del acreditado General don Mariano Álvarez, protegida por el Comandante Salmon, consiguió capturar a los aventureros en el Río Tinto.

La rendición de Walker y Rudler fue incondicional, pero se quiso dar al mundo el testimonio más elocuente de la generosidad que caracteriza al pueblo y las autoridades de Honduras, otorgando la vida a este último.

El principal caudillo espió sus grandes crímenes en un patíbulo, el día 12 de septiembre, después de dispensarle todas las consideraciones y servicios que el hombre cristiano debe en aquel supremo trance, al hombre que ha tenido la desgracia de perder el derecho a que se le conserve la existencia.

Posteriormente el Gabinete Inglés y el de la Unión Americana, han significado al de Honduras sus deseos porque a Rudler se le conceda amplia libertad para volver a su nación. Un acto de clemencia siempre enaltece al que lo dispensa; y una generosa deferencia con Gobiernos amigos es un título más para merecer su estimación. Dominado de esto pensamiento os recomiendo el perdón de Rudler.

El Ministro del Despacho, os comunicará la dirección que he creído conveniente dar al asunto de que es materia el Tratado del 28 de noviembre citado y tengo completa confianza en que las luces de les Señores Representantes, sabrán ilustrarme en el manejo de un negocio que encierra grandes intereses. Terminada la guerra con los filibusteros, la República volvió a su Estado normal no sin quedar huella del pasado conflicto; porque aunque breve, fue extraordinario y violento. Esto no Obstante, en silencio meditaba en silencio el señor

Provisor   y   Vicario
Capitular D. Miguel Delcid, el rudo y traidor golpe que en su concepto
debía echar por tierra a la Suprema Autoridad Civil Tratado que nos
devuelve las Islas de la Bahía, y avivo la rapaz codicia de los
bandidos, en el pretexto de que se ha servido el Prelado de Honduras,
para combatir a la potestad temporal, conspirando contra la augusta
Representación de la República, infiriendo al Ejecutivo inauditos
agravios, castigando con el ostracismo a los señores Curas Párrocos y
gozándose en la privación que hoy sufre de los bienes espirituales
todo un pueblo inocente.

Yo no podía permanecer indiferente a los males en que se
pretendía sumirnos, sin una grave responsabilidad ante el pueblo que
me ha confiado sus destinos y sin concurrir de una manera clara al
trastorno de los más simples principios conservadores del orden. Así
fue que extrañé de la República al referido señor del Cid, porque sobre
ser perniciosa su presencia, se cree con tales inmunidades, que ningún
Tribunal del País tiene derecho a reprimir sus actos por absurdos que
sean.

Conexionado el Señor don Francisco Bardales, con el Provisor
para llevar a cabo la tarea de subvertir el orden público, se hizo
también necesario expulsarlo del territorio del Estado. Por el órgano
correspondiente se os dará cuenta con todo lo que concierne al asunto
expresado. Tengo la conciencia de haber cumplido con el deber más
importante, cual es salvar el país de los horrores de la anarquía, queda
a vuestro patriotismo y cordura, la calificación de mis actos oficiales.

Por lo demás, la República va siendo más conocida, y adquiriendo
más consideraciones y simpatías en la exterior merced al desarrollo
de las luces y del Comercio y a la especial atención que el Gobierno
da a las ya bastante extensas relaciones que procura tener con los
Gobiernos de Europa y América, a que por nuestra condición
debemos estar más estrechamente ligados.

En este punto notamos con sentimiento la falta de tratados con S.
M. C.; mil consideraciones de origen nos hacen ver que nuestros
destinos participan de los que deben cumplirse en la península
española.

Ya hubiera iniciado esas relaciones, sino me detuviera la
consideración de lo que ha sucedido en algunas Repúblicas de la
América Central, mis esfuerzos tengan escollar en la dificultad en

cuanto a declarar la nacionalidad de los hijos de españoles nacidos en la República.

Nuestras relaciones con los Estados vecinos son de un carácter satisfactorio, cual debe haberlas entre pueblos hermanos, y cada día más se arraiga el deseo de vivir en paz y el empeño de consagrarse a todo lo que tiende a mejorar sus respectivas localidades.

El Gobierno ha cuidado en cuanto cabe en el círculo de sus atribuciones, de promover el bien del Estado. A pesar de las muchas atenciones que le rodean ha hecho concesiones de los fondos nacionales para conservar y ensanchar la instrucción primaria en algunos pueblos y aún la enseñanza superior que se recibe en la Universidad de Tegucigalpa, no menos que en el Colegio Tridentino de esta ciudad.

La Hacienda pública sin la cual no hay Gobierno posible, no es competente para cubrir todos los objetos del servicio público; y, por lo mismo, os reclama todo el poder de vuestro juicio y patriotismo. He llevado hasta donde me ha sido posible el ejercicio de mi autoridad en los ramos que forman el tesoro nacional, y aunque en el año económico pasado sufrieron un quebranto, particularmente en Aduanas marítimas, ahora debido al restablecimiento de la confianza y a las alteraciones que en puntos importantes de administración han recibido dichas rentas, se nota mayor rendimiento en el período fiscal que corre.

De todo lo que se relaciona con esta materia os informaréis debidamente.

Convencido de la necesidad de organizar el ejército con que la República debe contar para hacer la defensa de sus derechos en el caso desgraciado, pero hoy remoto de guerra, y para sostener el orden y tranquilidad interior, he prevenido lo conveniente a las autoridades respectivas para que se ocupen de un objeto tan interesante, y me prometo que las providencias hasta hoy dictadas y las más, que en el curso del tiempo haga indispensable, darán el éxito feliz que se ha tenido en mira.

SEÑORES REPRESENTANTES:

Tenéis que consagraros al bien de la patria, que el Todo Poderoso ilumine en las tareas que vais a comenzar para honor vuestro y prosperidad de la nación.

Santos Guardiola.

Comayagua, 10 de febrero de 1861.

(Tomado de La Gaceta de Honduras).

Proclamas y manifiestos del General Guardiola

PROCLAMA

DEL COMANDANTE DE LA DIVISIÓN QUE OBRA SOBRE LOS REBELDES DE TEXGUAT

Soldados:

Hace mucho tiempo que los enemigos de las instituciones libres dieron al pueblo de Texiguat una nombradía, que si bien la merecieron en otras épocas, fué porque su débil masa la fortalecían los valientes que ahora componen el nuevo pueblo de Liure.

Por esta ilusoria idea que les infundieron visionarios que han encendido la tea de la revolución, aquellos permanecen orgullosos, cometiendo la doble falta de incitar bruscamente al Supremo Gobierno, y amparados en el bárbaro principio de desobedecer en todas sus partes las leyes emitidas por la Soberanía del Estado.

El Supremo Gobierno, pues, cansado ya de sufrir tales ultrajes de parte de aquel pueblo caprichoso e imbécil y usando del poder que le dan las leyes, ha querido mutilar esta parte corrompida de la gran sociedad hondureña, para que el todo goce con plenitud los placeres y derechos que brinda la regularidad y el orden, como fuente de bienes y grandeza positiva. Por mi medio les ha hecho excitaciones cordiales con la dulzura propia de un padre amoroso para hacerlos entrar al orden, de las cuales han hecho desprecio por lo que se ha hecho ya uso de las armas.

Nosotros sois testigos de su rebeldía, pues 80 de los que ahora me acompañáis, opusieron el 27 del mes próximo pasado con firme denuedo su resistencia a los tiros que con notable cobardía nos dirigieron los facciosos que fueron vencidos completamente.

Compañeros: Hoy marchamos segunda vez sobre aquel pueblo a continuar la empresa que el Supremo Gobierno tiene encomendada a vosotros; nada debéis temer, cuando la gloria os espera en el campo mismo donde acabáis de dar pruebas irrefragables de valor y patriotismo, aterrando con él la injusta fama que han tenido aquellos padrastros de los pueblos del Departamento.

La obra es grande a la salud de la patria, continuadla con firmeza hasta dar a nuestras armas el lustre que siempre han merecido, no olvidándoos jamás de los deberes de la humanidad extendiendo un brazo fraternal sobre los vencidos que no son más que hombres en la desgracia.

Ejerced, pues, en todas vuestras maniobras las virtudes que caracterizan a todos los que como vosotros son valientes filantrópicos.

Disponeos a marchar, y a morir por conservar el honor del Estado, con el resuelto designio de castigar a los que han cometido el crimen de atentar contra los derechos de los pueblos soberanos. Estos son los sentimientos de vuestro comandante amigo y Compatriota.

Choluteca, 11 de abril de 1844.

Santos Guardiola.

Tomado del Redactor Oficial de Honduras, 15 de abril de1844, Número 79, página 398.

SANTOS GUARDIOLA, BENEMÉRITO DE LA PATRIA, GENERAL DE DIVISIÓN Y JEFE DEL EJERCITO LIBERTADOR DEL ESTADO DE HONDURAS.

A los centroamericanos:

Cuantos hayan leído los fehacientes documentos que mi Gobierno ha publicado en justificación de los pérfidos y aleves manejos que usara el Salteador de El Salvador para promover la guerra, que torpemente le hace. Deben estar bien convencidos de la conducta infame de este indigno funcionario, de la que a su imitación gastaran sus dignos agentes, de la inutilidad con que inmolaran en los combates tantos centenares de víctimas salvadoreñas, y de que los precipitaran a la muerte bajo un plan de conquista general que la aristocracia calculara. Pero si absortos con la vista de un cúmulo de tan grandes maldades, llegaron a presumir que no mirarían otros mayores, se equivocaron; permítaseme decirlo así, pues voy a probar mi aserto.

Cuando por parte de Honduras, se ha observado estricta mente la suspensión de hostilidades acordada en el Armisticio de Sumpul, por la de El Salvador se guarda una conducta inversa. Acostumbrados sus subalternos a mantenerse del pillaje, traspasan casi diariamente la línea divisoria las partidas que vienen a robar los ganados de los vecinos de los pueblos fronterizos; y avezado el Gobierno con la manía de traicionar y de ser infiel a sus compromisos, ha consentido en que los jefes de las fuerzas que obran en San Miguel, mándense proteger los últimos restos de la facción de Texiguat, con un piquete de tropa armada que hicieron salir de aquella ciudad el 15 del próximo anterior, conduciendo además de las armas, ciento diez paradas embaladas que remitían de su colaborador José María Valle (a) Chelón.

Este acto de invasión positiva, ejecutado en tiempo que aun no se ha decidido ni de la paz ni de la guerra, demuestran que nos enemigos comunes no están por lo primero y si por lo segundo; que mientras existan en la República nos mantendrán en continua inquietud; y que para evadirse de tan funesto mal, no queda otro medio que el de exterminarlos puesto que desprecian los de la política.

Alejada por ellos la esperanza de un avenimiento amistoso, y rotas por ellos mismos las hostilidades que suspendió el armisticio, yo protesto a nombre de mi Gobierno a la faz de los pueblos de Centro América, que Honduras no es responsable del torrente de desgracias que puede haber de esta fecha en adelante, por la mala fe, e imprudencia con que sus contrarios le provocan a la guerra. ¡A las armas! valientes hondureños!

Cuartel General en Nacaome, octubre, 1° de 1845.

LOS GENERALES DE DIVISION QUE SUSCRIBEN.

Al Ejército de Honduras.

Compañeros: Notoria es la angustia de México, y evidente la obligación que tenemos de cooperar a la defensa de aquel pueblo. Sus hijos son nuestros hermanos, y la causa que sostienen, es también la nuestra, la de la libertad contra la conquista.

Ayer se ha publicado la proclama que a los Centro Americanos ha dirigido el señor Presidente del Estado, cumpliendo un deber sagrado; y nosotros queremos manifestar nuestra deferencia y nuestros deseos de cooperar a la vez que él tuviese a bien llamarnos para auxiliar a nuestros vecinos.

Olvidadas están para siempre todas aquellas ideas que pudiesen dividirnos. La Patria es primero que nuestros intereses, que nuestras pasiones. Su triunfo es nuestra gloria y nuestro honor.

Ella demanda estar unión y esto basta para que se la ofrezcamos cordialmente. Unión y libertad es nuestra divisa: oprobio eterno al que promueva y auxilie disensiones y conquistas,

Comayagua junio 2 de 1847.

F. Ferrera. – Santos Guardiola.
Comayagua. - Imprenta del Estado. _ 1847.

PROCLAMA

DIRIGIDA POR EL GENERAL DON SANTOS GUARDIOLA, A LOS HONDUREÑOS, CON MOTIVO DE LA OCUPACIÓN DE LA ISLA DEL TIGRE, EN EL GOLFO DE FONSECA, POR FUERZAS NAVALES DE LA GRAN BRETANA, DEL BUQUE GORGON CO. MANDADO POR J. A PAYNTER, EL 16 DE OCTUBRE DE 1849.

Hondureños:

Si es verdad que la sangre de los ilustres defensores de Gerona y de los héroes de Sagunto y Numancia corre por nuestras venas, ¿por qué os habéis de anonadar ante los que vuestros abuelos han vencido mil veces en el campo de batalla? Los ingleses esos mismos hombres injustos que han ultrajado en distintas épocas vuestros derechos y violando nuestro territorio, son los mismos que hoy enarbolan su estandarte sobre nuestras costas, que quizá para consumar su obra de conquista en nuestra cara patria. ¿Y preferir antes la muerte? No hondureños yo siento de vosotros todo lo contrario, y por lo mismo yo espero para estrecharos en mis brazos, en señal de unión y tal vez de última despedida, para daros una espada y que marchéis conmigo a buscar la muerte o la gloria de vencedores entre los enemigos de esta patria querida. El Supremo Gobierno me ha honrado confiándome la defensa de las costas del Sur, y yo al aceptar no he pensado sino en nuestro valor: juradme pues que me acompañaréis siquiera hasta verme morir y tal juramento bastará para que vuestro antiguo compañero de armas, lleno de orgullo, perezca tranquilo en la defensa de los derechos y de las personas de los hondureños.

Tegucigalpa, octubre 28 de 1849.

Santos Guardiola.

(Tomado de la "Gaceta Oficial de Honduras" número 12-noviembre 15 de 1849, página 51).

EXPOSICION

DIRIGIDA POR EL QUE SUSCRIBE A LOS HABITANTES DE HONDURAS.

Compatriotas: Tres años largos hace que fui desterrado de mi patria y separado de mi familia y relaciones, viviendo en una tierra extraña de la que no puedo quejarme en razón de la generosa hospitalidad con que se me ha acogido. Ya se habrá visto que, aunque por mi profesión de militar me haya encontrado con frecuencia en acciones de guerra, estoy lejos de ser un hombre inquieto y revolucionario. En cualquiera parte puedo vivir tranquilo, gozando de los beneficios de la paz. ¿Pero qué ha sucedido en Honduras después de mi destierro? ¿Son los hondureños acaso felices y bien gobernados? ¿Prospera la Hacienda Pública, la enseñanza, los caminos y otros ramos que forman una buena administración? Nada de esto ciertamente; lo que se ve despúes de mi ausencia es, que hombres inconsiderados como el General Cabañas y sus compañeros, apoderados del mando oprimen cruelmente aquellos pueblos, imponiendo contribuciones a los propietarios y arrastrando a los infelices a una guerra fratricida con Guatemala en la que se ha hecho correr la sangre inocente, sin más motivo que el satisfacer las pasiones de unos cuantos emigrados. ¿Cuál es el motivo de que Honduras haya puesto y esté en oposición con la política y principios de los Estados de Nicaragua, Costa Rica y El Salvador, sólo por seguir las máximas de un viejo revolucionario, que, no cabiendo en ninguna parte, después de haber incendiado cuantos lugares lo asilaron como sucedió aun en Chiapas, ha ido a poner su tribuna demagógica en Tegucigalpa? ¿Entretanto cuál es la situación de Honduras, y qué se hace para mejorar su suerte? Se ha procurado seriamente acaso que tengamos un Prelado Eclesiástico, ¿qué tan urgentemente se necesita después de la muerte del Venerable Campoy? ¿Dónde están el Colegio Seminario, las escuelas y otros establecimientos en cuya formación debería estar ocupado el Gobierno, en vez de estar maquinando guerras innecesarias y enteramente gratuitas? COMPATRIOTAS: me he resuelto hablaros esta vez la verdad, cansado ya de veros padecer, y de que seáis el juguete de quienes ven la vida y prosperidad como nada, y sólo tienen en mucho sus caprichos y pasiones. Sabéis bien que Cabañas y los suyos son unos cobardes a quienes hicimos morder el polvo en Nacaome y Comayagua; y sucederá otro tanto en cualquiera otra parte en que osaran afrontarme. Sé bien que en dondequiera que me presente habrá mil valientes de los que han militado bajo mis órdenes que se unirán a mi para participar de la gloria de los triunfos que debemos obtener contra un enemigo detestable y cobarde; pero antes he preferido que todos vean mi paciencia, de modo que cuando llegue el caso de tomar la espada, sea obligado de la necesidad de libertar mi patria y mis conciudadanos y en manera alguna por miras de ambición o de interés personal. Hoy existe además un negocio Urgente, y es la venta que se asegura haberse hecho de nuestras Costas del Sur y Norte por el General Cabañas al americano Squier, cuyas miras de dominación y conquista son harto conocidas y es preciso cuanto antes prevenir. Si tales proyectos, hasta hoy reservados entre ellos, se llegaran a efectuar, ¿cuál sería la suerte de Centro América? Por lo que a mi toca personalmente, en cualquiera parte pudiera vivir bien, honrado como estoy con el favor era los Seres supremos de Guatemala, El Salvador y Nicaragua; pero no puede serme indiferente el que Honduras mi patria sufra tanto y sea el teatro de tantas desdichas y vejaciones. Por eso es que he creído conveniente excitar a mis paisanos ilustrados, a tomar medidas serias para cambiar lo más pronto esa ominosa administración que está compuesta de hombres que mil veces han ultrajado su patria, atacándola con las armas y que hoy le venden con alevosía al extranjero. A ellos toca tomar la iniciativa, y si mi espada ya bien conocida, puede servir de algo, que se me cuente con ella, así como con mis generosos sentimientos muy distintos en verdad de los que se me han supuesto por mis malignos enemigos. Guatemala, noviembre 3 de 1853.

(f) Santos Guardiola.

MANIFIESTO DE GUARDIOLA AL AUGUSTO TRIBUNAL DEL PUEBLO HONDUREÑO

Así como Bruto se presentó al Senado Romano en otro tiempo para vindicarse de la muerte de César, yo me presento ante este Augusto Congreso para explicar los motivos por que hice fugar del Estado al General Ferrera y a sus esclavos. Yo pudiera deciros a imitación de aquel héroe: mientras Ferrera fue hombre libre, serví bajo sus órdenes, le quise y le fui fiel; más cuando se convirtió en tirano, le abandoné, le aborrecí y le hice emigrar. Esta es a la verdad una razón que justifica mis procedimientos, porque estimando tanto a este hombre, no pude en seguida aborrecerlo sin un motivo poderoso; y por lo mismo que en él aprecié al liberal, detesté en el mismo al tirano, al asesino de los pueblos.

El entusiasmo con que éstos han aprobado mis procedimientos, sancionando el acta de veintiuno del último noviembre el placer y empeño con que secundaron la idea de vuestra instalación y vuestra existencia misma en este sitio, manifiestan cuando menos, que el procedimiento de que vengo a daros cuenta ha sido del beneplácito de todos y que les ha hecho concebir la grata esperanza de mejorar la suerte del Estado.

(1) Con este manifiesto, el que suscribe, vino a dar cuenta de su conducta en el pronunciamiento de veintiuno de noviembre, a la Grande Asamblea, porque se esperaba representase al pueblo; más

como ya no tuvo esta representación, me dirijo al pueblo mismo, porque él es a quien debo satisfacer.

Este sentimiento, esta aprobación pública, es una prueba también de la justicia con que obré, porque es necesario desengañarse: el pueblo que no tiene interés particular en los procederes tortuosos no ama sino la justicia y la razón; y si alguna ver se engaña su extravío es muy corto.

No es sin embargo vuestra presencia y la opinión pública quienes justifican solamente el derecho y la racionalidad de aquel pronunciamiento. Los motivos que lo produjeron, la naturaleza del contrato social, las pretensiones que se hacen en él, y por último sus resultados son otros tantos fundamentos de su justificación.

En aquella época eran notorios los trabajos del General Ferrera por trastornar el orden, manteniendo contra la autoridad del pueblo y de las leyes una sombra de poder que le diese influencia en todos los negocios públicos. Era también a las claras decidida la protección que algunas autoridades le prestaban para ejecutar su funesto plan; y estos han sido los motivos de alarmarnos contra él y contra aquellos cómplices que preparaban a la patria nuevas escenas de luto y de terror.

No podía dudarse de estos trabajos, cuando algunos agentes de dicho General esparcían novedades alarmantes; ofrecían protección y destinos públicos a los que trabajasen en su favor y contra sus enemigos; invitaban algunos pueblos para levantarse contra algunos particulares; y había autoridades subalternas que no obedecían al Gobierno, sino al General ya citado, y que se mezclaron con descaro en los planes de asesinar a distinguidos patriotas. A más de la inseguridad de la vida, existía la de las propiedades, pues algunas quitaron y otras intentaron quitar, alegando fingidos derechos ante autoridades parciales. Ferrera en persona cometía delitos vergonzosos, insultando y calumniando del modo más atroz a los más honrados ciudadanos. El contrabando era su ocupación perpetua; y aunque él y sus cómplices a la presencia del pueblo y de los tribunales de justicia delinquían, jamás se les castigaba, porque, aunque destituido de todo poder legal, conservaba con el MANTO VERDE DE VENECIA, el de asustar a los miedosos.

Sin embargo, algunos ciudadanos ocurrieron a la Asamblea y Tribunales de Justicia, acusando a los culpables, con documentos que acreditaban plenamente sus delitos; pero todo era en vano, porque ya fuese por interés, por afección o por miedo, dichas autoridades sostenían con evidente infracción de las leyes, a todos los que pertenecían al ingrato que de nuevo intentaba regar con más llanto y más sangre el hermoso suelo de la patria.

¿Y qué podría hacerse en estado tan lamentable? ¿Qué, cuando todo probaba que aún no existían las leyes en Honduras, porque el puñal enmohecido del viejo verdugo de los pueblos reemplazaba todavía a la espada de la justicia? Era preciso contener este mal, porque siguiendo en el perdíamos las garantías sociales; la sociedad se desmoralizaba; se apaga a fuerza de injusticias el fuego de la libertad; y permaneciendo los pueblos en el estado de abyección que sostiene el despotismo, ellos caminaban a su ruina completa.

Descubierta la necesidad de salir de semejante estado, no había más que dos medios, que presentaban las vías de derecho y las de hecho. Las primeras fueron evidentemente inútiles, porque como se ha dicho, las autoridades no hacían justicia a los ofendidos, y estaban decididas a sostener a los ofensores. La prueba una larga experiencia, el intachable testimonio del público y las cartas que se han tomado a dichos criminales, donde se ve no sólo los proyectos y ardides de ellos, sino la confianza y apoyo que tenían en algunos Jueces.

Con que era preciso usar de las vías de hecho, porque eran el último recurso de defensa que tenían los pueblos, y esta necesidad sin duda alguna los justificaba. La conservación de la sociedad es la primera ley a que está sujeta, ley a que están subordinadas todas las demás, pues para sostenerla es que se han dado y se han puesto todas las administraciones públicas. Esta conservación debe sostenerse a todo trance, usando primero de los medios legales. Nosotros lo hicimos así; y sólo cuando el uso de la fuerza se ofreció como exclusivo, único y urgente medio de salvar a los pueblos, lo adoptamos porque su necesidad lo hacía legal y aun lo constituía en un deber sagrado del ciudadano en cuyo arbitrio estuviese el usarlo. Por esto he dicho que el motivo de nuestro pronunciamiento ha sido justo.

Más, se evidencia esto atendiendo al contrato social, que es donde tienen origen los derechos y obligaciones recíprocas de gobernantes y gobernados. En los pueblos libres nadie nace con el derecho de mandar a los demás; y si se adquieren los diversos ramos de la autoridad es por el voto espontáneo del pueblo, y en virtud de un contrato condicional que celebra con sus mandatarios. Por este convenio, aquél se obliga a prestar a éstos obediencia; pero mientras ellos cumplen con la condición estipulada, que es la de ser fiel a la Constitución y leyes del Estado. En nuestra carta fundamental se halla esto tan expreso que el artículo 76 manda que nadie obedezca órdenes o resoluciones que contrarían el texto de la ley. Cuando los funcionarios, pues, no cumplen con la condición, se disuelve el contrato, y ellos quedan sin autoridad legítima para mandar; y el pueblo por supuesto sin obligación de obedecer, Por esta razón la autoridad suprema tiene el derecho de usar de la fuerza física contra los que sin motivo le niegan la obediencia, y por el mismo derecho de los pueblos pueden usar lícitamente de la fuerza contra los que habiendo perdido la autoridad legítima por sus delitos, aun quieren hacerse obedecer. De estos principios se deduce la justicia de nuestro pronunciamiento, al desconocer a la Asamblea que había infringido las leyes, y a los funcionarios que ella nombró por una de tantas infracciones. ¿Habrá quien dude de la razón con que hemos procedido? Al menos el hombre libre y el justo jamás dudarán de ella.

¿Y quién podrá negar lo que caracteriza las pretensiones que se hacen en el mismo pronunciamiento? Examinadlas, Augusta Asamblea, y pronunciad vuestro fallo. El primer artículo contiene la negativa de obediencia a la autoridad que infringiera las leyes y a la de aquellos funcionarios nombrados en contradicción de éstas. Sobre lo primero ya hemos hablado, y sobre lo segundo hay que hablar poco. En todo Gobierno Constitucional, nadie puede ejercer autoridad que no dimane de la misma Constitución o leyes secundarias; y varias vetes se han nulificado elecciones, aun populares, porque habían recaído en sujeto inhábil, por alguna disposición legislativa. Ahora, pues, si el artículo 51 de nuestra ley fundamental, exige que los magistrados que no sean letrados, tengan más de treinta Años, CONOCIMIENTOS MÁS QUE MEDIANOS DE JURISPRUDENCIA Y UN CAPITAL LIBRE QUE NO BAJE DE MIL PESOS, cómo habíamos de respetar por tales magistrados a los que la Asamblea eligió a ciencia cierta de que les faltaba el capital y luces exigidas? Es indudable que ellos no obtuvieron la magistratura a. pesar del nombramiento, y que es y ha sido una de tantas infracciones con que dicha Asamblea autorizó el desconocimiento de los pueblos.

En el artículo 2º del acta del pronunciamiento ya citada, se pide el castigo del General Ferrera, del ex-Presidente Chávez y de sus agentes que habían delinquido. Para más aclarar el concepto de este artículo se expresa: QUE NADA SE PIDE CONTRA SUS PARTIDARIOS QUE SÓLO LES PERTENECÍAN DE OPINIÓN, PORQUE, SIENDO NOSOTROS LIBRES, jamás podíamos calificarla por delito. Semejante solicitud no fue estimada como tal en país alguno de la tierra, porque todos los ciudadanos tienen a la vez la acción o el deber de pedir el castigo de los crímenes; y no podía ser delito en nosotros lo que es derecho u obligación en todos los demás.

Y aun tuvimos un exceso de generosidad en el artículo 30 y que jamás podían esperar los que tantos desastres hicieron con la mano del despotismo en el suelo hondureño. Aquél consistió en dejar a su elección el juicio sobre sus delitos, o su salida del país; que esto se hizo para probarles que ningún interés teníamos en obrar contra ellos, sino en librar a nuestra patria de su funesto influjo y dependencia. Los demás conceptos de este artículo se reducen a asegurar la paz del Estado y el imperio de la ley, lo que es indispensable para el progreso de la sociedad y libertad del ciudadano.

El 4° no contiene más que el nombramiento que hicieron en mi los demás pronunciados; y por tanto nada altera los fundamentos de nuestro proceder.

El artículo 5° todo está reducido a disponer la reunión de una gran Asamblea, compuesta de delegados que aunque nombrados por las municipalidades, fuesen representantes por todos los pueblos, y facultades para obrar según a éstos conviniese. Esta disposición ratifica el principio fundamental de nuestras operaciones manifestando: que en cada uno de nuestros pasos sólo procuramos el bien del Estado; y por eso se os ha reunido con facultades omnímodas para hacerlo, y por esto los pueblos esperan de vosotros la mejora de su suerte futura. ¿Habrá quien condene este procedimiento, reducido sólo a afianzar la libertad y la dicha de nuestra patria? Ciertamente que sólo los sectarios del despotismo podrán condenar a los patriotas, a los hombres de la libertad.

Como lisonjeaba nuestras más gratas esperanzas esta empresa reducida a procurar el bienestar de nuestra patria, quisimos afianzarla de la mejor manera, y como nuestras fuerzas físicas eran pequeñas, se consignó el artículo sexto, reducido a ponernos bajo la protección de dos gobiernos amigos y aliados de Honduras; más como esto no altera la justicia de los principios en que basamos nuestro pronunciamiento, omito hablar más sobre dicho artículo.

El séptimo se reduce a prevenir que se dé cuenta a todos los pueblos con lo practicado; y esto prueba la rectitud de nuestras intenciones, porque sólo el que juzga que es malo lo que hace, obra en la oscuridad y con el misterio del delito. Nos otros al publicar nuestra conducta hemos obrado con la franqueza de los republicanos; y dejando en libertad a todos hemos probado también la rectitud de nuestro proceder. Huidos los déspotas, me reduje a Tegucigalpa, sin más fuerza que la guarnición ordinaria, para que nadie tuviese que temer su negativa; más en medio de esta actitud pacífica y sin sugestión alguna, la mayoría de los pueblos aprobó con entusiasmo el acta citada, manifestando con esto ser del beneplácito público nuestra empresa.

El artículo octavo se reduce a disponer que no se obligue, sino que se suplique, al encargado del Gobierno la concesión de nuestras pretensiones; que, si él se negase, se le pidiese entregar la silla al propietario y que siempre se obrara de modo que no quedase en el Estado NI UN MOMENTO sin Gobierno. ¿Por qué sería esto? ¿No se prueba que procurábamos en todo el orden y que queríamos deber nuestro triunfo no a la fuerza sino a la razón? Es evidente, y basta esto sólo para justificar la sanidad de nuestras pretensiones.

En fin: el artículo nono y último sólo previene se defienda con razones nuestro parecer, porque los hombres libres y de honor nunca han querido aparecer en la escena del mundo sino obrando con razón. Esta disposición solamente bastaría para acreditar nuestros deseos de obrar bien y de conseguir con buenas acciones la dicha y la libertad de nuestro país.

Justificado nuestro pronunciamiento por la rectitud de los principios que le sirven de base, también lo está por sus consecuencias, pues no se alteró la paz y emigraron los perturbadores, que eran nuestros tiranos, aquellos que siempre procuraron la desgracia pública, haciendo todo lo que estuvo a su alcance para arruinar a los pueblos de cuya prosperidad se habían encargado. Jamás se instaló el cuerpo Legislativo sin que le pidiese el poder funesto de decretar contribuciones; y con su autorización y sin ella y siempre quebrantando todas las reglas de la ley y la razón, decretaron tantas que, en el espacio de su mando, impusieron más que todos sus antecesores. ¿Dónde está la medida que hallan dictado en beneficio del comerciante, del labrador o del artesano? No aparece, y jamás consideraron a estos individuos apreciables de nuestra sociedad, pero sí les quitaban a menudo el fruto de su industria y trabajo, los llevaban a la muerte, agregándolos por fuerza al servicio militar, y abandonaban los caminos, la instrucción, y todo lo que conduce al bienestar de la sociedad y del ciudadano.

La ociosidad en que vivían era sorprendente; y cuando el funcionario que quiere cumplir con su deber no tiene tiempo ni para descansar, a ellos siempre se les veía desocupados, en bailes y en paseos. Su iniquidad en el ejercicio del poder fué terrible; espantosa, sin ejemplo anterior; y en la protección a sus esclavos es donde más la ejercían. Muchas acusaciones se pusieron contra varios jefes intendentes y otros subalternos del Gobierno, probándoles delitos graves y vergonzosos, pero como eran deudos o partidarios de aquellos presidentes todas las quejas eran desairadas. El público SUSURRABA QUE ENTRE UNOS Y OTROS SE DIVIDÍAN LOS ROBOS AL ERARIO Y LAS DEMÁS GANANCIAS DEL CRIMEN; y seguramente era así, pues de otro modo no era posible que sostuviesen con tanto descaro al delincuente sin defensa y sin honor. Jamás consultaron para decidir los negocios, a la ley ni al derecho de los particulares, sino sólo a su utilidad personal; y como a éste dirigían toda la acción del poder fueron siempre ingratos para sus bienhechores siempre injustos para los solicitantes y siempre tiranos para los pueblos. Ni por las consideraciones que éstos merecían, ni por el honor del Gobierno eligieron subalternos de capacidad. Así como en otras partes los destinos públicos son una propiedad sagrada de la integridad y del saber, así en tiempos de estos hombres lo eran de la baja adulación y una recompensa de los que se les ofrecían por instrumentos de maldad.

Su despotismo era sin límites, aunque siempre invocaban la ley. La multitud de acusaciones que se les han hecho y la porción de decretos y medidas inconstitucionales que dictaron, son una prueba de que llegó a lo sumo. Todavía el recuerdo de su yugo de hierro hace temblar los desgraciados, que, aunque escudados con la ley fueron heridos por las saetas de aquel despotismo furioso.

Pero lo que más escandaliza, lo que apenas se puede creer en el siglo XIX, es que estos hombres no sólo tuvieron aislado al mérito y a la virtud, sino que los perseguía cruelmente. Todo gobernante en el día procura rodearse de los hombres instruidos, para hacer el foco de luz de su país; para adquirir conocimientos que más le faciliten la dirección de la máquina política, y para hacerse más respetable, apoyándose en los hombres que imponen respeto; pero ellos al revés, no quisieron salir de su ignorancia, sino destruir las luces que se le hacían conocer; e incapaz de admirar ni de imitar las acciones heroicas, persiguieron siempre lo que no estaba al alcance de su rudeza y de su personalismo. No es exageración. Haced una reseña del abandono en que ellos mantuvieron la instrucción pública y del empeño con que persiguieron a los hombres instruidos. Volved vuestros ojos a esos campos desolados, donde aún se encuentran dispersos muchos restos de hombre, mirad la pobreza pública, la decadencia del Estado, y, en fin, los monumentos que nos quedan de su iniquidad, y conoceréis que ellos tenían ignorancia y todos los vicios que contradicen al saber y a las virtudes todas que adornan siempre al buen gobernante.

Pasado su funesto imperio y cuando les constaba que eran el blanco de la indignación pública, intrigaron para quedarse colocados en otros destinos, que les diesen algún influjo y lo preciso para vivir, porque estaban decididos a subsistir a costa de los pueblos. ¿Qué resultó de esto? Que el desorden siguió; y que apoderándose de la administración de justicia la hicieron el instrumento de sus manejos. La correspondencia que se les tomó prueba esta verdad. Muchas cartas hay en que se ven los proyectos para encarcelar a sus enemigos; las calumnias y ardides de que pensaron valerse y el favor de los jueces con que contaban. Otras justificaban los litigios que procuraban para formar enemigos a otras personas y lograr por este medio su asesinato. Otras, en fin, acreditan el despojo de algunas posesiones, hecho para enriquecer sobre las ruinas de otros, o bien para adquirir recursos que les ayudasen a obrar y hay una en que aparece el fraude con que Ferrera se tomó las maderas que fueron del General Morazán, de quien se hizo enemigo por este interés.

Con esta vil negociación hizo perder al erario grandes cantidades, robando al pueblo hondureño bienes que la naturaleza le había dado.

Estos hombres, pues, de sangre; de robo y de otros delitos, son los que han huido en virtud de nuestro pronunciamiento que fue el primer obstáculo que encontraron en la carrera de sus crímenes. Nunca se les había por esto castigado, ni reprendido siquiera; lejos de esto a cada falta se les concedía un premio, como si algún medio había con ella contraído. El año de 1839, era Ferrera coronel, cuando le pusieron sus amigos en la más brillante posición, colocándolo a la cabeza de las tropas de Nicaragua y Honduras, con todos los vastos recursos que daba una opinión bien decidida y que abrigaban los dos Estados. Con el carácter militar de ambos, y con un ejército llegó al Espíritu Santo, donde se dejó derrotar siendo superior al enemigo en posición y número de tropa. Por sus faltas en dicha acción debió ser juzgado y sentenciado conforme a ordenanza, pero en lugar de esto se le hizo Brigadier.

Después de los sacrificios de muchos patriotas, le colocaron de nuevo a la cabeza de otro ejército, él lo condujo hasta San Pedro de Perulapán, y allí por las faltas más graves, por su descuido, impericia y ebriedad, se dejó derrotar por segunda vez por un ejército mucho menor que el suyo. Nadie dudaba que entonces fuera castigado por una conducta tan criminal y vergonzosa y que al mismo tiempo que sacrificó muchas víctimas, llenó de oprobio las armas del Estado. Pero a pesar de esto la fortuna que a veces en sus caprichos persigue al mérito y a la virtud, favorece al vicio y a la torpeza; y Ferrera en lugar de ser despojado y pasado por las armas obtuvo el grado de General de División.

Posteriormente se vio en la capital a su ministro Chávez, solicitando con todos los miembros de la asamblea legislativa el título de Benemérito de la Patria para su inepto ídolo. Los re- presentantes no se atrevieron a negarlo, pero tampoco hallaban méritos que coronar con este premio. Lo apoyaron, pues, (como se ve en el Despacho) en que había conservado la paz de Honduras y para hacer más ridícula semejante concesión fue en el tiempo en que había estallado la revolución de Texiguat.

Después de la acción de Nacaome, donde a la vista de un ejército él no peleo, sino que intento cobardemente que nos pusiéramos en fuga a la vista del enemigo; cuando en seguida de esto se embriaga, con o acostumbraba siempre en el peligro, fue condecorado por sus mismos ministros; y la medalla de honor que en otros tiempos sirviera para distinguir el pecho de los héroes, se puso entonces en el de Ferrera, para ocultar la cobardía, el vicio y los delitos que se esconden en él.

Por último, por medio de Macedonio Zúñiga, solicitó el grado de Capitán General, para ser el primero, pues yo ya tenía el de división. No se accedió a esta solicitud de la ambición desenfrenada, pero para calmar el resentimiento de aquel poderoso solicitante, se le agregó a su antiguo título de Benemérito la expresión de EN GRADO HEROICO. Así es que los crímenes formaron la escala de ascensos de aquel hombre sin pudor, que no pudiendo sobresalir en méritos, quiso brillar con distinciones que desprecia el hombre libre, y que no solicita sino el que ha perdido hasta el último resto de vergüenza.

Igual cosa sucedió con su deudo y servil, el expresidente Coronado Chávez, cuyo Gobierno fue inmoral como todos los sabéis, pero a pesar de esto, y de que cuando fue amenazada la capital por una fuerza que yo destruí con quinientos hombres, él la abandonó teniendo setecientos, y dejando en su fuga botado todo el armamento, se le dio un premio en lugar del castigo que merecía. Aquél consistió en declararlo PADRE CONSCRIPTO DE LA PATRIA, cuyo honroso título era el premio que obtenían las virtudes de aquellos grandes romanos, virtudes que por su grandeza se han hecho admirables. Y es tan grande este premio que Rousseau hablando de él, dice: que sólo Cicerón lo mereció entre todos; ¿y podría merecerlo nuestro pobre Chávez? Ah, es ridícula esta condecoración, y con ella no se ha hecho más que acreditar, como en el hombre más pequeño se puede abrigar la más grande ambición. ¿Pero por qué se dirá, se le sufrió tanto a este hombre? ¿Por qué en lugar del castigo que se merecía se le daban premios debidos solamente a la virtud y al mérito? En dos palabras puede explicarse este enigma. Nuestros pueblos son pacíficos; nuestros representantes eran tímidos y condescendientes, y aquéllos mandaban las armas y abusaban del poder; y este es todo el motivo de los hechos que parecen increíbles. Cuando hubo un patriota que acusara tantos y tan viles delitos, se le persiguió; y la asamblea aprobando el dictamen de una comisión, absolvió al acusado. Mas el borrón de este dictamen injusto y ridículo, se ha encontrado entre los papeles de Ferrera, y esta es una prueba de que la intriga sostenía al hombre que la opinión y las leyes condenaban.

En tales circunstancias y atendido el estado de desorden general que he referido, era preciso apoyar nuestras solicitudes en la fuerza; mas no fue ella quien lanzo realmente a los criminales de que hablamos, porque ellos tenían muchos más recursos y una fuerza mayor que la que yo conduje a la capital. El miedo que los hizo huir en el Espíritu Santo, en San Pedro Perulapán y en Comayagua, los hizo temblar también y huir y por la última ver de la misma ciudad. Acaso de unirse a él la memoria de sus crímenes y el terror que mi nombre infunde a esos tiranos.

Mas, aun suponiendo que sólo nuestro pronunciamiento los alzara, jamás fue pérdida para un pueblo, la de los opresores o criminales despiadados, la ruina de hombres tales se han estimado siempre y es en efecto una ganancia para las sociedades; y por eso se ha dicho que aquel hecho de que vengo a daros cuenta, a más de ser justo por sus principios, ha sido para Honduras utilísimo por sus consecuencias. El lanzó de nuestro territorio, no a los que hacían la felicidad sino la desgracia del Estado; no a los que la honraban y le habían dado nombre célebre, sino a los que le habían manchado su pabellón. No, en fin, a los hombres benéficos que habían hecho prosperar al país con sus propios sacrificios, sino a los que habían arrancado la espiga, la flor y aun la planta, para colocar en lugar de ellas manchas de sangre y calaveras.

No sé si me equivoqué, pero me parece que bastan aquellos decretos de muerte que nos obligan a los militares A MATAR IRREMISIBLEMENTE a nuestros conciudadanos; aquellos decretos que amenazaban nuestras cabezas y que no nos dejaba medio ni pretexto alguno de eludir su fiereza, para conocer que hemos ganado, quitándonos de sus autores. En todos los pueblos de la tierra, lejos de sentirse se ha celebrado la caída de los tiranos; y este sentimiento de placer universal, es una prueba de que Honduras ganó con la fuga de aquellos déspotas y algunos de sus cómplices. Los que han quedado entre nosotros ya pueden ser juzgados y sentenciados con arreglo a las leyes, porque desde hoy la fuerza pública servirá de apoyo a los tribunales de justicia, y no sucederá como en tiempos de Ferrera, que los separaba de la ley intimidándolos.

La Asamblea Legislativa y el Gobierno Supremo serán ya completamente libres y los funcionarios de toda clase podrán ya obrar según su conciencia y su deber, porque falta el espía perpetuo de sus operaciones y el déspota que los obligaba a obrar según su propio dictamen. Los ciudadanos sabrán que para adquirir algún destino público es necesario merecerlo, y que no basta adular a un tirano ni vendérsele como instrumento de maldad. Los litigantes sabrán también que para vencer en los negocios judiciales es preciso tener justicia, y no ofrecer al déspota parte del interés litigado; y todos verán reaparecer el Honduras el imperio de la ley sin el cual no existe la libertad, en orden ni la paz.

En fin: vosotros ya estáis reunidos y calificaréis mis operaciones. Si han sido buenas, no soy yo sólo el acreedor a vuestra consideración, porque muchos patriotas han cooperado a la misma empresa; más si son malas, nadie es responsable, sino yo que me sujeto gustoso a vuestro fallo. Recaiga sobre mí solo el golpe de la justicia; que mi sangre sea la única satisfacción de la Vindicta pública; y que mis compañeros queden para servir la Patria. Alguna vez podrán ellos tremolar sobre mi tumba ese pabellón que saqué del fango en que Ferrera lo sepultó con ignominia, y que apoyado en mi espada sea paseado tantas veces por sitios enemigos victorioso. Ellos aprenderán a respetarle cual símbolo augusto de la Patria, y recordarán que él que le puso en sus manos fue sumiso al fallo de los pueblos. Pronunciadlo pues con libertad: que sólo y desarmado me he presentado ante vosotros para mejor acreditaros mi sumisión y mis respetos.

Villa de la Paz, febrero 27 de 1849,

Santos Guardiola.

Comayagua, Imprenta del Progreso, 1849.

SANTOS GUARDIOLA
GENERAL DE DIVISIÓN, A SUS CONCIUDADANOS

Hondureños:

Seis años del más cruel ostracismo me separó de vosotros, de mi familia y de mi patria. Durante este dilatado período, yo no pensé más que en la prosperidad y en el restablecimiento de los derechos de los hondureños vilmente ultrajados por un partido sin prestigios y sin un poder legal. Todos mis pasos se encaminaron a ese fin y por una serie de acontecimientos ya favorables o adversos, indispensables en la marcha de las revoluciones, me veo entre vosotros disfrutando el sublime bien que produce la libertad. Restablecido a mi patria y olvidando para siempre todos mis padecimientos, todos mis trabajos y todos mis afanes, mi principal objeto, mi primer deber y mi constante dedicación será por una ciega obediencia a la ley y a la constitución y por mi trabajo asiduo en el restablecimiento del orden y tranquilidad del Estado. A fe mía que no seré yo el que pretenda amargar de ninguna manera los dulces goces de la paz: a este grandioso objeto he dedicado siempre mis esfuerzos, he expuesto mi vida y he derramado mi sangre en los combates; por consiguiente, siempre me tendréis a la vanguardia del orden público y mi espada no se desnudará jamás si no es para lidiar contra los que pretendan usurpar nuestros sagrados derechos.

Yo os excito, pues, a que dediquéis vuestros desvelos para procurar la unión, fuente inagotable de todos los bienes, porque sin ella volveremos a caer en la anarquía de que felizmente hemos salido. Quiera el cielo que os encontréis todos animados de los mismos sentimientos que abriga en su corazón vuestro amigo y compatriota.

Santos Guardiola.

Tegucigalpa, noviembre 7 de 1855.

EL PRESIDENTE DEL ESTADO DE HONDURAS A SUS HABITANTES

Conciudadanos:

La presencia de los filibusteros en Nicaragua debía precisamente alarmar a los gobiernos y pueblos de Centro América, que no podían suponer que tales gentes abrigasen otro designio que el de apoderarse de estos países, despojando primero y destruyendo en seguida a sus actuales poseedores.

Para evitar tal grave mal los Gobiernos de los Estados que se hallan libres de aquella plaga, determinaron arrojar a los piratas del suelo centroamericano. Costa Rica se lanzó desde luego sin esperar a la cooperación de las otras Repúblicas y su valiente Ejército, después de haber obtenido dos triunfos brillantes, tuvo que cejar por haberlo invadido el cólera asiático. Mientras se verificaba este lamentable suceso el Gobierno de Guatemala hacía marchar una División en auxilio de los Costarricenses; pero habiendo tenido noticia el jefe que la manda del retroceso de aquéllos, resolvió esperar en nuestra frontera los Ejércitos del Salvador y de este Estado para marchar en unión con ellos contra los extranjeros.

En este intermedio ocurrieron en Nicaragua sucesos de la mayor gravedad que han puesto de manifiesto las inicuas miras de los usurpadores. El jefe de éstos ha pretendida alzarse con el Poder Supremo de aquella República, enajenar a extranjeros inmensas porciones de su territorio; hacer en aquel país peligros has innovaciones políticas y religiosas; confiscar las propiedades de los particulares en una forma de despojar a los Nicaragüenses de las herencias de sus mayores, dejándolos reducidos a la triste condición de esclavos.

El actual Gobernante rechazó con valor tan maléficas exigencias y no pudiendo resistir en León el poder del filibustero se trasladó a

Chinandega de donde se ha reclamado la asistencia y auxilio de los gobernadores aliados.

Habiendo logrado reunir allí algunas fuerzas recuperó la capital y con fecha 25 del próximo pasado expidió un decreto declarando a Walker, traidor y enemigo de Nicaragua.

COMPATRIOTAS: -El pueblo nicaragüense y su Gobierno por sus despojadores y víctima de toda clase de vejaciones, imploran en su conflicto nuestra cooperación y ayuda; la causa que sostienen es también nuestra, no sólo por las simpatías que median entre ellos y nosotros, nacidas de la identidad de origen; y de otras mil consideraciones; no también porque una vez sometidos al yugo extranjero no tardaremos nosotros en correr la misma suerte. Volemos, pues, en su auxilio. Convencido de que ningún Centro Americano que abrigue sentimientos de patriotismo, puede permanecer en frío espectador de tan escandalosos atentados y obedeciendo al imperioso deber de procurar nuestra propia conservación defendiendo a nuestros hermanos, he ordenado al Señor General don Juan López, marche a las fronteras con las fuerzas que se mandan poner bajo sus órdenes a donde se irán dirigiendo las que se vayan reuniendo en los departamentos hasta formar un ejército respetable que coopere poderosamente en la expulsión de los filibusteros.

¡A las armas, hondureños! Ya sabéis que desde que ascendí al poder mi principal designio ha sido manteneros en paz para que pudieseis reparar vuestros quebrantos, pero la santa causa que ahora hay que defender, me pone en la necesidad de orillar aquel propósito de que jamás me habría separado a no mediar tan justo motivo. Hagamos, pues, un esfuerzo digno de vuestro antiguo valor y nombradía; que la intrepidez de que habéis dado tantas pruebas en guerras incesantes y fratricidas, no se desmienta ahora que vais a combatir por vuestro Dios, por vuestra religión, por vuestras esposas, vuestros hijos, vuestros intereses, y por cuánto hay de más sagrado y caro para el corazón humano.

Mientras tanto, yo trabajaré asiduamente para proporcionar al ejército los recursos que necesite, y si necesario fuese, me pondré a su frente, y recordándoles nuestras antiguas glorias le inspiraré el valor con que otras veces ha sabido defender nuestra dignidad y nuestro honor. La Divina Providencia que protege la justicia nos concederá el triunfo y volveréis a vuestros hogares cubiertos de gloria a pensar tranquilamente en los medios de mejorar vuestra suerte, seguros ya de que no tendréis que temer el fatal porvenir que ahora nos espera.

Comayagua, julio 7 de 1856.

Santos Guardiola.

(GACETA DE HONDURAS, Comayagua julio 10 de 1856).
SANTOS GUARDIOLA,
GENERAL DE DIVISION, BENEMÉRITO DE LA PATRIA,
BUEN SERVIDOR DEL ESTADO Y REELECTO
PRESIDENTE DE LA REPÚBLICA DE HONDURAS,

A sus habitantes:

Llamado por segunda vez a la primera Magistratura del Estado entro hoy a desempeñarla por corresponder a la confianza de mis conciudadanos, que han querido encomendarme sus destinos en el nuevo período administrativo que se inicia en esta fecha. Al reelegirme el pueblo hondureño para la Presidencia Suprema, ha comprometido altamente mi gratitud, porque me da una prueba demasiado positiva de que estima en mucho mis servicios; y está sola circunstancia, prescindiendo de otras igualmente poderosas que influyen en mi ánimo, me hará consagrarme con el más vivo empeño, bien y felicidad de mis comitentes. Acepto, pues, sobre mis débiles hombros una carga preciosa, pero la acepto con el ardiente entusiasmo de un ciudadano amante de su patria, que está resuelto a dedicar todos los instantes de su vida a su prosperidad y engrandecimiento.

Cuando en febrero de 1856, tomé en mis manos por primera vez las riendas del Gobierno, dudaba mucho sobre sí podría desempeñar con éxito la grave tarea de gobernar a un pueblo. Entonces acababa de sofocarse una revolución desastrosa que había sembrado por todas partes el desconcierto y la relajación Entonces los ánimos se hallaban enconados y la armonía social enteramente destruida. Entonces las rentas nacionales presentaban el cuadro más desconsolador, pues las vías de riqueza pública se hallaban obstruidas, entonces el comercio y la industria se veían en una parálisis absoluta.

Vacilaba, pues, y no carecían de razón mis temores; pero la Presidencia que no pierde de vista la suerte de las naciones, me permitió llevar a feliz término el período que acaba de expirar, cabiéndome la satisfacción de haber remediado sino el todo, al menos, en mucha parte, los males que aquejaban al país, al inaugurarse mi administración.

Hoy que asciendo otra vez al poder, hoy que me marcho porreadas que me son ya conocidas, puedo presagiar un porvenir Ende risueño para mi patria, puedo prometerme resultados más felices, y mejoras más reales y positivas.

El Estado cultiva relaciones fraternales de la mayor confianza con los demás de la unión Centro Americana. Los pueblos en el interior disfrutan de una paz completa, que recogen los beneficios que disfrutan de una las relaciones exteriores se mantienen en el mejor pie que pudiera desearse, por manera que solo se necesita la cooperación activa y eficaz de los buenos hondureños, para que la marcha política del país siga desarrollándose de un modo próspero y bonancible. Convencido íntimamente que la paz es la primera necesidad de un pueblo, procuraré mantenerla como hasta hoy, a ella se encaminarán todas mis tendencias y no omitiré medio ninguno para que se conserve inalterable. Los cuatro años de mi administración pasada son el mejor garante de mis asertos en este respecto. Velaré de una manera constante para que las garantías del ciudadano le sean inviolablemente guardadas, no debiendo temer sino el culpable, porque a este sí es preciso hacerlo escarmentar con el rigor de las leyes, pues las tolerancias de los delitos sólo dan por resultados la prostitución de la moral.

Protegeré como lo he hecho hasta ahora, la instrucción pública, estando como estoy dispuesto a promover las mejoras posibles en el sistema de enseñanza, a cuyo efecto acogeré cuantas indicaciones me hagan.

Y sean de utilidad conocida. La Educación del pueblo es de absoluta necesidad en los Gobiernos Representativos, porque ella es una de las bases fundamentales. Dispensaré igualmente mi protección a la Agricultura, la industria y el comercio, reo viendo en cuanto me sea posible, los obstáculos que se opongan a su desarrollo. Yo soy hombre de progreso y deseo ver a mi patria adelantándose por las vías de su prosperidad.

Mi empeño principal será la conservación y aumento de la hacienda pública. Sin tesoro nacional ninguna mejora puede hacerse, de nada sirven buenas intenciones si no se cuenta con medios para llevarlos a cabo. Empero. para lograr mi intento, hacia este punto, es cuando más necesito de la cooperación de mis conciudadanos porque en asunto tan grave como es este, nada más justo que desconfíe de mis propias fuerzas.

Hondureños:

Soy vuestro Mandatario y por lo mismo cuento con vuestras luces e inspiraciones; la Autoridad con al presente me encuentro revestido, no es mía sino del pueblo que me la ha delegado, y debo ejercerla tan sólo para su propio bien. Yo no reconozco enemigos en el Gobierno, apreciaré debidamente el mérito y patriotismo de las personas cualesquiera que sean las opiniones políticas de cada una, sólo en un punto seré inflexible: hablo del severo castigo de los trastornadores porque la conservación del orden público es el primer deber que me impone la Carta. Soy hombre y puedo equivocarme y por eso es que reclamo las indicaciones de los hombres de buen sentido. Sed, pues, felices durante la Administración actual, porque si lo fueseis, será recompensado y más grato para vuestro conciudadano y amigo.

Santos Guardiola.

Comayagua, febrero 7 de 1860,

GENERAL DON SANTOS GUARDIOLA, PRESIDENTE DEL ESTADO DE HONDURAS,

A sus habitantes.

Después de transcurrido el primer período de mi Administración, el sufragio popular, el voto de una inmensa opinión pública, que este siglo de luz reconoce como única legitima fuente de que deriva la autoridad, renovó en mí su confianza para regir la sociedad en el cuatrienio que comenzó el año que acaba de espirar.

En el tiempo que hace que estoy al frente de los destinos de mi país me ha sucedido lo que acontece a todos los hombres que ocupan un puesto elevado, la rivalidad y la calumnia me han asestado golpes aleves, pero impotentes, porque ellos han partido de manos ingratas y desleales, los embates de la injusticia se han ahogado en su origen ante el poder incontrastable de la ley y del buen sentido de los pueblos.

Cuando los enemigos del orden se persuadieron de la esterilidad de sus esfuerzos para derrocar el Gobierno, han tocado el resorte de la Religión, de ese sentimiento noble y puro descendido del cielo y que tan fecundo es en bienes cuando no se le extravía de su objeto civilizador, como funesto si se le encamina a miras extrañas de sumisión. El Prelado don Miguel del Cid, bajo especiosos pretextos e inauditas calumnias, se ha encargado de la antievangélica tarea de perturbar las conciencias e incitar a los pueblos a la rebelión, ¡haciéndome parecer como perseguidor de la Iglesia! ¡Infame impostura! Los hechos que pasan a la vista de todos hablan más alto que los desahogos de la ambición. ¿Dónde están los ataques que de mi Gobierno ha recibido el dogma divino de la fe? ¿Cuál es el templo de Dios que ha sido teatro de espoliaciones sacrílegas? ¿Qué ministro del culto ha sufrido vejaciones de mi autoridad? Los hondureños pueden responder.

Si mi tolerancia y cinco años de abnegación, si mi decidida adhesión a los principios no ha bastado ha acallar los pocos adversarios del Gobierno, deben saber una vez por todas, que mientras el mando que ejerzo no pase a otras manos por los medios constitucionales, no permitiré que la tranquilidad pública de altere por mezquinas miras e intereses aislados con grave mal del pueblo, que, al otorgarme su confianza, ha depositado en m sus más caros derechos.

Comayagua, enero 12 de 1861.

Santos Guardiola.

(Imprenta del Estado a cargo de Olayo Amador).

SANTOS GUARDIOLA, CAPITÁN GENERAL Y PRESIDENTE DE LA REPÚBLICA DE HONDURAS,

A los habitantes de las Islas de la Bahía:

Las Islas que habitáis han sido restituidas a Honduras, su legítimo dueño como ya sabéis, por medio de un tratado con la Gran Bretaña; y estando ahora la República para asumir sobre ellas su soberanía, me corresponde a mí, como Supremo Magistrado de la Nación, el expresaros las seguridades que es muy natural aguardéis de mí, sobre el mantenimiento de vuestros derechos y sobre la promoción de vuestro bienestar.

Es mi firme resolución impedir que este cambio en vuestra condición sea la causa de que os sobrevenga el menor mal; y más bien procuraré que vuestra incorporación, a la nacionalidad hondureña, marque la inauguración de una era de más prosperidad, aun para vosotros que la habéis disfrutado bajo el Gobierno liberal de la Gran Bretaña.

Es verdad que vais a cesar de pertenecer a un imperio grande y poderoso, pero también es cierto que ahora tendréis la noble misión de contribuir con vuestra lealtad y con vuestra industria, al engrandecimiento y progreso de este país favorecido, del cual vais a formar una parte integrante.

Vosotros marcharéis a la vanguardia de su civilización, y el ejemplo que daréis a vuestros hermanos del continente, las relaciones y comercio mayores y más extensas que se desarrollarán entre vosotros y el resto de Honduras, pronto estrecharán más y más los vínculos de la fraternidad y armonía que deben siempre uniros a los habitantes de una patria común.

Vuestros fueros y estatutos serán mantenidos fielmente. Vuestra lealtad así mismo estoy seguro, corresponderá a los deseos de mi Gobierno, que no aspira a otra cosa que a procurar vuestro progreso y bienestar.

Comayagua, abril 24 de 1861.

Santos Guardiola.

CAPÍTULO XIII: DECRETOS DEL GENERAL

Principales Acuerdos emitidos por el Poder Ejecutivo durante la Administración del General Santos Guardiola

Acuerdo por el que se dispone que los jefes políticos den cada mes al Gobierno un informe circunstanciado de los adelantos que se noten en los pueblos de sus respectivos departamentos. Mayo 20-56. —N° 49. pág. 2.

*****

Acuerdo con que se declara que la libertad de vender licores fuertes extranjeros que concede el artículo 6 del decreto de 15 de abril del corriente año, no debe entenderse al menudeo sino por botellas o cajas. —junio 14, 56. —N° 51.-Pág. 19

*****

Acuerdo en que se reconoce como Cónsul de su Majestad Británica a don Eduardo Hall. —14 de agosto, 56. -N° 56. pág. 2.

*****

Acuerdo en que se declara ley del Estado el acuerdo de 12 de marzo de 1846 sobre fraudes. —N° 56. —Pág. 2.

*****

Acuerdo por el que se dispone en que forma deben pagarse el 14 % que adeudan los efectos comerciales que se introducen por la frontera de tierra del sur, viniendo de tránsito de El Salvador. -octubre 4, 56.-N° 61. —Pág. 1ª .

*****

Acuerdo por el que se agrega el distrito de Goascorán al departamento de Choluteca en lo gubernativo, judicial y de hacienda (no tiene fecha). —N° 65.-Pág. 1ª

*****

Acuerdo con que se declara que es obligación de los jefes políticos, alcaldes constitucionales y auxiliares, recibir las circulares de la iglesia que se les entregaren e inmediatamente remitirlas por cordillera al lugar de su destino. —Noviembre 23, 56.-N° 65.-Pag. 1ª
.

*****

Acuerdo por el que se dispone se limpien y compongan los caminos y exigiendo el cumplimiento delo establecido en los artículos 13 y 14 del reglamento de jefes Políticos y Municipalidades que disponen se remita al Gobierno un estado de los nacidos, casados y muertos por año. —Noviembre 27 del 56. —No 66.-Pág. 1ª.

*****

Acuerdo en que en virtud de pedimento de la Corte Suprema de Justicia se dispone que ningún diputado ni senador puede ser electo Juez y que cuando obtenga destino de elección popular votará la judicatura. —Enero 31, del 57. —N° 72 —Pág. 2.

Acuerdo en que se dispone a permitir que en caso necesario se encargue al Presidente del Estado. —13 de febrero del 57—No. 74. —Pág. 1ª

*****

Acuerdo en que, a efecto de evitar que se hagan circular más de una vez los bonos que han sido amortizados, se dispone que de la fecha en adelante todo administrador de rentas públicas al recibir los bonos que se enteren en las tesorerías que administren, exigirán de los enterantes que pongan al pie el correspondiente recibo que firmarán ellos u otras personas en su nombre. —Abril 27 del 57. —N° 79. — Pág. 1ª.

*****

Acuerdo en que se reforma el artículo 18 del Reglamento de Imprenta. —Julio 22 del 57. —N° 87. —Pág. 1ª.

*****

Acuerdo por el que se deroga en todas sus partes el emitido en 8 de octubre del 54, concediendo a los vecinos de Gracias el privilegio de no pagar ningún derecho por el tabaco que se siembre y coseche en el mismo departamento. —Julio 31 del 57. —N° 88. —Pág. 1ª.

*****

Acuerdo en que, en virtud de haberse puesto por cuenta de la Hacienda Pública la venta del tabaco en los departamentos de Tegucigalpa y Choluteca, se previene que nadie introduzca tabaco en los expresados departamentos, sino es en los que hayan contratado con la Hacienda Pública. —Agosto 13 del 57. —No 90. Pág. 2.

*****

AÑO DE 1858

El Gobierno reconoce como Cónsul de Bélgica a don Augusto P. Kint de Roodembeck. —18 de marzo del 58. —N°. 7. —Pág. 1ª .

*****

Acuerdo por el que se modifica el artículo 1° del acuerdo emitido en 21 de noviembre del 49. —Marzo 18 del 58. —N° 7. Pág. 1ª.

*****

El Gobierno reconoce como Cónsul de Bélgica en Omoa al Señor Federico Debrot. —7 de abril del 58. —N° 8. Pág. 1ª.

*****

Acuerdo por el que se reconocen las tierras de Tambla con todas las utilidades y gravámenes que puedan tener, como propiedad del Estado y facultando al intendente respectivo para Que conceda a dicho punto una legua de ejidos si llegase a tener doscientos habitantes. —Agosto 18 del 58. —No 22.- Pág. 1ª.

*****

AÑO DE 1859

Acuerdo con que se aprueba el reglamento de propios y arbitrios de la Municipalidad de San Antonio de Oriente. Febrero 9 del 59. — No 39. —Pág. 1ª.

*****

Acuerdo en que, en virtud de consulta del ministro de la Aduana de Omoa, se resuelve que al hablarse de puertos de la República en el Arancel de Aduanas debe entenderse los de Honduras. —8 de febrero del 59.-N° 39. —Pág. 1ª.

*****

Acuerdo mandando recaudar la parte del censo de tierras que ha quedado por recaudar y correspondiente al año próximo pasado en este Departamento. —Enero 28 del 45. N° 98. —Pág. 530.

*****

Acuerdo de propios y arbitrios del puerto de Omoa, acordado en 18 de febrero del 59. —No 45. —Pág. 1ª.

*****

Acuerdo en que se autoriza al Jefe Político del Departamento de Tegucigalpa para que reciba el juramento de ley a los Ma- Estrados electos el 16 del que rige y les dé posesión de su destino.-18 de febrero del 59. —N° 45. —Pág. 1ª.

*****

Acuerdo en que se dispone que en adelante los buques españoles que toquen en los puertos de Honduras, sean considerados y tratados de igual manera que los de la nación más favorecida. —Junio 30 del 59. —N° 52. —Pág. 1ª .

*****

Reglamentos de propios y arbitrios del pueblo de Tatumbla, decretado en 18 de febrero del 59. —N° 47. —Pág. 1ª.

*****

Acuerdo en que se reglamenta el ramo de propios y arbitrio de la ciudad de Tegucigalpa. —17 de febrero del 59. —N°. 48 —Pág. 1ª.

*****

Reglamento de propios y arbitrios de Trujillo, acordado en 17 de febrero del 59, —N° 48. —Pág. 2.

*****

Reglamento de propios y arbitrios de Nacaome, acordado en 22 de febrero del 59. —N°.48. —Pág. 2.

*****

Acuerdo en que se dispone que los receptores de Gracias, inmediatos a El Salvador y Guatemala, exijan de los introductores de efectos las respectivas guías. 23 de junio del 58. —No 48. —Pág.2.

*****

Acuerdo por el que se prohíbe la venta de licores fuertes ultramarinos al menudeo. —Septiembre 9 del 59. —N° 60. —Pág. 1ª.

*****

Acuerdo en que se permite destilar aguardiente a los cañeros que tengan media suerte de caña. Septiembre 10 del 59. N° 60.-Pág. 1ª.

*****

Acuerdo por el que se manda se cobren al 40 por 1% en provisional los derechos que devengan los supremos tribunales del Estado. —Comayagua, septiembre 6 del 59. —N° 60.-Pág. 1ª .

*****

Acuerdo sobre regularización de las publicaciones de la prensa de Tegucigalpa. Noviembre 10 del 59. —N° 64. —Pág. 1ª .

*****
AÑO DE 1860

Acuerdo en que se dispone excitar al Vicario Capitular a fin de que se establezca en el Colegio de esta ciudad una clase de práctica Forense. -3 de febrero del 60. --N° 75. --Pág. 1ª .

*****

Acuerdo en que, en virtud de solicitud del Cura y Municipalidad de Trujillo, en que piden algunos fondos para reconstrucción de su templo, se les da la suma de tres mil pesos en bonos y se excita al Cabildo Eclesiástico para que conceda a los peticionarios tres mil pesos de la deuda activa que tiene en los diezmos de aquella capellanía. -11 de febrero del 60. --N° 75. --Pág. 2.

*****

Acuerdo por el que se dispone que todo individuo está obligado a prestar sus servicios personales donde resida y a servir con sus bienes en el lugar donde éstos radiquen. 11 de febrero del 60. --N° 75. --Pág. 3.

*****

Acuerdo en que se declara sin lugar la solicitud de segregación del terreno y propiedades, elevada por individuos de Texiguat avecindados en Guinope. --11 de febrero del 60.-N° 75. --Pág. 3.

*****

Acuerdo por el que se suministra a la dirección de la Universidad la cantidad de veinte mil pesos en bonos para la concusión del mismo edificio. Febrero, 6 del 60.-No 76.-Pág. 2.

*****

Acuerdo en el que se dispone la construcción de un edificio de la ciudad de Gracias, que se destinará una parte a oficinas públicas y otra para la corrección de los reos de ambos sexos. --14 de febrero del 60. --N° 76. --Pág. 2.

*****

Acuerdo por el que se dispone, en virtud de solicitud de don Eduardo Hall, a nombre de los señores Pavón se les liquide el crédito federal que se les adeuda. --17 de febrero del 60. --No 76. Pág. 3.

*****

Acuerdo en que se dispone que todos los empleados de Hacienda dirijan al Ministro del ramo las indicaciones razonadas conducentes a reformar el actual sistema rentístico. --Marzo, 5 del 60. --N° 76. --Pág. 3.

*****

Acuerdo en que se adiciona el reglamento de alumbrado de la ciudad de Tegucigalpa. --20 de febrero del 60. --N° 77. --Pág. 2.

*****

Acuerdo por el que se dispone la manera en que deben cubrirse los sueldos de los magistrados de la Corte Suprema de Justicia de Tegucigalpa. --12 de febrero del 60. N° 77. --Pág. 2.

$$*****$$

Acuerdo en que se resuelve de conformidad una solicitud del Coronel don Policarpo Mayorga, contraída a que se le pagaran las pérdidas que tuvo mientras estuvo confinado en esta ciudad. -21 de febrero del 60. --No 79. --Pag. 2.

$$*****$$

Acuerdo en que, en virtud de reclamo de la casa de Portilla, se dispone que se liquide la cuenta de los réditos que se reclaman. -- 21 de febrero del 60. --N° 79. --Pág. 2.

$$*****$$

Acuerdo en que se dispone que en adelante se observe en el Colegio Tridentino de esta ciudad, en orden a matriculas y grados de toda especie, las leyes que rigen en la Universidad y del Estado. 15 de febrero del 56, N° 4.

$$*****$$

Acuerdo en que resuelve a virtud de consulta los consejeros honorarios sólo tienen voto ilustrativo cuando el Consejo tenga a bien oírlos. 16 de febrero del 56.

$$*****$$

Acuerdo en que se ampara a los propietarios de terrenos titulados en la pacífica posesión de la medida que comprenden sus títulos. 20 de febrero del 56, N° 45, Pág. 1ª .

$$*****$$
$$*****$$

Acuerdo por el que se concede a los señores don Gustavo Gauffreau y Carlos H. Van Potten, el derecho de extraer goma elástica por el término de un año de los departamentos de Yoro y Santa Bárbara. Mayo 21 del 60, N° 84, Pág. 1ª.

*****

Acuerdo en que se declaran libres de todo derecho que no sea municipal, los materiales de construcción. 24 de mayo del 60, N° 84, Pág. 1ª.
Acuerdo para el reglamento de aguardiente decretado en 18 de febrero del 60, N° 81, Pág. 12 Reglamento de alcabala decretado en 21 de febrero del 60, N° 22, Pág. 1ª

*****

Acuerdo en que se dispone que el derecho concedido a los señores Gauffreau v Van Potten para extraer hule de los departamentos de Yoro y Santa Bárbara es extensivo en cuanto a la exportación fuera de la república a todo el que se saque en los demás. Junio, 5 del 60, N° 86, Pág. 1ª.

*****

Acuerdo en que se ordena a los Administradores de Omoa y Trujillo, no pongan en ejecución la ley del 23 de febrero que habla sobre depósitos, en atención a que en ellos no existen bodegas capaces y seguras. Junio, 9 del 60, N° 88, Pág. 1ª.

*****

Acuerdo por el que se designa la suma de mil pesos anuales en favor de don Carlos Gutiérrez en remuneración de sus servicios como Ministro Plenipotenciario y Enviado Extraordinario de este Gobierno cerca del de Su Majestad Británica. Julio 6 del 60, N° 89, Pág. 1ª .

*****
*****

Acuerdo en que se dispone que los Jefes Políticos se empeñen a fin de que las Municipalidades de sus respectivos pueblos procuren las siembras postreras del año. 28 de julio del 60, N° 90, Pág. 1ª.

*****

Acuerdo en que se previene a los Alcaldes Constitucionales de los puertos y poblaciones fronterizas al exterior, den a saber a los extranjeros el contenido del artículo 12 de la Constitución. 19 de septiembre del 60, N° 95, Pág. 1ª .

*****

Acuerdo por el que se ordena a los rematantes de los licores fuertes, enteren en las intendencias las cuotas de los estancos cada fin de mes. 1° de octubre del 60, N° 97, Pág. 1ª.

*****

AÑO DE 1861

Acuerdo en que se concede el goce de montepío a la viuda del Teniente-Coronel Fermín Bones, señora Inés Oliva. 6 de febrero del 61, N° 9, Pág. 1ª .

*****

Acuerdo por el que se reconoce a don Guillermo C. Buchard como Cónsul de los Estados Unidos en Honduras. Enero 29 del 61, N° 10, Pág. 1ª.

*****

Acuerdo en que, en virtud de solicitud del Bachiller pasante, don Trinidad Banegas se le dispense un tiempo de pasantía con la condición de someterse a examen para optar la Licenciatura. 6 de febrero del 61, N° 10, Pág. 1ª .

*****

Acuerdo por el que se habilita al pueblo de San Marcos para la traslación a él del pueblo de Sensenti. 7 de febrero del 61, N° 10, Pág. 2.

*****

Acuerdo en que, a virtud de reclamo del Capitán don Antonio Sorel se ordena el pago de ochocientos pesos, valor de dicho reclamo. 12 de febrero del 61, N° 10, Pág. 2.

*****

Acuerdo en que se resuelve de conformidad una solicitud del Presbítero Pedro Ramírez sobre que se le reconozca y pague una deuda. 16 de febrero del 61, N° 13, Pág. 1ª .

Acuerdo en que a virtud de reclamo de don Justo Crespo se resuelve pagarle la sexta parte del valor de dicho reclamo. 18 de febrero del 61, N° 13, Pág. 2.

*****

Acuerdo en que se resuelve de conformidad una solicitud de don Norberto Martínez sobre el pago de pérdidas sufridas en Trujillo a consecuencia de la invasión filibustera. 20 de febrero del 61, N° 13, Pág. 3.

*****

Acuerdo en que, a virtud de reclamo de la casa Fernández de Trujillo se dispone el pago de la sexta parte de la cantidad reclamada. 20 de febrero del 61, N° 13, Pág. 3.

*****

Acuerdo de la Junta General de Diezmos del Obispado de Honduras, compuesta de los señores don Florencio Estrada y don Crescencio Gómez sobre el remate de diezmos por el trienio de mil ochocientos sesenta y uno a mil ochocientos sesenta y tres. 18 de febrero del 61, N° 13, Pág. 6.

*****

Estatutos del Hospital de Comayagua-decretado por el Ejecutivo en 31 de julio del 61. N° 27, Pág. 1ª.

*****

Acuerdo en que se dispone la traslación del Gobierno por 2 o 3 meses a la ciudad de Tegucigalpa. 16 de agosto del 61, N° 28, Pág. 1ª.

*****

Acuerdo en que, en virtud de consulta de la Corte Suprema de Justicia de esta sección se declara que el vecindario del puerto de Amapala queda sujeto a la judicatura de Nacaome. Tegucigalpa, 19 de septiembre del 61. N° 33, Pág. 1ª.

*****

Acuerdo por el que se dispone la traslación del Gobierno a la capital del Estado. Tegucigalpa, 19 de noviembre del 61, N° 38, Pág. 1ª.

*****

Acuerdo de 1° de noviembre sobre libertad de Imprenta. Pág. 125.

*****

Acuerdo en que se ordena a los jefes políticos de los lugares infestados por el cólera den medidas de policía para precaver a las poblaciones de esta peste. Pág. 79, año de 1857.

*****

Acuerdo para evitar la escasez de víveres que se teme a consecuencia de la copiosidad del invierno, se declaran libres de derechos de importación la harina, arroz, maíz, etc., que se introduzcan al Estado. 30 de noviembre del 61, N° 40, Pág. 1ª .

*****

Acuerdo en que se conceden escenciones al pueblo de la Florida la apertura de un camino desde el pueblo de San Antonio hasta el río Quiriguá. 14 de diciembre del 61, N° 40, Pág. 1ª.

*****

Acuerdo en que se manda establecer las jefaturas de distritos en la capital de los departamentos en donde faltan. 17 de diciembre del 61, N° 40, Pág. 1ª.

*****

En la Administración del General Guardiola se fundó la Estadística Nacional y se puso en práctica el sistema de primas y privilegios para estimular el desarrollo de las industrias nacionales.

CAPÍTULO XIV: ANÉCDOTAS DEL GENERAL

CABAÑAS Y GUARDIOLA AMIGOS PERSONALES.

Los Generales Cabañas y Guardiola eran amigos personales, y así se explica que por la Pascua de Navidad concurrían juntos a bailes y a diversiones en casa de una familia apellidada Centeno, situada en el Barrio Abajo de esta ciudad. En una de esas noches dio un suntuoso baile don Sotero Moncada y en los muros del salón aparecían, iluminados, los nombres de los dos héroes mencionados.

En una tarde de primavera daba un paseo el General Guardiola por el cerrito de La Moncada, pequeña altura situada en la margen derecha del río Grande, al occidente de Tegucigalpa. Estando allí llegó montado en una hermosa mula el General Trinidad Cabañas. Después del saludo y mientras sostenían animada plática, el General Guardiola llamó la atención a su interlocutor por el hecho de que había colocado la bestia a orillas del barranco, de donde se desprendían arenas y terrones.

El General Cabañas le manifestó que no había cuidado de que sucediera algún percance porque las mulas tienen un admirable instinto para precaverse de los peligros, y entonces hizo retroceder la mula y picando espuelas la hizo avanzar hacia el barranco; pero al llegar al borde se detuvo súbitamente.

EL ÚNICO QUE HIZO CORRER AL GENERAL GUARDIOLA

Se dice que el General Cabañas manifestaba que él era el único que había hecho correr a Guardiola, con la circunstancia de que él iba adelante y Guardiola detrás.

GUARDIOLA CONFIABA EN SUS AMIGOS

Guardiola en Tegucigalpa acostumbraba todas las noches ir a jugar malilla en una casa de los llamados entonces LIBERALES. Llegaba a las ocho o nueve de la noche y se retiraba a las once o doce.

—¿No cree Ud. General —le preguntó uno—, ¿que allí pueden matarlo? ¡Son todos coquimbos!

—Son mis amigos y son honrados —replicó Guardiola.

PASEABA DESARMADO

Durante su permanencia en Tegucigalpa, solía el General Guardiola ir de paseo por Guacerique, llevando de la mano a una de sus hijas de corta edad llamada Guadalupe, a quien la generalidad llamaba LA TRENZONA, por la abundancia de pelo que usaba dispuesto en trenzas.

General —díjole un amigo—, hace Ud. mal en no ir armado.

—No necesito armas, contestó. Nadie se atreverá a salirme al frente, y para el que lo haga tengo bastante con mi bastón. Si quieren matonearme o atacar a mansalva es inútil que vaya armado.

PARECE QUE INTENTARON ENVENENARLO

Guardiola tenía la costumbre de salir a hacer ejercicio acompañado de alguna de sus hijas de corta edad, y en cierta ocasión, siguiendo su costumbre, se paseaba por las orillas de la ciudad de Comayagua, y además de su niña iba otra persona.

El General manifestó necesidad de tomar agua en un riachuelo o fuente que estaba cerca de donde se paseaban, y la otra persona se apresuró a ofrecerle cajeta, con dulce, que Guardiola rehusó con o sin malicia.

La niñita, hija de Guardiola, sintió desarrollarse todo su apetito infantil de comer cajeta, pero no se atrevió a pedir, ni el otro le ofreció, no obstante haber leído en los ojos de la niña el deseo de comer.

Siguieron caminando, y quien ofreció el dulce se fue quedando disimuladamente atrás, por mientras tenía tiempo de arrojar la cajeta a un zacatal que estaba a la orilla del camino, cosa que la niña vio hacer.

EPISODIO AMOROSO

Cuando el General Santos Guardiola, siendo Presidente de la República, en una de sus visitas al entonces pueblo de Pespire, en reconocimiento a los espontáneos prestigios que aquí tenía, asistió a un baile que le diera la primera sociedad de ese pueblo; él demostró cierta inclinación a una de las más distinguidas señoritas, la cual, al notarlo, prudentemente trató de retirarse con una de sus familiares, máxime que ya la noche estaba muy avanzada; pero hubo quien percatara al Presidente que su predilecta ya abandonaba el local, y entonces acudió personalmente a disuadirla, pretendiendo aparentemente interponer su elevada autoridad, para desvanecer el pretexto de que su madre había ordenado regresar aquella hora.

Pero ella, con dignidad, le dijo: "Señor Presidente, tenga la bondad de respetarme si quiere merecer el respeto de sus subordinados", a lo cual contesto, con no menos dignidad, el General Guardiola: "Si así fuesen de dignas todas las señoritas, la sociedad y la patria estarían salvadas", y muy cortés y respetuosamente fue a despedirla hasta la puerta. Aquella señorita fue después una de las más honorables matronas de Pespire.

UN CACHURECO Y UN LIBERAL PERSIGNÁNDOSE

En cierta ocasión se hospedaron en un Hotel el individuo XX y el General Santos Guardiola. A poco de permanecer en aquel lugar supieron ambos personajes que pertenecían a grupos políticos de diversa denominación y que, por consiguiente, eran contrarios en ideas y creencias. Ambos huéspedes se vigilaban mutuamente y fue mucha la sorpresa de Guardiola, al ver que mientras él se persignaba devotamente, el liberal hacía lo mismo, contrariando así las tendencias de su partido.

UN BARBERO NERVIOSO

Se cuenta que el General Guardiola tenía un barbero que iba a afeitarlo a su domicilio. Había notado el General que el barbero se ponía muy nervioso cada vez que iba a ejecutar la operación para que era llamado, y por curiosidad le preguntó la causa que motivaba su inquietud, y el operador le dijo que cuando lo afeitaba y pasaba la cuchilla por la arteria yugular sentía intenciones de degollarlo. Esto provocó la risa del General, que aconsejó a su interlocutor que tuviera cuidado en no ejecutar tan semejante delito.

PRESTIGIO COMUNICADO POR UN PRESIDENTE DE HONDURAS

Vivía en Tegucigalpa, en tiempos de la administración Guardiola, una virtuosa señorita que tenía por nombre Guadalupe Gaitán. Trataba ésta con intimidad y confianza a Guardiola y su familia. En cierta noche que asistió a un baile el General le dijo: "Negra, te voy a UNTAR la Presidencia bailando contigo la primera pieza, y de seguro que no te faltarán muchos compañeros para bailar". Así ocurrió, en efecto, y la señorita Gaitán se vió solicitada por la mayor parte de los asistentes a la fiesta que se disputaban la honra de bailar con ella.

IMAGINACIÓN EXALTADA

Nos contaba una amiga nuestra que la bella esposa del General Guardiola, doña Anita Arbizá, había leído muchas de las novelas de Dumas (padre e hijo) y que se figuraba que ella era la reina María Antonieta. La señora Arbizú en su inocente romanticismo nunca se figuró que aquello era un funesto presagio de la muerte trágica de su esposo, que recordaba más o menos el triste fin del Capeto Luis XVI de Francia.

RESPETO ALA LEY

Cuando se verificó la reelección del General Guardiola, era comandante de Armas de Tegucigalpa el General Pedro Xatruch, quien penetró súbitamente en el sitio en donde estaban reunidos los comicios electorales. El Presidente de éstos reconvino a Xatruch y dio orden a la guardia para que lo sacaran de aquel lugar prohibido. Xatruch, comprendiendo su falta, no dijo una sola palabra y salió inmediatamente del lugar que había profanado con su presencia.

AMISTAD ÍNTIMA

Nos contaba nuestro querido amigo, Dr. Carlos Alberto Uclés, que su padre don Martín, era amigo y compadre del General Guardiola, que a él acudía en demanda de pequeños préstamos de dinero, y, que aunque militaban en bandos políticos opuestos, se les veía siempre tratarse con mucha cordialidad y solían tomar juntos muy a menudo sabrosas tazas de chocolate.

LIBERTAD DE IMPRENTA

Reconvenido Guardiola por sus amigos y partidarios por la libertad absoluta de prensa que concedía, y que daba lugar a que lo insultaran y calumniaran, mereciendo por ello un ejemplar castigo, se negó rotundamente a prestar atención a aquellas advertencias, diciendo que los daños causados por la prensa debían curarse con la prensa misma.

ESPÍA

En una exploración militar que hizo Guardiola por las márgenes del río Nacaome, encontró a un hombre de maltrato con un ceñido colgado del coullo. Por el interrogatorio a que fue sometido dicho hombre, comprendió Guardiola que se trataba de un espía, a quien trataron de prender los oficiales que cuidaban de su jefe; pero Guardiola ordenó que lo dejaran en libertad diciendo que aquel infeliz hombre se habría visto obligado exponer su vida por llenar necesidades urgentes de familia. Se dieron varios casos de perdón para los que fueron capturados en actos de espionaje.

Cuando andaba expedicionando el General Guardiola por Texiguat, llegó a pernoctar a la Hacienda de un amigo, quien vivía en su propiedad con su mujer y dos hijas. El General Guardiola fue muy bien recibido por la familia, lo mismo que todos sus subalternos. Se mataron reses para racionar la fuerza y se preparó comida para el General, jefes y oficiales que le acompañaban. No faltó el licor y el General Guardiola se pasó de tragos al grado de emborracharse, como raras veces lo hacía. Lo acostaron en una hamaca, pero como a las diez de la noche despertó y llamó a su segundo jefe, a quien le dijo que su huésped lo estaba traicionando, que había mandado correo al enemigo avisándole donde ellos se encontraban, fácil de derrotarlos, por lo cual debía de fusilarlo inmediatamente. El segundo jefe fue a hablar con el Dr. Cornelio Lazo, a comunicarle la orden que había recibido y a que le ayudara a evitar aquel asesinato. El Dr. se levantó inmediatamente y fue a hablar con el propietario de la Hacienda y le dijo que sin pérdida de tiempo fuera a esconderse, pues el General había dado orden de fusilarlo, que eso se debía a la borrachera y que una vez que ésta le pasara no volvería a recordar la orden que había dado. El hombre fue a esconderse y su señora e hijas se levantaron a rezar para que no sucediera tal cosa. El General Guardiola se dio cuenta del rezo y aflicción de aquellas atribuladas mujeres y, tambaleándose fue a decirles que no rezaran por aquel traidor, al que iba a castigar por su felonía. La señora le contestó que no creía que su marido fuera traidor, pues a ella le constaba que era hasta mal visto por los enemigos del Gobierno. En eso llegó el Dr. Lazo y le dio el brazo al General, y por señas indicó a la señora y sus hijas que no tuvieran cuidado, y se lo llevó a la hamaca dándole una poción de narcótico; pero antes de acostarse, llamó el General a su segundo y le dijo que por qué no había cumplido la orden; y éste le respondió que ya se iba a cumplir. Mandó a unos cuatro soldados que saliesen de la casa, como a unos cien pasos, e hicieran una descarga. Los soldados cumplieron la orden, pero al oír el General Guardiola la descarga y los gritos de las mujeres, hizo a levantarse. Quiero ver el cadáver de este traidor, dijo, quiero verlo; pero el Dr. Lazo lo detuvo y el segundo jefe también se opuso a que saliera. ¡Ah!. exclamó, con que ustedes me están traicionando... Cornelito, te quiero mucho, pero te voy a fusilar cuando menos lo pienses. Y ya no pudo hablar más porque se durmió.

Al siguiente día vio con extrañeza que tanto la señora como sus hijas lo saludaron con tristeza; y como no viera al propietario de la Hacienda preguntó por él.

—Pero si Ud. lo mandó a fusilar anoche, le contestó el Dr. Lazo.

—¡Cómo! ¿Y cumplieron esa orden?

El segundo jefe le contesto:

—Señor, yo pensé que esa orden la daba Ud. por el estado en que estaba y he esperado a que me la confirmara hoy estando ya Ud. completamente bueno.

—¿Así es que la orden no se cumplió?.

—Así es, le respondió el Dr. Lazo.

—Bendito Dios que no la cumplieron —exclamó el General—, pues de haberla cumplido a esta hora no sabría yo donde sepultarme de vergüenza. Tanto en el Dr. como en ti tengo completa confianza, por eso los autorizo para que no se cumplan esas órdenes cuando yo estoy borracho.

En seguida hizo venir al dueño de la Hacienda, a su señora e hijas y las abrazó, pidiéndoles perdón por aquel desagradable lance que las había hecho pasar.

Yendo una vez a proteger la plaza de Nacaome, al llegar al río que corre por los suburbios de esta población, vio el General Guardiola, río arriba, como a unos cincuenta metros, un hombre con una pialera cruzada en el pecho y un calabazo, bebiendo agua en cuatro pies, como si fuera una bestia. Se dirigió hacia aquel hombre seguido de algunos jefes y oficiales, y al llegar cerca de él le preguntó qué andaba haciendo, a lo cual le contestó que buscando una mancuerna de bueyes.

"No buscas tales bueyes", le dijo el General... Tú andas de espía". "No señor, ando sabaneando esos bueyes que se me han perdido". El General dio orden de que lo registraran, pero no le encontraron nada en el cuerpo. "Ya ve, General —dijo el hombre— que no ando en nada malo", y se agachó a recoger el calabazo o tecomate que lo había dejado sobre una piedra. "Registren ese calabazo", ordenó el General. El hombre palideció. "Señor —dijo—, perdóneme, que soy muy pobre y tengo mujer e hijos que mantener". En el calabazo estaba la correspondencia del enemigo, dirigida a los Generales Cabañas y Barrios. "Bueno   —dijo el General—, prepárate a recibir el castigo que mereces". "Señor, por Dios, perdóneme —exclamó el espía hincándose—, que soy muy pobre y tengo mujer e hijos que mantener, como ya le dije". "¿Y si tienes mujer e hijos por qué no trabajas? ¿Cuánto te han pagado por este mandado?". "Diez pesos sencillos". "Bueno —dijo el General—, por esta vez te dejo ir; pero si vuelves a caer en mis manos te fusilo. Agréguenlo a las fuerzas y vigílenlo". El espía o correo fue perdonado.

Regresaba de Tegucigalpa a Comayagua el General Guardiola, cuando era Presidente, y a eso del mediodía se detuvo con su comitiva a almorzar a la orilla de un riachuelo, bajo unos árboles. Después que almorzó las viandas que llevaba, su asistente le presentó un dulce que le dijo lo había llevado una mujer ya para montar. "¿En nombre de quien te lo entregaron?", le preguntó al asistente. "No me dijo la mujer", le contesto "y aunque le pregunté que quién lo mandaba no me quiso decir". El General partió un pedazo de aquel dulce y se lo dio a un perro que andaba por allí. A la orilla del riachuelo estaban unos soldados partiendo una panela y el General se acercó a ellos y les pidió un pedazo de aquel dulce. No había acabado de comérselo cuando el perro se estaba revolcando con fuertes convulsiones, antes de que continuaran el camino el perro estaba ya muerto. Uno de los que lo acompañaban le preguntó al asistente detalles de cómo era la mujer que había llevado el dulce. ¿El General Guardiola le dijo al que había preguntado los detalles de la mujer, para qué pregunta Ud. eso? Para averiguar quien intentó envenenarlo. No importa, dijo el General, yo ya presumo de dónde vino ese dulce y que no se hable más de ello.

El Presidente Guardiola llegó a Danlí a la inauguración del Cabildo. Fue muy bien recibido por todo el pueblo; hubo un gran baile en los altos del edificio y las festividades continuaron al siguiente día. La Municipalidad celebraba una sesión solemne con asistencia del señor Presidente, cuando de un grupo de borrachos que estaban en el Salón Municipal salió un viva al General Guardiola. Luego otro borracho gritó: "¡Viva nuestro Presidente que es compañero de nosotros en borracheras!". Inmediatamente trataron de llevar preso al insolente; pero el Presidente pidió que lo dejaran, que no se le castigara. Y luego, dirigiéndose al borracho, le dijo: "Fui, pero ahora ya no lo soy y tú debes imitarme".

EL CACHUREQUISMO DE GUARDIOLA

El hecho de haber sido Guardiola Jefe Militar en las contiendas acaecidas durante las gobiernos de Ferrera: Chávez, ha motivado el epíteto de conservador que le han dado sus enemigos, pretendiendo con eso desacreditarlo. Ya hemos visto que Guardiola militó en esas épocas no por sostener las ideas de los expresados gobernantes, sino por afición a la milicia en la cual aspiraba a obtener merecidos lauros.

El manifiesto que dirigió a los pueblos de la Villa de la Paz, el 27 de febrero de 1849, prueba su desacuerdo con las ideas y procedimientos de los gobernantes referidos, y no podía ser de otro modo un hijo del autonomista catalán, Esteban Guardiola, que fue partidario de la Independencia de Centro América y peleó al lado del Héroe de la Maradiaga y fue Alcalde Constitucional de Tegucigalpa, tenía que profesar ideas avanzadas y no podía ser retrógrado o recalcitrante.

Fue principalmente en la Presidencia de la República de Honduras, en donde dio pruebas eminentes de sus tendencias liberales y de su amor a las instituciones. Sostuvo la supremacía del Estado sobre la Iglesia sin dejar de respetarla hasta donde era posible; concedió la libertad de cultos a los habitantes de las Islas de la Bahía que pertenecían a las sectas protestantes; concedió con toda amplitud la libertad de la prensa, importándole poco los ataques a su persona y a su Gobierno, pues profesaba la máxima de que los daños que produce la palabra deben combatirse con la misma palabra, prueba de esa libertad fue el periódico titulado «El Electoral».

Dio libertad irrestricta de elecciones, a pesar de ser el candidato a la Presidencia de la República. Iban a darle mueras a su casa de habitación, entre ellos algunas personas que le eran bien conocidas, y contaba el honorable don Francisco Planas, que cuando se le llamó atención sobre ese hecho respondió que él no podía castigar a los que cuando era niño le habían dado tenidas de papelote (barrilete).

Refería también a este propósito el zapatero don Concepción Pagoaga, que en ese entonces la Municipalidad de Tegucigalpa era partidaria del candidato liberal don José María Lazo, y que el pueblo venía en masa a situarse frente al Cabildo a darle vivas a Guardiola, y garantizó, además, las otras libertades consignadas en la Constitución Política.

En sus relaciones particulares no paró mientes en las opiniones políticas, cuando alguna vez fue reconvenido por sus amigos por frecuentes lugares en que se reunían algunos adversarios, manifestó que no les temía porque eran hombres honrados. Tuvo relaciones íntimas con el Lic. Martin Uclés de tendencias liberales. Era su compadre, acudía a él cuando tenía necesidad de dinero, y era invitado por su amigo personal para tomar el chocolate en algunas ocasiones. Compárese la conducta de Guardiola con la de algunos que se jactan de profesar ideas avanzadas.

En la época de la reelección del ex-Presidente Gral. Don Santos Guardiola, en Nicaragua, los contrarios postularon como candidato a la presidencia de la República al ciudadano y acaudalado comerciante José María Lazo.

Ambos partidos por medio de la prensa, reseñaban los méritos y cualidades de sus respectivos candidatos.

Los adversarios a la reelección relataban los actos y los hechos cometidos por el ex-Presidente Guardiola en los años de 1844 y 45, denunciaban los actos y procedimientos atentatorios del Jefe Político y Militar y los actos fraudulentos de los intendentes; los contrabandos de los contratistas de aguardiente, los prevaricatos cometidos por los ministros de justicia; denunciaban, por último, todos los delitos y faltas por insignificantes que fuesen.

Todos los amigos que trabajaban en pro de la reelección del Gral. Guardiola, se reunían en la casa donde habitaba el Gral. Don Pedro Xatruch. Allí, estando presente el Gral. Guardiola, cada uno de los que se creían ofendidos exageraban cuanto era posible, a efecto de comprometer al Gral. Guardiola para que suspendiera la prensa. Este los escuchó atentamente y en contestación les dijo: "Los hechos que refieren que yo cometí en la revolución de 1844 y 45 son ciertos; pero en la guerra atacar y debilitar por todos los medios al enemigo es permitido por las mismas leyes. Pero no dicen que actualmente yo cometa actos contrarios a la ley.

Respecto a Uds. tienen perfecto derecho de acusar por injuria y por calumnia a los directores de los periódicos en que Uds. Dicen que se creen ofendidos. Asegurándoles, por mi parte, que, favorable o adversa, la sentencia que recaiga en los procesos, yo ordenaré a quien corresponda que decline y aplique la responsabilidad, que de acuerdo con la ley proceda con justicia; y bajo ese supuesto, yo no ordeno la suspensión de la prensa, porque ésta es el vocero del pueblo, es el látigo sagrado que flagela a DÉSPOTAS Y TIRANOS, A LOS DEFRAUDADORES de los fondos nacionales, a los contrabandistas, a los prevaricadores y a los chismosos; así es que no puedo ni debo suspender la prensa".

Dicho esto, se levantó, tomó el sombrero y salió. Este acto culminante de patriotismo republicano y esta lección objetiva del expresidente Gral. Guardiola, explican que comprendía el valor de ese cuarto poder, y ojalá que sirva de enseñanza en todos los tiempos, a todos los gobiernos. *Tomás Rojas Membreño.*

HONDURAS LEGENDARIA POR RAFAEL HELIODORO VALLE

EL SAN JOSE DE NACAOME

Esto pasó en los días en que Santos Guardiola se paseaba con sus "pericos" de aquí para allá. Es imposible que precise la fecha del suceso, pero sí los personajes y la comarca. Esta la Loma del Triunfo, al Norte de Nacaome; y aquéllos, Joaquín Rivera, el de la cinta roja en el sombrero, y Guardiola el del machete al cinto. El último, a pesar de que los «pájaros verdes» que le acompañaban no eran enjambre, la verdad es que nada temía porque confiaba en el valor de ellos, que era bien conocido por culatas y lanzas. Nadie dudaba aquella vez del fracaso de Guardiola. Pero en el instante decisivo, un hombre de bélica figura se presentó en el campo raso, para socorrerle. De nada servía al enemigo contar con un riflero que donde ponía el ojo metía la bala, pues a quienes señalaba de blanco se les miraba "dar la vuelta como a los zopilotes en la punta de un jiquilite". De nada que los de Rivera le apuntaran al pecho, porque el misterioso personaje recorría con impavidez la línea de fuego como si estuviera seguro de que no se había fundido el plomo para él. Las cornetas anunciaron con dianas el triunfo de los «pericos». Varios de los vencedores se dirigieron al templo para rendir gracias a Dios por el éxito de la jornada; en la iglesia hallaron a San José con la túnica agujereada por los balazos y reconocieron que la cara del santo era la misma del personaje que se presentó a socorrerlos en lo más difícil del combate; su barba, su rostro, su indumentaria, bastaban para identificarlo. Cuando Guardiola lo supo, prometió que regalaría una corona de oro al santo patriarca. Más tarde, preparada la nueva devoción de los «nacaomeños», adornado con ofrendas el colateral del patrón, y encariñados los feligreses con las miradas que les dirigía a través de los cristales, se les antojó a los católicos de Choluteca robarse al santo, dándose buenas mañas para reverenciarlo en su ciudad. Cuando la comitiva, pasaba el río Nacaome, notaron que se les inmovilizaba y que sólo podían soliviantarlo cada vez que intentaban regresar.

Años después, a fines del siglo pasado, los hombres de Terencio Sierra, adornaron con banderas de rojo y blanco el altar del patrón, pero es el caso que, poco después que pasó la guerra, los soldados hallaron a San José rodeado de estandartes blancos y azules. Lo cual quiere decir que la imagen de Nacaome se ha permitido inmiscuirse en las disidencias de la familia hondureña.

Un 25 de diciembre, celebrándose la Pascua de Navidad, un rayo cayó sobre la iglesia y amenazó con incendio. Felizmente sonaron las campanas a la media noche--el Santo es un formidable compañero- y de pronto la gente acudió con cubos de agua, logrando conjurar la catástrofe.

Más todavía: "San José" tiene al Niño Dios en los brazos; y como a éste se le antojó jugar con la barba blanca y benemérita del Patriarca, éste para dar un ejemplo a los niños que no respetan a sus padres, le impuso como castigo que uno de los dedos de la mano quedara tieso y lo ha de perdonar hasta el día en que se acabe la "carne de cañón".

El día en que se verificó la acción de armas en San Pedro Perulapán, por la mañana, Guardiola vio a lo lejos en las alturas un piquete de fuerza armada. Dio parte del hecho al General Francisco Ferrera, quien le dijo que lo que se veía era una partida de chivos, y como Guardiola quisiera replicarle, Ferrera sacó su espada con la que lo amenazó, tratándolo de maricón. Guardiola se marchó inmediatamente de aquel lugar, temiendo un ultraje personal.

El General Guardiola se ponía inquieto el día en que se reunían las Cámaras Legislativas, porque, aunque tenía el poder, respetaba la autoridad que debían juzgar su conducta. Don Martin Uclés, compadre de Guardiola, pero adversario en política, lo invitaba a tomar el chocolate con él y le facilitaba pequeñas cantidades de dinero que eran entregadas a su esposa.

BAILE FRUSTRADO

Se refiere que creyendo que el General Guardiola había perecido en la acción de armas del Sauce, uno de sus enemigos envió la noticia a Yuscarán, en donde para celebrar tal acontecimiento se puso un alegre baile. Júzguese la sorpresa de éstos cuando a la media noche se presentó Guardiola en persona, disolviéndose en el acto la reunión y yéndose a esconder todos a sus casas con gran susto de todos. Guardiola fue derrotado en el Sauce, pero no murió en ese lugar.

ESTRATAGEMA DEL GENERAL GUARDIOLA

Cuando a fines de mayo de 1845, en que el General Guardiola marchó a Comayagua, para evitar que ésta cayera en poder de los salvadoreños comandados por Cabañas, llevaba poca gente armada, y para lograr engañar al enemigo se valió de la siguiente estratagema. En un lugar oportuno del valle, mandó a encender algunas hogueras, al frente de las cuales hizo desfilar a sus soldados, pasando de uno en uno, y al pasar el último repetía varias veces la misma operación. Con este objeto logró que los salvadoreños creyeran que era un gran ejército y principiaron a desmoralizarse, de tal modo que, cuando entraron a Comayagua, Guardiola vio realizado su intento.

Episodio Tragi-Cómico: Batalla de las Crinolinas

(Tomado de la Necronología del Presbítero Miguel A. Bustillo, por Antonio R. Vallejo.)

Doña Ana Arbizú, esposa del General Guardiola y cuñada del Presbítero Bustillo, con el objeto de encontrar en la soledad y en el retiro un ligero calmante a los acervos dolores y pesares que tenían entristecida y acongojada su alma y resentido su organismo, dispuso en el mes de agosto, si mal no recordamos, trasladarse a la aldea de Río Grande, que dista tres leguas de esta ciudad, acompañada de su pequeña hija Guadalupe y de otras bellas jóvenes.

Después de corta permanencia en la retirada aldea, doña Ana determinó regresar al seno de sus numerosos y tiernos hijos.

El Presbítero Bustillo y varios amigos suyos que también lo eran de la distinguida viuda, quisieron darle a su regreso una muestra de cariño y de las subidísimas consideraciones que le tributaban, saliendo a su encuentro. Así lo hicieron.

En el histórico Llano del Potrero, dende el Gobierno de la Federación hizo uno de sus últimos esfuerzos para reconquistar el poder perdido en Honduras, hizo alto la comitiva que ya se había incorporado a la señora Arbizú, para discutir por qué calle debían de hacer su entrada, si debían darse o no vivas y mueras y a que personas. No faltó quien mal aconsejado por la pasión de partidos fuera de sentir que el ingreso a la ciudad se hiciera por la calle del comercio y pasando frente a la mansión del Gobierno de Castellanos, que estaba recién llegado, a quien debía darse mueras, y vivas a las cenizas del General Guardiola. Otros que formaban la mayoría fueron de parecer que debía tomarse la calle de La Merced, a seguidas de la de Camilo Díaz y a continuar por la Calle Real hasta llegar a la morada de la Señora Arbizú. La viuda con claro y recto juicio y deseando evitar futuras desgracias, improbó los propósitos que hemos relacionado, aconsejó que por ninguna de las dos vías se verificase la entrada, porque había que excusar la pasada por el cuartel que indudablemente echaría atrás el grupo, que en consecuencia, terminado el puente debían irse por la cuesta del río, por el barrio de La Hoya, después, para subir a continuación a su casa.

La mayoría que siempre triunfa, resolvieron que la entrada se hiciera por el segundo itinerario marcado, suprimiéndose los mueras y dándole vivas a las cenizas del General Guardiola y a libertad bien entendida, para demostrar con esto que si bien era verdad que había muerto el Jefe del Partido Conservador, éste vivía más resuelto que nunca. Discutido éste emprendióse la marcha. Como el Presbítero Bustillo era como ya hemos dicho, el blanco de los odios del partido triunfante que obedeciendo a las tradiciones de la política liberal se mostraba implacable, rudo con los vencidos, y trataba de perderlos a todo trance y para lo cual en aquella ocasión prepararon una emboscada que dio los resultados que apetecían. A tiempo que la numerosa comitiva pasaba frente al cuartel, que estaba calle de por medio de la casa del General Guardiola, el Coronel Don José María Fiallos, (conocido con el sobrenombre del excomulgado), a causa de haber puesto manos violentas en un sacerdote, gritó diciendo al centinela: "mueran estos bandidos", "se toman el cuartel", éste mandó hacer alto; pero el séquito entusiasmado siguió su marcha, y las soldados trataron de estorbarla, este hecho irritó a los transeúntes, y entonces el Presbítero Bustillo, con su carácter altivo que no se avasallo nunca, ni se rindió jamás, se quitó un guante de la mano y se lo arrojó al Coronel Fiallos, diciéndole: "Tú eres el bandido, recoge ese guante", estos hechos produjeron una gran alarma en el cuartel que trataban de impedir el tránsito a la comitiva y produjo una pelotera tan grande, que de todas partes de la ciudad ocurrieron, unos a la casa del Presidente y otros al cuartel, porque se hizo correr el rumor que el partido Guardiolista trataba de tomarse el cuartel y de asesinar al Presidente de la República, a quien se hizo comprender que éste y no otro había sido el objeto del encuentro que se le hacía a la viuda del mencionado General Guardiola. La guardia fue impotente para contener el empuje de los transeúntes, que tuvieron tiempo de desmontarse y entrar a la casa de Doña Ana Arbizú. De allí fueron sacados todos los individuos que habían ido a su encuentro y puestos en la cárcel pública. Dejemos aquí a los reos, y ocupémonos del descaro e imprudencia con que el Ministro del Interior y de las Relaciones Exteriores se dirigió a los Gobernadores Políticos de los departamentos y a los gobiernos de la América Central dando cuenta del hecho.

Ministerio de Relaciones del Supremo Gobierno de Honduras, Casa de Gobierno. —Tegucigalpa, octubre de 1862. —Señor Jefe Político del departamento de... Ayer a las cuatro de la tarde ha ocurrido en esta ciudad una asonada de pocos momentos.

El partido llamado Guardiolista, abusando de la moderación y garantía con que ha sido tratado por el gobierno, intentó un asalto sobre el cuartel que fracasó en el instante mismo de su ejecución. Engañados los caudillos con la falsa idea de pertenecerles la opinión pública, se dirigieron en grupo sobre el cuartel, dando mueras al Gobierno y vivas a las cenizas del finado General Guardiola. Mas al primer síntoma de trastorno la parte ilustrada y propietaria de esta patriótica población, voló en masa a incorporarse con los defensores de la ley. El orden se restableció inmediatamente y el Gobierno ha recibido el más cumplido testimonio de adhesión y de lealtad y de uno de los principales pueblos del Estado.

Los que aparecieron como caudillos del motín han sido capturados y hoy se hallan bajo el poder de la justicia ordinaria. Los tribunales correspondientes siguen la causa para castigar a los culpables, con lo cual el orden está completamente restablecido habiendo servido este incidente para que el Gobierno pulse el verdadero estado de la opinión pública altamente pronunciada para sostener el Gobierno y el actual orden de cosas.

El manifiesto que adjunto a Ud. Para conocimiento de ese Supremo Gobierno le impondrá de la declaratoria hecha por el Jefe de la República y la actitud tomada por su Gobierno. U. S. habrá podido observar, el Excelentísimo Señor Presidente, desde su exaltación al mando Supremo, ha esquivado constantemente todo aquello que pudiera estimarse como el triunfo de una parcialidad política, y sus tendencias constantes han sido exterminar toda denominación odiosa de partido. Pero por desgracia, en el curso de las operaciones administrativas, mi Gobierno ha sentido por todas partes, que los hombres que compusieron la administración pasada, con sus diversos afiliados, han desdeñado y visto con mengua la mano generosa que el Gobierno les extendía, sistemando un espíritu sordo de opinión, resistencia y obstáculos al ejercicio libre del Poder Supremo y el desarrollo franco de sus actos gubernativos.

Todos los gobiernos de Centro América han hecho justicia al tratamiento suave y de conciliación que el Excelentísimo Señor Presidente ha dado al país, cuando ha entrado a regirlo después de una situación azarosa en demasía. Es por eso que hoy al dar a su autoridad otro temple, al señalar de un modo terminante el partido que se presenta en antagonismo, quiere el Excelentísimo Señor Presidente, dar a los gobiernos que de él han hecho tan honrosas apreciaciones, una idea completa de las causas que han obrado en su ánimo, para tomar contra su natural benigno e indulgente, una actitud tan enérgica como resuelta, para conservar el reposo de que tanto necesitan los pueblos de Honduras.

El infrascrito espera haber apuntado las causas principales que en el Excelentísimo Señor Presidente, han influido para operar un cambio en su política interior; y que por el Gobierno de U. S. le hará tanta justicia en sus apreciaciones como la que se le ha dispensado desde la inauguración de su Gobierno y durante su curso hasta hoy.

Con esta oportunidad; el infrascrito tiene el honor de reproducir a U. S. el alto aprecio y consideraciones con que se suscribe de Ud. muy atento y seguro servidor. —*Carlos Madrid.*

Victoriano Castellanos, Presidente de la República, a los hondureños. —Conciudadanos. Un puñado de hombres perversos, gritando mueras al Gobierno y vivas a las cenizas del finado General Guardiola, ha atentado ayer de la manera más escandalosa, contra el cuartel de esta ciudad. Pero felizmente el valor de los Jefes que existen en la plaza, la fidelidad de la guarnición y la cooperación decidida de la parte notable de este patriótico vecindario que con la mayor valentía ha volado a sostener al Gobierno y mantener el orden, han evitado mayores desgracias. Los amotinados han sido capturados, se encuentran reducidos a prisión y serán castigados con todo el rigor de la ley. Hay en la República una parcialidad que no ha querido aceptar la mano generosa que les ha ofrecido el Gobierno. Esta parcialidad, denominada partido guardiolista, no ha cesado de trabajar centra el actual orden de cosas. He agotado hasta lo último de los medios de la prudencia; he dado a todos los hombres que componen este partido toda clase de garantía; y siempre diligente he evitado cuanto herirlo. Pero no aceptan mi conducta; las operaciones de mi Gobierno, desde el 4 de febrero, me justifican bastante para colocarme en otra posición.

La paz y el orden me están encomendando: su conservación es la suprema ley de las sociedades, y yo adoptaré todas las medidas que demande la situación para salvar tan caros objetos. Para ello cuento con el apoyo de la opinión pública, y la cooperación de los buenos hondureños.

Conciudadanos: Al participaros este triste incidente, debo manifestaros cuan acreedores a la gratitud pública son los Generales D. Liberato Guerrero, comandante de este departamento y don Juan López, que con infatigable celo y en unión de los notables patriotas de esta ciudad, han ofendido el orden y presentándose intrépidos a sostener la autoridad.

Hondureños: Los movimientos revolucionarios que se inician, me hacen comprender que un partido cuya historia es bien conocida, no omite medio para quitarme del puesto que ocupo, con las más siniestras miras. Si mi vida fuera un obstáculo a vuestra felicidad, no vacilaría en ofrecerles otra vez, pero yo veo tras mi desaparecimiento el país sumido en la más profundo anarquía. Rodeadme, pues, y yo os aseguro la tranquilidad y el reposo.

Victoriano Castellanos.

En vista de los datos falsos en que estaban basados los documentos oficiales anteriores, el Lic. Vallejo, exclamó: ¡Cuánto embuste! ¡Cuánta maldad! ¡Por eso se ha dicho que no hay cosa que más corrompa a los hombres que los palacios! Escribe en presencia de los contemporáneos y del señor Madrid que aún vive.

En el recto ánimo del Jefe de la República, no podía penetrar semejante idea, y su corazón noble y generoso se resistía de todo punto, a creer que esa parcialidad, llamada guardiolista a quien desde su inauguración al mando supremo no sólo dio garantías, sino también pruebas de deferencia, y tal vez, no pocas veces, con sentimientos de sus fieles amigos y de los firmes sostenedores del gobierno, maquinase del modo más indigno contra de la persona misma del hombre generoso, que extendiéndoles una mano benéfica los había salvado de los resentimientos tanto tiempo reprimidos de todos aquellos que fueron víctimas del pasado régimen. Repetimos, que el Jefe de la República fluctuaba entre estas graves consideraciones, hasta que actos demasiados significativos y documentos irrefragables, le han permitido que intentaban conspirarse, no sólo contra su autoridad, sino también contra su misma persona.

El Jefe de la República ha extendido constantemente un velo a lo pasado, armonía, paz, conciliación, no más partidos, no más divisiones entre los hondureños.